대한민국 新 권리장전

박홍규는 영남대 법대 교수로서 영남대를 졸업하고 오사카시립대에서 법학박사를 받았으며 1981년부터 창원대학교, 1991년부터 영남대학교에서 가르쳤다. 헌법과 노동법에 대한 책들과 사법제도의 민주화를 위한 책들, 그리고 시민과 노동자를 위해 사상과 예술을 소개하는 책들을 썼다.

박홍규 교수의 일반인을 위한 법 교양서

21세기 대한민국의 비밀스런 현주소
기본권이란 무엇인가

대한민국 新 권리장전

21세기북스

머리말

　권리장전權利章典이란 1689년 영국에서 제정돼 영국의 절대주의를 종식시키고 의회정치 확립의 기초가 된 Bill of Rights를 말한다. 이는 영국 헌정뿐만 아니라 미국의 독립선언, 버지니아 권리장전, 매사추세츠 권리선언 등에도 영향을 주었고, 이후 프랑스 인권선언에도 영향을 끼쳤다. 오늘날 권리장전은 각국의 헌법에 규정된 인권을 보장하는 조항을 가리키는 말로 사용되기도 한다. 한국 헌법 '제2장 국민의 권리와 의무'를 한국의 권리장전이라고 한다. 이 책은 그것을 새로 쓴 '대한민국 신 권리장전'이다.
　우선 헌법 2장의 제목을 다시 쓸 필요가 있다. '사람의 권리와 의무'로 말이다. 즉 국민을 사람으로 보아야 한다. 이는 수많은 외국인들이 내한하고 정주하는 국제화와 개방화의 추세에 역행하는 것으로 외국인이나 무국적자의 권리를 무시하기 때문이다. 물론 외국인이나 무국적자에게 국민과 동일한 권리 의무를 보장할 수는 없으나 그러한 제한은 먼저 사람(인간)의 권리와 의무를 일반적으로 규정하고 나서 특별하게 인정하는 것이 옳다.

인간의 권리를 헌법에서는 기본적 권리라 하고 이를 줄여 기본권이라고도 한다. 한편 이와 비슷하게 사용되는 말에 인권이 있다. 기본권과 인권을 나는 이 책에서 같은 뜻으로 사용한다. 따라서 이 책에서는 사람(인간)의 권리를 인권으로 줄여 부르겠다. 헌법상 권리나 기본적 권리를 인권이라 부름도 이 책에서 새롭게 쓰는 말이다.

인권이란 인간의 권리를 줄인 말이다. 무엇보다 먼저 인간이다. 인간이란 무엇인가? 인간에 대해서 수많은 논의가 있지만 인권을 말하는 경우 가장 중요한 문제는 그 인간이 '현실의 인간', '구체적 인간', '불완전한 능력의 인간' 등을 뜻한다는 점이다. 인간은 그야말로 다양하지만, 인권의 인간은 '이상의 인간', '추상적 인간', '완전한 능력을 갖춘 인간'을 뜻하지 않는다는 점이다.

가령 장애인 인권이 보장되는 이유는 현실의 장애인이 '지금 구체적으로 불완전한 능력밖에 갖지 못한' 인간이기 때문이고 노동권이 보장되는 이유는 '지금 구체적으로 노동을 하고 있지 못한 인간'이기 때문이다. 그래서 장애인과 노동자의 인권이 보장되어야 하는 것이다. 그들도 다른 사람처럼 인간답게 살도록 하기 위해서다.

따라서 그들에게 남들처럼 왜 완전한 능력을 갖추지 못했는가라고 책망하며 그들의 인권을 보장하지 않으려고 해서는 안 된다. 왜 남들처럼 장애 없이 태어나지 않았느냐, 왜 남들처럼 열심히 공부해 좋은 대학 가서 좋은 직장을 갖지 못했느냐고 책망해서는 안 된다. 세상에 완전한 인간은 없다. 이 책에서 인권을 새롭게 보는 점의 기본은 바로 여기에 있다.

  이 책은 그런 인권의 내용을 다시 쓴다. 종래 헌법상의 인권은 자유권과 사회권으로 구분됐다. 자유권은 국가로부터 인권으로 헌법에 의해 바로 보장되지만 사회권은 국가에 의한 인권으로 관련 법률이나 예산이 있어야 보장되는 것으로 이해됐다. 그러나 둘 다 관련 법률이나 예산을 필요로 한다는 점에서 그런 구분은 무의미하다. 특히 사회권은 법률이나 예산이 없으면 보장하지 않아도 좋다는 식으로 국가의 의무를 방치하는 결과를 가져온 점에서도 문제였다. 따라서 나는 그런 구분을 사용하지 않는다. 이 점도 이 책의 새로운 내용이다.

  인권을 보장해야 할 국가의 의무는 자유권과 사회권을 가진 모든 인간에 주어진다. 그 의무는 첫째, 국가 스스로 인권을 침해하지 않는 인권존중의무, 둘째, 국가가 제3자의 인권침해를 규제하는 인권보호의무, 셋째, 개인의 노력에 의해 달성할 수 없는 측면을 국가가 지원하여 인권의 완전한 실현을 달성하는 인권충족의무로 이루어진다. 이것이 최근 국제사회에서 확립된 일반원칙이다.

  나는 인권을 그 성격에 따라 기본적 인권, 정신적 인권, 정치적 인권, 경제적 인권, 사법적 인권으로 새로 구성한다. 따라서 현행 헌법의 체계와는 다르다. 체계뿐 아니라 그 내용도 다르다. 현행 헌법의 내용 중에 없애야 할 것도 많고 새로 넣어야 할 것도 많다. 상세한 내용은 본문에서 다루도록 하겠지만 나의 기본적인 입장은 앞에서 본 국민이라는 개념을 인간으로 바꾸어야 하는 것에서 드러났듯이 종래의 국가주의나 국민주의적인 것을 수정하여 내가 추구하는 자유 자치 자연이라는 새로운 인권이념에 충실하고자 하는 것이다.

이 책은 우리의 새로운 인권상을 설계하고자 하는 노력으로서 헌법 개정 논의에 있어 인권 영역을 새롭게 구상하고 현행 헌법을 새롭게 해석하는 하나의 시도가 될 수 있다. 그러나 나는 헌법 개정이 반드시 필요하다고 생각하는 것은 아니다. 도리어 개정이 아니라 헌법의 해석에 맡기고 그 해석에 따른 충실한 입법과 적용을 통해 인권을 잘 보장하는 것이 더욱 중요하다.

특히 권력구조를 새로 만들고자 하는 현행 헌법 개정 논의에 대해서 나는 부정적으로 본다. 현행 헌법의 권력구조가 완벽하지 않고 특히 대통령의 권력이 비대하다고 보지만 그것도 지금으로서는 최선의 선택이라고 본다.

이 책은 인권을 중심으로 우리 법체계 전체를 새롭게 보는 시도기는 하지만 종래의 헌법이나 법일반에 대한 개론서는 아니다. 이 책은 일반인과 청소년을 위한 교양서로서 인권과 법을 어떻게 보아야 할 것인지에 대해 주의하여 썼다. 이 책을 쓸 소중한 기회를 준 21세기북스에 감사한다.

2010년 9월
박홍규

차례

머리말 4

프롤로그 10

1 인권과 법에 대한 새로운 인식
권리와 인권 46

2 인권 총론
인권의 근거 82 | 인권의 제한 87 | 인권의 분류 95
인권의 주체 98

3 기본적 인권
기본적 인권의 틀 110
행복추구권 111 | 생명권 116 | 환경권 119 | 보건권 123
사생활권 125 | 평등권 129 | 가족권 134 | 아동권 137
평화권 138 | 문화권 138

4 정신적 인권과 법
정신적 인권의 틀 142
양심과 사상의 자유 144 | 언론 출판의 자유 151
집회와 결사의 자유 171 | 노동단체권 175
종교의 자유와 정교분리 179 | 학문과 예술의 자유 182
교육권 184

5 정치적 인권과 법
정치적 인권의 틀 210
선거권 212 | 공무담임권 216 | 국민투표권 217
청원권 217 | 행정적 인권과 행정법 218 | 지방자치와 인권 219

6 경제적 인권과 법
경제적 인권의 틀 222
거주·이전권 223 | 직업선택권 228 | 재산권 233
노동권 241 | 사회보장권 248

7 사법적 인권과 법
사법적 인권의 틀 260
재판권 262 | 형사적 인권의 원리 268 | 수사상의 인권 275
형사재판상의 인권 280 | 국가배상청구권 284

에필로그 286

주 297

프롤로그

인간과 인권

우리 헌법 10조에 "모든 국민은 인간으로서의 존엄과 가치를 가지며"라는 구절이 나온다. 인권을 규정한 헌법 2장의 첫 조문의 첫 문장이다. 국어사전에서 '존엄'이란 '높고 엄숙함'이라는 뜻이다. '가치'란 흔히 말하는 물건의 '값'과는 달리 진선미 등 중요한 값어치를 말한다고 볼 수 있다. 그 밖에도 철학을 비롯한 많은 학문에서 여러 가지 논의가 있다. 사람마다 그 말에 대한 이해는 다를 수도 있다. 그러나 헌법의 이 말은 사람이면 누구나 고귀하고 값어치 있는 인간으로서 존중돼야 한다는 것을 뜻한다고 볼 수 있다. 그 고귀함과 값어치의 정도는 측정될 수 있는 것이 아니라 우리가 생각할 수 있는 최고치라고 보아야 한다.

그렇다고 해서 헌법의 이 말이 '인간은 만물의 영장'이라는 인간중심주의를 뜻하는 것은 아니다. 세상에는 인간이라는 하나의 생물 내지 동물과 함께 수많은 동식물과 무생물이 존재한다. 공기도 있고 물도 있고 광물도 있다. 우리는 그것들 속에서 그것들과 함께 살아간다. 이를 통틀어 자연이라고 하자. 인간도 자연의 일부다. 자연에는 나름의 질서가 있고 인간도 그 질서에 순응해 살아간다. 인간이 자연의 질서를 깨뜨리면 자연도 파괴되고 인간도 살 수 없다. 최근 우리는 급속한 산업화로 인한 자연 파괴의 위험을 겪고 있고 그로 인해 우리가 과연 지속적으로 살아갈 수 있는가에 대한 회의를 하고 있다.

그러나 자연파괴문제는 최근의 문제다. 인간은 자연파괴 이전에 인간파괴의 위협에 오랫동안 시달려왔다. 오랫동안 사회계급제도나 빈부차이 등에 의해 인간의 존엄과 가치가 무시되었다. 특별한 소수의 인간만이 그 존엄과 가치를 인정받고 향유한 반면 다수의 인간은 향유는커녕 인정조차 제대로 받지 못하고 살아왔다. 가령 왕족이나 귀족은 행복하게 살았지만 나머지 사람들은 불행하게 살아왔다.

이는 부당하다. 인간이면 누구나 행복하게 살아야 한다. 그래서 헌법 10조는 인간의 존엄과 가치에 이어 누구나 "행복을 추구할 권리를 가진다"고 규정한다. 물론 사람에 따라 행복의 내용은 다를 수 있다. 그러나 행복을 위한 기본적인 인권은 존재할 수 있다. 헌법은 11조부터 36조까지 그런 기본적 인권을 규정한다. 그래서 헌법 10조는 다시 "국가는 개인이 가지는 불가침의 기본적 인권을 확인하고 이를 보장할 의무를 진다"고 규정한다. 즉 인권을 침해당해서는 안 된다. 모든 인간이 인간으로서의 존엄과 가치를 갖는 이상 인권은 침해될 수 없다.

헌법 11조부터 36조까지의 기본적 인권에 대해서는 그동안 인권이 침해됐기에 인간이 불행했다는 사실을 다시 강조하면서 인권을 보장받아야 하는 사람들은 '불행한 사람'이었다고 한다. 여기서 주목할 점은 그 불행이 여러 가지 이야기로 합리화되고 정당화됐다는 점이다. 가령 왕족과 귀족은 우월한 능력을 가졌지만 나머지 백성은 저능한 능력을 가졌다는 이유로 차별이 합리화됐다. 또한 남자와 여자, 성년과 미성년, 정상인과 비정상인, 이성애자와 동성애자, 국민과 외국인 등등에 대한 수많은 차별과 배제가 생겨났다. 이런 차별과 배제가 부당하다는 것은 이제 어느 정도 상식이 됐으나 아직도 세상에는 그런 차별과 배제가 존재한다. 그런 점에서 헌법의 인권 규정이 갖는 의미는 참으로 막중하다.

더욱 중요한 문제는 그런 차별과 배제를 없애고 모든 사람들에게 행복을 추구할 수 있는 기회를 평등하게 보장하는 것만으로는 충분하지 않다는 것이다. 사회에는 치열한 경쟁이 존재한다. 따라서 기회가 있어도 그 기회를 성공적으로 확보하여 행복을 갖는 사람은 여전히 소수다. 그래서 다수는 여전히 불행하다. 게다가 우리의 현실은 그런 불행한 사람들에게 왜 기회가 있었는데 그것을 갖지 못했느냐 그것은 네가 노력하지 않고 게을러서 그렇다라고 하며 그 현실을 다시 합리화시킨다.

그러나 그것이 과연 개인만의 책임일까? 국가나 사회에는 책임이 없을까? 설령 개인만의 책임이라고 해도 그것을 국가나 사회가 방치해도 좋을까? 우리 모두 함께 인간답게 살아야 한다는 우리의

희망은 좌절되는 것이 아닐까? 여기서 문제는 다시 헌법이 규정한 '기본적 인권'이다. 최소한의 인권보장이다. 적어도 인간이라면 누구나 보장받아야 할 핵심적인 인권이며 그것 없이는 인간이 살 수 없는 최소한의 생존을 위한 기본적 인권이다. 이 책은 그것을 알아보고자 하는 시도다. 나는 이를 우리가 지향해야 할 기본원리인 자유 자치 자연으로 생각해보고자 한다.

자유 자치 자연

나는 우리들이 지향해야 할 기본원칙으로서 자유 자치 자연을 핵심적 가치로 삼는 3자주의를 주장해왔다. 이는 쑨원孫文의 민족 민권 민생의 3민주의나 그 영향을 받은 조소앙趙素昻(1887~1958)의 3균주의'와 달리 개인의 자유, 사회의 자치, 환경의 자연을 강조하는 입장이다.

조소앙이 강조한 균등(평등)은 자유와 함께 민주주의의 중요한 가치이기는 하지만 평등만을 강조하면 자유가 무시될 수 있다. 중국이나 한국의 참담한 근대사에서 쑨원의 민족주의와 조소앙의 평등주의 이념은 대단히 중요했지만 현대를 사는 우리가 그것을 그대로 받아들일 수는 없다. 그럼에도 소위 진보세력이 민족주의나 평등주의 같은 것만을 진보의 가보처럼 삼고 있는 현실은 시대착오적으로 보이기도 한다. 그 결과 진보가 패배할 수밖에 없었다고 본다면 이는 지나친 평가일까?

자유 자치 자연은 어떤 특정한 사상이나 이념의 문제가 아니라 1948년에 제정된 우리 헌법의 기본이 된 법문제다. 그중에서도 특히 중요한 것은 자유다. 그래서 나는 자유를 3자주의의 으뜸으로 삼는다. 그런데 그 자유는 우리나라에서 그다지 중요하게 생각되지 못했다. 한민족이라고 하는 민족공동체와 전통 농촌사회에서 비롯된 가부장적 연고의 중시로 인해 개인의 자유는 무시되어 왔다. 또 중앙집권적 전제국가 내지 관료국가 아래 개인의 자유는 물론 사회의 자치도 무시되어 왔다. 아울러 1960년대 이후의 급격한 산업화로 인해 자연도 파괴되어 왔다. 그래서 나는 자유 자치 자연을 핵심으로 하는 새로운 개인 사회 환경의 통합이념으로 3자주의를 주장한다. 이를 중심으로 하여 새로운 인권헌장이 구상돼야 한다고 생각한다. 나는 이 책을 그런 취지에서 썼다.

  이는 특히 자유 자치 자연이라는 이념이 우리나라에서 그 본질이 무시됨과 동시에 왜곡되었기 때문에 더욱 중시될 필요가 있다. 가령 자유는 반공을 뜻하는 자본주의의 소유와 시장의 자유로, 자치는 국가 주도 하의 지역의 이권화로, 자연은 새로운 산업화라는 녹색개발로 왜곡되어 왔다. 이 모든 것은 특히 1960년대 이후 '잘 살아보세'라는 새마을노래로 상징되는 경제제일주의로 집약된다. 오랜 빈곤으로 인한 회한으로 인해 '한강의 기적'이라고 하는 산업화는 경제제일주의를 우리의 유일무이한 믿음으로 만들었다. 그런 가운데 자유 자치 자연의 왜곡은 지금 그 절정에 이르고 있다고 해도 과언이 아니다. 그중의 하나가 헌법이 인정하는 인권의 행사를 '떼법'으로 비난하는 것이다.

자유

　자유란 국어사전에서 "남에게 구속받거나 무엇에 얽매이지 않고 마음대로 행동하는 일", "남에게 규제, 구속, 강제, 지배를 당하지 아니하는 일", "법률의 테두리 안에서 완전한 권리 의무를 가지는 자율적인 활동"으로 풀이된다. 그러나 첫째와 둘째의 풀이는 자유를 개인의 이기적 방종으로 착각하거나 오도하게 할 수 있으므로 문제가 있다. 자유는 그 자체가 사회적인 개념이기 때문이다. 세 번째의 풀이는 법적인 것인데, 거기에서 말하는 법률이란 인권 차원의 자유를 규정하는 헌법을 포함한 모든 법으로 이해돼야 한다. 그러나 이는 법을 전제해야 자유가 생긴다고 보는 점에서 문제가 있다. 실제 역사를 보면 자유가 먼저 있었고 이를 실현하기 위한 법이 제정되었기 때문이다.

　그런데 자유를 역사적으로 검토하면 위 국어사전의 뜻풀이에는 더욱더 큰 문제가 있음을 알 수 있다. 즉 국어사전 뜻풀이에서 말하는 '남'이란 타인을 말하는데, 자유의 역사에서 '남'이란 주로 국가나 사회를 뜻하기 때문이다. 그래서 자유를 흔히 '국가로부터의 자유'라고 한다. 그러나 자유의 역사에는 국가만이 아니라 계급제도나 소유제도 같은 사회적인 것으로부터의 인간해방도 포함된다. 계급차별이나 독점자본으로부터의 자유가 바로 그것이다. 또한 특정한 종교나 사상의 강요, 나아가 선전으로부터의 자유도 포함된다. 더욱 중요한 것은 빈곤이나 질병, 환경오염과 자연파괴로부터의 자유이다. 이 모든 것으로부터 자유롭지 못하는 한 인간은 자유를 누릴 수 없다. 따라서 국어사전에서 말하는 '남'이란 타인만이 아니라 나와 우리의 자유를 침해하는 모든 타자 내지 사회제도와 사회현상을 뜻한다고 보아야 한다.

그러나 자유는 그런 소극적인 의미만을 갖는 것이 아니다. 즉 국가나 자본이나 사회나 환경오염으로부터의 자유만을 뜻하는 것이 아니다. 그것만으로는 자유롭다고 할 수 없다. 자유는 실제로 권리를 행사할 수 있는 선택(기회)의 여지를 갖는 것을 의미한다. 그런 선택은 개인이 선험적으로 결정하는 것이 아니라, 개인이 처한 사회 속의 현실상황에 의해 제한적으로 결정된다. 처음부터 선택이 제한적인 경우도 얼마든지 있을 수 있다. 특히 광고가 주도하는 소비사회에서 선택은 광고에 의해 결정되는 경우도 있을 수 있다. 따라서 자유는 여러 가지 제한으로부터도 벗어나 개인이 다양한 선택을 할 수 있는 여건이 형성돼야 가능하다. 이러한 여건의 형성은 국가에 의해 가능할 수도 있지만 기본적으로는 사회적 자치에 의해 형성돼야 한다.

자유를 억압하는 요인은 주로 국가의 압정이나 불관용을 비롯한 외부적 가해요인으로부터 비롯되지만 빈곤, 질병, 낮은 교육, 자연 파괴 등의 사회적 상황에서 비롯되는 경우가 더 심각하다. 자유가 모든 사람들에게 보장되어야 한다고 보면, 그들의 권리 행사 능력에 제한을 가하는 여러 억압요인들을 무시한다는 것은 있을 수 없는 일이다. 특히 빈곤은 국가가 의도적으로 적극적인 간섭을 함에 따라 발생한다. 가령 식량이 절대적으로 없어서 굶주리는 것이 아니라 배가 고플 때 먹을 수 있는 권리를 국가가 법으로 보장하지 않기 때문에 굶주리게 되는 경우도 있다. 돈이 없다는 것도 국가가 돈에 대해 특정한 기능을 부여하고 적극적으로 간섭한 결과라고 볼 수도 있다.

그러므로 자유란 국가, 계급, 독점, 특정한 종교나 사상의 강요, 빈곤이나 질병이나 자연파괴로부터 벗어나 각자가 소중하게 여기는 일을 자유롭게 하고 어떤 존재가 될 수 있는 능력을 자유롭게 갖는 것을 말한다.[2] 이러한 자유란 자유로운 행동을 방해하는 것을 금지하는 것에 의해서만 누릴 수 있는 것이 아니라, 자유로운 행동을 할 수 있고 그런 존재가 될 수 있는 능력을 갖도록 적극적으로 보장하여야 누릴 수 있는 것이다. 그 보장의 주체는 당연히 국가이고 사회다. 여기서 자유는 자신이 바라는 목표를 이룰 수 있는 주체적, 자율적, 자발적 행위의 능력을 뜻하게 된다.

자유는 소수의 것이 아니라 만인의 것이다. 만일 자유로운 행동을 방해하는 것을 금지하는 데에만 그치는 자유라고 하면 자유를 잘 행사하는 사람과 잘 행사할 수 없는 사람이 생기기 마련이다. 즉 소수의 자유에 그치게 된다. 만일 자유가 만인의 것이라면 국가는 자유를 잘 행사할 수 없는 사람에게 특별히 주의해 그들이 자유를 잘 행사할 수 있게 하는 법률과 예산을 마련해야 한다. 그래야만 만인의 자유가 보장될 수 있다. 따라서 자유는 그 자체에 평등을 포함한다.

자유는 우리 헌법에서 인권으로 보장된다. 그러나 헌법에서 말하는 자유란 소위 자유권의 자유를 말하는 것으로서 그 밖에 사회권을 포함한 인권 전체의 자유라는 의미를 충분히 담아내지 못하고 있다. 사회권도 궁극적으로는 경제적, 사회적 자유를 목표로 하는 것인 점에서 보다 광범한 자유의 개념 속에서 이해돼야 한다.

따라서 종래와 같이 인권을 자유권과 사회권으로 구분함은 적절하지 못하다. 모든 인권은 자유를 위한 것이다. 국가에 대한 자유인 자유권은 물론 국가에 의한 자유인 사회권도 포함한다. 우리 헌법은 이러한 자유를 위한 인권을 상당히 광범하게 보장하고 있으나 아직 충분하다고 볼 수 없다. 특히 21세기에 와서 자유와 인권은 후퇴하고 있다.

자치

자치란 국어사전에서 "제 일은 제가 처리함", "국민이 국민으로서 국가의 일에 참가함", "국가 아래에 있는 단체가 그 이름으로, 그 단체에 관하여 국가가 위임한 작용을 행함"으로 풀이된다. 첫째의 뜻풀이는 위에서 말한 개인의 자유에 가까운 것이므로 사회적 자치를 따지는 여기서는 제외한다. 여기서 사회적으로 문제가 되는 것은 둘째의 뜻풀이, 즉 흔히 정치참여 내지 참정권 행사라고 하는 것과 셋째의 뜻풀이, 즉 지방분권이나 지방자치라고 하는 것이다.

그러나 자치에는 위 뜻풀이보다 더 넓은 측면이 있다. 즉 민족의 자치라고 하는 국제사회 차원의 것이다. 우리는 삼일 민족해방운동이 '민족자결권'이라는 이념 아래 생겼음을 잘 알고 있다. 당시의 '민족자결권'이란 말은 여러 가지 문제점을 가진 것이었으나, 인권의 국제법인 국제인권규약은 그 첫머리에 "모든 인민은 자결권을 가진다"고 규정(A규약 및 B규약[3] 각 1조)하여 이를 국제법상 인권으로 보장하고 있다.⁴ A규약 및 B규약은 그 자결권의 내용을 "모든 인민은 그들의 정치적 지위를 자유로이 결정하고, 또 그들의 경제적, 사회적 및 문화적 발전을 자유로이 추구한다"고 규정한다.

또 자치를 흔히 지방자치라고만 생각하지만 이는 국어사전에서도 보듯이 잘못이다. 위 풀이의 둘째에 해당하는 참정권이 무엇보다도 중요한 자치다. 이는 이 책에서 정치적 인권으로 설명한다. 종래 참정권은 선거권과 피선거권을 중심으로 다루어졌다. 그러나 뒤에서 보듯이 우리나라의 선거제도에는 많은 제한이 있어서 그것이 국민의 참정권을 제대로 보장하고 있는지에 대해 많은 의문이 있다. 나아가 그런 선거에 의해 뽑힌 대통령이나 국회 등이 민주주의를 제대로 구현하고 있는지에 대해서는 더욱 큰 의문이 있다. 넓은 의미에서 민주적 정치참여에는 정신적 자유에 해당하는 사상과 양심의 자유, 표현의 자유, 결사의 자유도 해당될 수 있다. 그러한 자유가 없는 한 자치는 보장될 수 없다. 그러나 그런 인권에도 많은 제한이 있어서 문제다.

이러한 문제점을 극복하기 위해 참정권의 새로운 내용으로 최근 시민에 의한 발안이나 소환, 그리고 시민대표로 구성되는 시민의회 같은 새로운 정치조직에 대한 참여가 논의되고 있다. 현행 우리 헌법에서는 이러한 제도가 인정되기 어렵지만 국민의 민주적 정치참여를 민주주의의 기본으로 인정하는 한 그 구현을 위한 제도가 모색돼야 한다.

한편 셋째의 지방자치나 지방분권은 종래 인권으로 설명되지 않고 정치조직의 하나로 설명됐으나, 이는 중앙국치나 중앙집권과 함께 참정권의 전제이다. 지방자치란 지방분권을 전제로 하여 지방의 정치를 지역주민이 그 의사와 책임에 근거하여 자주적으로 운영하는 것을 말한다. 지방분권은 단체자치만이 아니라 주민자치를 그 핵심으로 한다. 지방분권은 수직적 권력분립 형태로서 자유주의의 원리에 서는 것임에 비해, 지방자치는 이를 전제로 하여 주민에 의한 통치라고 하는 민주주의 원리에 입각한 것이다.

토크빌이 〈미국의 민주주의〉(1834-1840)에서 지방자치와 자유는 초등학교와 과학의 관계라고 한 점에서 지방자치를 민주주의의 학교라고 보는 말이 나왔다. 그러나 토크빌은 지방자치란 자유를 주민의 손에 맡기는 것이라고 보았다는 점에 유의할 필요가 있다. 즉 주민이 지방자치의 주인공이 되어야 비로소 민주주의가 성립함을 강조한 것이다. 그런 의미에서 자치는 자유의 연장이자 그 실질화라고 할 수 있다. 이를 인권의 측면에서 보면 자치는 곧 인권이라고 할 수 있다.

사회국가 내지 복지국가로서 광범하고 다양한 과제를 갖게 된 현대의 공권력에는 인권보장과 민주주의 원칙에 의해 이를 수행하는 것이 요청되지만, 국민의 참정권 행사에 의해 성립되는 중앙권력은 일원적이고 집권적인 통치의 경향으로 흘러 국민의 의사와 배리될 수 있다. 따라서 지방의 공권력으로서의 지방자치체에는 지역주민의 수요를 그 지역의 특성이나 실정에 맞게 충족시키는 행정이 더욱더 요구된다.

지방자치의 중요성은 현대국가가 경험한 전체주의의 경험에서 권력의 억제와 균형의 시스템인 지방자치가 불가결하다는 인식에서 나온다. 특히 참정권에 근거한 의회제의 기능이 마비됐다고 하는 현대에 지방자치는 더욱 중요한 의미를 갖는다. 즉 중앙의 통치기관들 사이의 수평적인 권력분립을 다시 강조함과 아울러, 중앙권력과 지방자치 사이의 수직적 권력분립을 개혁하여 의회제를 재생할 필요가 있다. 또 현대사회에서 정치경제를 포함한 인간활동의 여러 분야에서 국제화가 진전되어 국가 간의 연대와 통합이 진행되고 있고 이를 통해 국민국가의 자명성, 즉 주권이 단일하고 불가분하다는 생각이 변모되고 있음과도 관련된다.

지방자치의 존재 이유는 첫째, 국민 일반으로 해소할 수 없는 지역주민의 생활이익을 옹호하고 실현하며 둘째, 중앙정부의 권력을 억제하여 주민 특히 소수자와 개인을 지키며 셋째, 중앙의 정치과정 특히 의회제의 병리현상을 보완하고 이를 통해 입헌주의의 유지에 불가결한 점이라고 할 수 있다.

따라서 지방자치체에 '권리'로서의 지방자치권이 부여돼야 한다. 이 권리는 지방자치를 행하는 주민이 갖는 인권의 총화라고 할 수 있다. 이러한 주민자치의 원칙으로서 지방자치권은 직접 보통선거로 선발된 의회, 시민집회, 주민투표 기타 직접민주주의 및 유책의 집행기관에 의해 행사돼야 하고, 자주재정권이 확보되도록 고유재원과 그 자유로운 처분권, 기능과 재원의 적절한 대응, 자주과세권, 재정적으로 충분하지 못한 지방자치체를 위한 재정조정제도, 자주기채제도 등도 보장돼야 한다. 이러한 원칙에 비추어 볼 때 우리의 지방자치는 충분하다고 볼 수 없다.

자연

국어사전에서 자연이란 "천연 그대로의 상태", "사람의 힘과 관계없이 저절로 일어나거나 이루어지는 것", "지리적 또는 지질적 환경조건" 등으로 풀이된다. 그러나 이 책에서는 자연환경을 뜻하는 말로 사용한다.

자연환경을 인공적으로 개조해 경제적 가치를 창출한다는 경제 논리는 개발과 성장을 최고의 국가이념으로 삼았던 1960-1980년대 한국을 지배한 국가이념이었다. 그런 상황에서 인간의 지속 가능한 생존을 위한 전제로 자연환경보호를 주장하는 환경논리는 국가발전을 저해하는 불순한 세력으로 취급됐다. 그러나 1990년대 이래 과거의 새만금방조제로부터 최근 4대강 문제까지 두 가지 논리의 대립은 우리 사회의 가장 심각한 문제가 돼왔다.

환경문제를 보는 눈은 다양하다. 환경보호를 최대의 가치로 삼는 주장을 생태주의라고 한다. 생태주의에도 다양한 스펙트럼이 있다. 극단적으로는 자연에 대한 인간의 모든 행위를 배척하고 동물을 포함한 자연의 권리도 인정하고자 한다. 그러나 이는 적어도 '인간의 존엄과 가치'를 기본으로 하는 우리 헌법의 이권과는 합치할 수 없다. 앞에서 말한 자유와 자치의 이념과도 합치할 수 없다. 자유와 자치의 여러 인권을 침해하는 극단적 생태주의는 이 책에서 취하는 입장이 아니다. 소위 환경만능국가가 법치국가를 대체할 수는 없다. 인간과 함께 자연을 존중해야 한다는 원리는 더 이상 거부될 수 없으나, 자연이 인간에 우선한다는 주장은 받아들일 수 없다.

우리 헌법에서는 1980년에 35조로 환경권을 새롭게 규정했다. 이는 세계적으로도 선진적인 것이어서 찬양할 만하다. 그러나 그 내용은 지나치게 추상적이고 불명확하여 환경문제 해결의 지침이 되기는커녕 도리어 혼란만 준다는 지적도 있다. 여하튼 인권 차원의 자연 문제는 주로 35조의 환경권으로 다루어져 왔다. 환경권은 현대 산업사회의 급속한 진행에 따라 자연의 훼손과 파괴, 공해 및 환경오염의 발생, 주거 및 생활환경의 악화로 인해 인간의 생존이 위협당하면서 생겨난 현대적 인권이다. 35조에서 말하는 환경을 어떻게 볼 것인가에 대해서는 논쟁이 있으나, 문화적, 사회적 환경까지 포함된다고 보면 이는 인간과 관련된 모든 사항을 포함하는 것이 되어 문제가 생긴다. 그러나 이를 자연환경과 생활환경만으로 본다고 해도 그 구체적인 입법에서 인권으로서의 환경권을 보장한다고 보기 어려운 측면들이 너무나 많다. 특히 21세기에 와서 우리나라의 환경권은 1980년대 이전으로 후퇴하는 경향을 보이고 있어서 문제다.

두 가지 아버지 모델

자유를 누릴 수 있는 정도는 개인의 경우 그 가정적 배경에서 비롯된다. 가정의 아버지에는 두 가지 유형이 있을 수 있다. 하나는 엄격한 가부장적 권위주의의 아버지이고 다른 하나는 자애로운 민주적 아버지이다. 엄격한 가부장적 아버지는 도덕적 권위자로서 어머니와 자녀에게 절대적 복종을 요구한다. 반면 민주적 아버지는 어머니와 동등하고 두 사람이 함께 감정교류와 책임감을 바탕으로 자녀를 양육하여 타인을 배려하고 존중하게 한다.[5] 두 아버지는 자치와 자연과도 관련된다. 자유를 존중하면 자치와 자연도 존중하지만 자유를 억압하면 자치와 자연도 억압하게 될 수 있다. 요컨대 가부장적 아버지는 인권을 존중하지 않지만 민주적 아버지는 인권을 존중한다.

정치도 마찬가지다. 강력한 가부장적 권위주의 정치와 부드러운 민주적 정치가 있다. 한국은 전통적으로 강력한 가부장적 권위주의 정치가 지배적인 나라다. 따라서 전통적으로 인권을 존중했다고 볼 수 없다.[6] 또한 부드러운 민주적 정치는 예외적이다. 한국 정치사에서 볼 수 있는 예는 고 노무현 대통령 정도인지 모르는데 그의 자살은 부드러운 민주적 정치의 좌절을 상징한다고 볼 수 있을지도 모른다. 그것은 자유 자치 자연의 후퇴를 의미하는 지도 모른다.

우리는 이러한 두 가지 아버지 모델을 보수주의자와 진보주의자로 볼 수도 있다. 보수주의자는 자유경쟁시장에서 자수성가하여 성공한 사람을 이상화한다. 그러나 실제로 그런 사람은 극소수다. 대부분의 사람들은 아무리 노력해도 자수성가하여 성공할 수 없고 실패자, 즉 '루저'가 될 수밖에 없다. 그런 루저를 가능한 한 돕고자 하는 것이 진보주의자인데 보수주의자가 대세인 경우 그런 진보주의는 언제나 '루저'가 될 수밖에 없다.

진보주의자는 자유를 모든 사람의 권리와 기회의 확대로 보는 반면, 보수주의자는 자유를 도덕적 권위자인 아버지가 나눠주는 것으로 본다. 가령 낙태와 동성애에 대해 진보주의는 권리와 기회의 확대로 보는 반면, 보수주의는 반도덕적인 것이고 자유를 위협하는 것이라는 이유에서 거부한다. 진보주의자가 헌법이 인정하는 자유 자치 자연의 행사라고 보는 것을 보수주의는 '떼법'으로 비난하는 경우도 있다.

이보다 더 중요한 것은 보수주의자는 정부의 시장개입으로부터의 자유와 자기 재산을 마음대로 사용할 수 있는 자유를 주장하는 반면, 진보주의자는 빈곤과 공포로부터의 자유와 교육과 의료서비스를 비롯한 사회보장 및 사회복지제도에 의해 자신의 목표를 성취할 자유를 주장한다는 점이다. 그러나 보수주의자는 그런 제도에 사용되는 세금이 납세자의 자유를 침해한다고 주장하고 의료, 교통, 전기, 가스, 통신 등 모든 것을 민영화해야 한다고 주장한다.

더 나아가 보수주의는 부자의 세금을 감면해주어야 투자와 소비가 늘어나 경제가 활성화된다고 주장한다. 그런데 문제는 감면으로 인한 세수 부족을 모든 국민이 감당하게 하고 그마저도 부자를 위해 사용한다는 점이다. 그럼에도 보수주의자가 내세우는 성공의 꿈을 대부분의 국민이 공유하는 한 부당한 세수에 대해 불만을 갖기 어렵게 한다. 따라서 자유를 모든 사람의 권리와 기회의 확대로 보는 진보주의는 설 자리가 없어진다.

이러한 보수주의는 이명박 정권에 들어와서 더욱 노골화되고 있지만 그 뿌리는 이미 예전부터 시작됐다. 앞에서 우리는 노무현 정권이 그나마 진보주의적 색채를 어느 정도 가졌다고 했지만 사실은 보수주의적이었다. 자유경쟁시장에서 스스로 노력하여 성공하는 사람을 이상화한 보수주의인 점에서는 크게 다르지 않았으니 무늬만 진보적이었다고 할 수 있다.

인터넷 민주주의와 무연사회

　가부장적 권위주의의 아버지가 가정에서부터 나라에까지 지배적인 우리나라는 민주주의를 한다고 할 수 없을지도 모른다. 그럼에도 우리는 어느 정도로는 민주주의를 해왔고 여전히 더욱 완전한 민주주의를 바라고 있다. 특히 최근에는 인터넷 민주주의의 가능성을 목격하고 참여하고 있다. 노무현 대통령의 집권은 그것에 의해 가능했다고 보아도 과언이 아니다.

　우리는 누구나 자유롭게 평등하게 인터넷을 통해 자신의 의견을 말하고 다른 사람들의 의견과 하나의 여론을 형성해 사회변화를 초래할 수 있고 정권까지 바꿀 수도 있는 가능성을 최근에 보아왔다. 인터넷에는 여러 가지 문제가 있지만 이처럼 새로운 민주주의의 가능성을 보여주는 점을 무시해서는 안 된다. 촛불 집회도 그런 가능성의 하나였다.

　누구나 자유롭고 평등하다는 것은 자신의 개인적인 연줄이나 이해관계가 아닌 사회적인 공감에 근거한 사회를 성립시키고 유지하기 위한 전제다. 연줄이란 혈연, 지연, 학연 등등, 우리를 얽어매고 있는 여러 가지 굴레다. 결혼이나 군대나 회사의 인연도 마찬가지다. 종교나 사상이나 신조의 집단도 마찬가지다. 우리는 그런 연줄로부터 영원히 벗어날 수 없지만 적어도 여론이라는 사회적 공감대에 근거한 민주사회를 형성하기 위해서는 개인적인 연줄의 굴레에서 잠시 벗어나 무연無緣해질 필요가 있다. 특히 우리 사회는 그런 연줄이 강력한 만큼 그런 연줄에서 해방되어야 비로소 참된 민주주의를 모색할 수 있다. 인터넷 민주주의나 촛불 민주주의는 그

가능성을 보여주었다.

　반대로 우리는 연줄에 의한 공동체를 사회의 기본단위라고 생각했고 그것들을 무엇보다도 존중해 왔다. 특히 IMF 사태 이후 가족주의적이고 집단주의적인 경향이 강해졌다. 그러나 그것이 공동사회이든 이익사회이든 간에 적어도 그 구성원이 자유롭고 평등하지 않는 한 정의로운 사회의 모델이 될 수 없다. 설령 그 구성원이 자유롭고 평등하다고 해도 그것은 순수한 의미의 자유롭고 평등한 공동체는 아니다. 따라서 우리는 그런 순수한 가설의 '무연사회'를 설정하고서 우리 사회를 재검토해 볼 필요가 있다.

　여기서 무연이란 무개성을 말하는 것은 아니다. 여론이란 합창과 같은 것이다. 모두 똑같은 소리를 내는 것이 아니라 여러 다른 소리가 그 개성을 죽이지 않고 조화를 이루어야 아름다운 합창이 가능해지듯이 다양한 개성이 화합되는 것이 여론이다. 자유와 평등은 무연을 전제로 하면서도 각자의 다양한 개성과 함께 자발적 화합과 자치를 존중한다. 물론 그 개성이란 연줄에 의해 집단적으로 강요된 성격과는 다르다.

　무연의 상태는 하나의 가상일 수 있으나 나는 이를 전적으로 가상적인 것이라고는 생각하지 않는다. 나는 오랫동안 연줄로 복잡하게 얽힌 패거리문화가 우리 사회의 병폐라고 생각해 이를 벗어나기 위해 가족관계나 화수회나 동창회나 종교단체나 직장과 관련된 인간관계에 의한 사고의 강요로부터 가능한 한 벗어나려고 노력해왔다. 나는 부모에 대한 효도를 중시하지만 부모의 정치적 의견이 부당하다고 생각하면 그것을 따르지 않고 나 자신의 정치적 의견을 추구한다. 마찬가지로 나는 아내와 자식을 사랑하지만 그들에게 나의 정치적 의견을 강요하지 않는다. 마찬가지로 동료와 학생을 존중하지만 그들의 정치적 의견을 따르지 않고 나의 정치적 의견을 강요하지도 않는다.

우리는 서양 사람들이 '자연상태'와 '자연권'을 생각했음을 알고 있다. 그러나 이는 흔히 오해되듯이 역사나 권리의 시작을 말하는 것이 아니라 사회를 근본적으로 재구성하기 위한 하나의 사고모델이었다. 이를 제일 먼저 말한 사람은 홉스였다. 이는 당시 성경이 모든 인류는 아담의 자손으로서 그 전통 속에서 자기 존재를 갖는다는 것을 부정한 것이었다. 따라서 당대 서양 사람들은 대부분 그 생각에 반대했다.

그 뒤 영국의 찰스 1세가 청교도혁명에 의해 살해됐다. 이를 정당화하기 위해 로크는 다시 '자연상태'와 '자연권'을 주장했다. 즉 고대 그리스 신화에 나오는 오이디푸스처럼 아버지 살해를 정당화하고 아버지를 죽인 자녀들을 지키기 위한 자유의 주장이었다. 그리고 자식들이 모두 아버지의 유산을 고르게 나누어야 한다는 것이 평등의 주장이었다. 그리고 그러한 자유와 평등을 가능하게 한 것이 사회계약론이었다.

우리는 그런 사고모델의 하나로 '무연사회'라는 것을 생각해볼 필요가 있다. 우리는 오이디푸스나 홉스 또는 로크처럼 아버지를 굳이 죽일 필요는 없다. 죽이기보다는 민주적인 아버지로 만들 필요가 있다. 물론 이는 불가능하기에 혁명이 터진다. 그러나 혁명으로 아버지를 죽이는 것만이 능사는 아니다. 무엇보다도 연줄에 매

여겨 있는 자신을 죽일 필요가 있다.

무연사회 모델

여기서 '무연사회' 모델이라고 함은 롤즈라는 철학자의 〈정의론〉을 읽은 사람이면 그가 말한 '무지의 베일'과 유사하다는 것을 알 것이다. 이 책은 우리나라를 포함하여 세계적으로 널리 읽혔으나 우리나라와 같은 '연줄사회'의 경우 이 책이 갖는 의미는 그리 강조되지 못했다고 생각된다. 롤즈는 '무지의 베일'을 쓴 사람을 다음과 같이 설명한다.

> 무엇보다도 각자는 사회 속의 자기 위치나 계급적 지위나 사회적 신분을[7] 모르며, 천부적 자산과 능력, 지능과 체력 등을 타고나게 하는 자신의 운도 모른다. 또 선에 대한 자신의 생각, 자신의 고유한 이성적 인생계획, 심지어 모험을 싫어한다든가 비관적이거나 낙관적인 경향과 같은 자신의 심리적 특징도 모른다. 나아가 그들은 자기 사회의 특별한 상황에 대해서도 모른다고 가정된다.[8]

롤즈는 그들이 인간사회에 대한 일반적 원칙을 안다고 가정한다. 가령 우리는 모두가 원하는 무엇을 나눌 때 누구에게도 특권을 인정할 수 없고 모두에게 똑같이 돌아가도록 나누어야 한다는 것을 안다는 것이다. 즉 평등의 원리다. 마찬가지로 자유와 권리가 피부색을 비롯한 용모나 자질에 따라 달라져서도 안 된다는 것을 안다. 피부색이나 용모나 자질은 자신이 선택할 수 없는 운에 불과하므로 이에 따라 어떤 특권도 인정해서는 안 된다. 이것이 정의의 제1원리다. 이를 '무연사회'에 응용하면 연줄이나 자질을 잊어야 모두가 자유롭고 평등하게 된다는 것이다. 즉 정의의 제1원리는 무연성이다.

따라서 무연사회에서는 그 어떤 연줄이나 자질도 모두 자유롭고 평등하게 인정된다. 가령 모든 인간이 개성에 따라 다양성을 인정받게 되고 소속집단이나 종교단체도 모두 자유롭고 평등한 존재로 그 다양성이 인정된다. 그래서 어떤 종교나 사상이나 신조를 이유로 하여 불이익을 받거나 차별 당하거나 투옥되거나 처형되는 것은 결코 있을 수 없다.

사상이나 종교의 내용에 따라 자유가 제한된다면 그 사회는 하나의 도그마에 의해 구성되는 사상국가나 종교국가가 될 수밖에 없다. 우리나라는 그런 종교국가는 아니지만 하나의 사상국가임에는 틀림없다. 그 사상은 특정한 사상을 능동적으로 갖는 것이 아니라 수동적으로 공산주의를 배격한다는 것에 의한 반공사상이다. 그 단적인 예가 국가보안법이다. 또는 전통사상이라는 이유로 우리나라를 유교국가라고 규정하는 태도도 마찬가지로 위험할 수 있다. 이는 무연사회를 전제로 하는 정의의 원칙을 침해한다.

자유는 자유에 의해서만 제한된다. 가령 종교의 자유가 제한될 수 있는 것은 그 종교가 사회에서 자유가 존속할 조건을 침해하는 경우뿐이다. 무연사회에서는 자신이 어떤 종교를 믿을지 모르고 무신론자가 될지 종교인이 될지도 모르는 상태에 놓이므로 종교도 무신론도 그에게는 병존하지 않을 수 없다. 즉 어떤 종교인도 다른 종교는 물론 무신론의 존재도 인정하고 자신이 믿는 신을 바꿀 가능성도 인정하기 마련이다. 이는 사상의 자유의 경우에도 마찬가지다. 무연사회에서는 어떤 사상도 선택할 가능성이 있다. 따라서 어떤 사상도 금지될 수 없다.

이러한 무연사회의 원리가 미국의 경우 현존하는 헌법기관 중에서 의회(하원), 특히 연방대법원에서 가장 완벽하게 구현된다고 롤즈는 본다. 그러나 한 선거로 뽑힌 의원으로 구성되는 의회나 대통령이 임명하는 대법관으로 구성되는 연방대법원이 과연 무연사회인가에 대해서는 의문이 있다. 롤즈의 말은 상대적인 의미고, 현실에서 완전한 무연사회란 없다.

경쟁사회와 협조사회

무연사회가 가능하다고 해도 현실에서 각자의 연줄이나 재능이나 자질의 차이로 인해 사회의 불평등이 생길 수 있는 가능성은 물론 있다. 그런 불평등을 방치하면 사회에는 차별이 끝없이 생겨나고 사회의 모럴은 붕괴하기 마련이다. 무연사회에서는 연줄이나 재능, 자질에 대해서 무지하므로 그것으로 인해 유불리를 결정하지 않는다. 여기서 정의의 제2원리가 성립한다. 이는 불평등에 의해 유리한 결과를 획득한 사람은 그 결과를 사회에서 가장 불리한 사람의 이익을 최대화하기 위해 사용해야 한다는 것이다.

여기서 주의해야 하는 것은 연줄과 능력의 구별이다. 우리는 연줄을 이용한 출세는 부당하다고 생각하면서도 능력에 따른 출세는 부당하지 않다고 생각하는 경향이 있다. 그러나 능력이란 대부분

연출과 무관하지 않다. 즉 각자의 능력은 그가 태어난 환경이나 교육과 같은 운에 의존하기 마련이고 사회 속의 타인과의 사회적 관계 속에서 형성되므로 사회적 공통자본이다. 따라서 재능에 의해 얻는 유리는 재능이 없어서 불리한 입장의 사람을 위해 배분돼야 한다. 즉 자신의 능력을 이유로 하여 타인의 불이익을 전혀 고려하지 않고 능력에 의한 유리를 누려서는 안 된다.

우리는 실력에 의한 경쟁을 당연시한다. 경쟁의 원리 자체는 물론 부정할 수 없다. 경쟁이 없다면 어떤 사회도 활기를 가질 수 없다. 정치활동도 기업활동도 기타 어떤 활동도 사회를 위해 중요하다. 그러나 그것은 사회의 불평등을 확대하기 마련이고 경쟁만으로는 문제를 해결할 수 없다. 따라서 시장의 자유에만 맡길 수는 없다. 적어도 유리한 결과를 낳는 직업과 지위에 접근할 수 있는 기회는 누구에게나 평등하게 주어져야 한다.

이에는 3단계가 있다. 첫째, 각자의 자질과 재능에 따르는 자유시장주의적 대응이다. 얼마 전까지 우리나라가 그러했고 지금도 기본적으로는 그렇다. 둘째, 학교교육과 기능교육에 대한 계급적 장벽을 제거한 자유주의적 대응이다. 우리나라도 그런 제도정비를 도모하고 있으나 아직 충분하지 못하다. 셋째, 차별철폐를 위해 피차별집단에 대해 적극적인 고용정책을 취하는 민주주의적 대응이다. 최근 우리나라에서도 그런 얘기가 나오고 있으나 아직은 개념 정도에 그치고 있다.

그러나 그것만으로 충분하지 않다. 상이한 재능과 자질을 갖는 사람들로 사회가 구성되는 이상 불평등이 초래되기는 마련이지만 불평등이라는 결과를 경쟁에서 실패한 사람들을 돕기 위해 사용하는 것이 정의다. 가령 빈민 자녀의 교육을 돕고 빈민의 사회복지를 돕는 것이다. 경쟁에 이긴 사람은 그 성과를 자기를 위해서만 사용하지 않고 사회적 배분에 돌려야 한다. 이것이 롤즈가 말한 정의의 제2원리인데 나는 이를 사회적 배분의 원리고 부른다.

이는 정의의 제1원리에서 나오는 당연한 결과다. 무연사회에서 평등한 자유의 권리를 선택할 때 사회 전체를 부유하게 한다고 해서 그 원리를 부정할 수는 없기 때문이다. 나라 전체의 파이가 커져야, 즉 부자가 돈을 많이 벌어야 빈자도 덩달아 잘 살게 된다고 한다. 그러나 이를 이유로 하여 평등한 자유의 권리를 부정하는 것은 정의의 제1원리에 명백하게 어긋난다. 그런 주장을 극단화하면 노예제가 있어서 경제가 발전한다는 이유로 노예제를 인정하는 결과가 된다. 이러한 생각을 공리주의라고 하는데 나는 이를 받아들일 수 없다.

국민소득이나 국민생산이라는 개념은 개인의 행복 증대와 직접적인 관련이 없음을 알고 있는데도 성장과 효율을 우선하는 자들은 그 계산상의 숫자를 경제지표로 삼고서 우리의 자유를 빼앗고 있다.

적극적인 고용 및 입학정책의 문제점

미국에서 실시된 적극적인 고용 및 입학 정책이란 가령 흑인이나 유색인종에게 유리한 조건을 설정하는 것이다. 그런데 그 결과 백인 수험생이 비백인 수험생과 같은 점수임에도 비백인 학생이 입학하는 사태가 발생했다. 이에 대해 백인은 그 입학조건이 헌법상 평등권을 보장한 연방헌법 수정 14조에 위반한다는 이유로 제소를 했고 연방대법원은 이를 인정했다.

이는 앞에서 말한 정의의 제1원리에도 위배된다. 피부색에 대한 평등권은 흑인은 물론 백인에게도 인정돼야 하기 때문이다. 그러나 14조는 흑인에 대한 차별을 철폐하는 것을 목적으로 하는 것이므로 사회 전체의 이익을 고려하면 적극적 고용 및 입학정책은 정당하다고 보아야 한다.

그런데 미국 대학의 입학정책은 기본적으로 대학의 자유에 맡겨져 있다. 한국과 달리 미국은 그렇다. 가령 법률가로서의 자질을 중시하는 법과대학원 입학의 경우 시험점수만으로 뽑을 필요는 없고, 점수가 낮다고 해도 소수민족의 학생이 현실의 법적 문제에 적확하게 대응할 수 있으므로 그들에게 입학의 우선권을 주는 것이 도리어 타당하다. 따라서 이는 백인에 대한 차별문제가 아니라 합격기준의 설정문제다.

이는 고용상의 여성차별에도 해당되는 얘기다. 흔히 여성은 여성의 취업증대와 남녀고용의 평등을 위해 적극적 조치를 취해야 한다고 한다. 그러나 사실은 여성의 노동능력이 남성보다 열등한 것이 아니라 남성에게 유리한 노동구조가 이미 존재하기 때문에 차별을 받는다. 가령 결혼생활이나 전근이나 시간외근무가 여성에게는 적합하지 않다는 것인데 이는 노동구조를 바꾸어야 해결되는 문제지 여성을 적극적으로 고용해서 해결되는 문제가 아니다. 즉 롤즈의 제2정의원리에 의해 해결되는 문제가 아니다.

여기서 우리는 롤즈의 정의원칙이 문제 해결에 적절하지 않음을 알 수 있다. 즉 제1원리가 두 당사자에게 서로 모순되는 결과를 초래하는 경우 사회 전체의 이익을 고려하여 판단해야 하고, 제2원리의 경우에도 원리뿐만 아니라 사회적 구조개혁이 전제되어야 함을 알 수 있다.

법치주의와 인권

최근 우리 정부는 스스로 '경제 살리기' 정권이라고 자부하면서 무엇보다도 '법치주의'가 필요함을 강력하게 주장하고 있다. 법치주의가 우리 국가의 원리임은 두말할 필요가 없다. 법치주의란 법을 우선하는 원칙을 말하는데 그 법의 최고규범이 헌법이고 그 헌법에서도 가장 중요한 것이 인권이므로 무엇보다도 인권을 중시하는 주의라고 보아야 한다.

그러나 정부가 말하는 '법치주의'란 국가의 모든 정책을 '경제 살리기'에 초점을 맞추고 있어서 그 정책 수행의 본질인 기업 활동에 장애가 되는 법규제는 대폭 완화하거나 심지어 관련 헌법조항을 위배하기도 했다. 반면 국민의 표현의 자유와 노동자의 인권을 비롯한 인권에 대한 규제를 더욱더 강화하는 형태여서 모순을 야기하여 왔다. 즉 정부의 기업 중심 경제정책을 위시한 정책 전반을 비판하는 시민의 표현을 법에 의해 철저히 규제하며 그 처벌의 폭과 양을 대폭 강화하고, 나아가 자신의 권력유지에 방해가 되는 경우 법에 반하는 자의적인 권력행사도 서슴지 않는 다중적인 '법치주의', 즉 원칙과 기준이 없는 자의적인 권력행사를 법의 이름으로 정당화하고 합리화하는 '법치주의'를 말한다.

따라서 이는 권력자의 자의적인 지배를 막기 위해 나온 법치주의 본래의 의미에 철저히 반하는 것으로서 법치라는 이름으로 제멋대로 법을 운용하는 인치의 변태에 불과하다. 이러한 변태적 법치주의 하에서 국민은 무엇이 합법이고 무엇이 불법인가에 대한 객관적인 기준을 가질 수 없다. 불법이라는 이유로 구속이 되어 재판을 받고 실형을 사는 것조차 객관적으로 납득할 수 없어 법냉소주의에 빠짐과 동시에 법에 대한 불안에 의해 자기검열주의에 휩싸이게 된다. 따라서 실제로는 무법치주의가 돼버린다. 결국 판단주체는 법을 자의적으로 적용하는 정치권력과 그 하수인격인 검경찰 및 법원이겠는데 그들은 법치주의가 아니라 인치주의의 주체일 수밖에 없고, 자신들에게도 객관적인 기준이 없으니 법은 법이 아니라 농담이나 운수소관 같은 것이 돼버리고 권력자에 의해 좌지우지돼버린다.

몇 가지 보기를 들어보자. 먼저 자신의 권력유지에 방해가 되는 경우 법에 반하는 자의적인 권력행사도 서슴지 않는 경우로는, 현 정부 출범 직후에, 아직 임기가 남아 있는 공공기관장들에 대해 아무런 법적 근거도 없이 사표를 종용하여 법치주의에 정면으로 반하는 행태를 일삼은 사례를 들 수 있다. 또 정부의 경제정책을 비판하는 시민의 표현인 촛불시위에 대해 경찰이 무차별적인 폭력으로 강경진압을 하여 법치주의에 철저히 반한 사례를 들 수 있다. 또 법치주의의 기본은 국가의 근본법인 헌법의 기본권을 보장하는 것인데도 정부는 언론의 비판에 대해 수사권과 감사권을 자의적으로 휘둘렀던 사례도 들 수 있다. 미국산 쇠고기에 대한 PD수첩의 보도에 대한 수사, KBS에 대한 특별감사, 네티즌에 대한 수사 등은 모두 비판의 자유를 억누르려고 한 반법치주의의 적나라한 행태에 불과했다.

더욱 중요한 문제는 정책 수행에 장애가 되는 법규제를 대폭 완화한 것으로서, 그 사례로는 경제 살리기 정책의 중심이 고소영이니 강부자니 하는 극소수 부자들을 위한 규제완화였다. 즉 '고소영'이니 '강부자'니 하는 상위 1% 전후의 부자를 위한 종부세 완화를 위시한 각종 규제완화 정책, 부동산 건설업자와 투기꾼을 위한 뉴타운 개발부터 대운하 및 4대강 정비 등의 건설사업이다. 여기에 현 정권 초기를 장식한 미국 쇠고기 수입 문제도 물론 들어갈 것이다.

이러한 정책들은 강력한 법질서 확립이라는 미명 하에 각종 인권 탄압과 함께 행해졌다. 그 어느 것도 국민 전체가 아니라 소수 특권층을 위한 것이었다. 그런 경제정책 자체가 헌법상의 여러 원리를 침해하는 반법치주의의 전형이었다.

민주국가의 법치주의 원리란 사회통합에 그 실질적인 목적이 있다. 즉 법에 의한 통치가 법치주의의 형식적 측면이라면 국민통합은 실질적 측면이라고 할 수 있다. 여기서 가장 시급하게 논의되어야 하는 현실 문제는 양극화와 분단화에 의한 사회적 모순을 극복하는 것이다. 그러나 현 정부는 자본 중심의 정책을 일관하여 전개함으로써 양극화와 분단화를 극복하기는커녕 이를 조장하면서 사회통합과 통일을 외치는 위선과 양면성을 드러내고 있다.

촛불시위에 대한 강경 진압을 비롯하여 강력한 법질서 확립에 대한 요구는 더욱 커져서 2008년 말 무더기 입법의 요구를 둘러싼 국회 갈등은 이명박 정권 1년 법치정책의 모순을 극단적으로 보여주었다. 아니 그 전후로 대통령과 검찰에 의해 발표된 '불법' 시위와 파업 및 사이버 '불법'에 대한 엄단이 그 전형이었다. 무더기 입법 속에는 휴대전화 감청, 위치정보 파악, 대테러관련 활동 등 국가정보원의 직무 범위를 확대 강화하는 내용도 포함돼 과거의 안기부 시절, 유신 시절로 되돌아가는 착각까지 불러일으키고 있다. 또 복면도구(마스크) 착용 금지, 경찰의 영상촬영 허용을 내용으로 하는 집시법 개정, 테러 위험을 이유로 시민단체를 정부가 감시하는 테러방지법, 사이버 모욕죄, 비정규직의 계약기간 연장, 재벌의 언론장악, 금산분리완화에 의한 대기업들의 비리 합법화 등도 포함돼 있다.

인권과 경제

이러한 법들은 집권 초부터 선진화 원년으로 선포하면서 소위 '떼법'이니 '정서법'을 추방하고 법과 원칙을 바로 세우겠다고 다짐한 것에 출발했으나 촛불시위나 파업 등의 '불법폭력 시위'는 물론 2008년 말 야당의 국회점거를 '불법폭력 행위'로 규정하고 그것들이 경제를 해쳐 '선진일류국가'로의 도약에 중요한 걸림돌이 됐다고 보는 인식에 근거한다는 점에서 심각하다. 이는 KDI가 우리나라 법질서 준수율은 경제협력개발기구(OECD) 회원국 30개국 중 28위로 최하위권이며 이에 따라 해마다 0.99% 포인트의 경제성장률을 까먹고 있다는 주장으로 뒷받침된다. 게다가 성장률 1%는 6만 개 정도의 신규고용효과가 있는데 불법 폭력시위 등 법질서를 지키지 않음으로써 그만큼의 일자리를 스스로 날려버리는 셈이라는 지극히 단순한 경제 침해 주장도 나온다.⁹ 이러한 주장은 불법 기업인들에 대해 검찰이나 법원이 경제를 이유로 선처하는 관행과도 연결된다. 이러한 셈법은 도대체 어떻게 산정될 수 있는 것인가?

정부는 촛불집회를 불법집회라고 했다. 사전 허가 없는 금지된 집회, 특히 야간집회를 해서 집시법을 위반했다는 것이다. 그러나 집시법은 상위법인 헌법에 보장된 표현의 자유를 침해하는 것이었다. 야간집회라는 것은 대낮과 다름없는 불 밝은 환경에서 하는 것이므로 주간집회와 특별히 구별할 필요가 없다. 외국에서는 그런 구별을 하지 않는다. 또 정부는 대부분의 파업을 불법파업으로 본다. 다른 나라에서는 파업이 불법이 아닐 뿐더러 우리보다 더 많이 벌어진다. 집회나 파업에 의해 경제성장률이 어떻게 감소된다는 것일까? 도리어 집회나 파업을 헌법에 따라 합법적으로 보장하지 못한 탓에 생기는 불경제가 더 클 수도 있다. 설령 집회나 파업에 의해 경제적 손실이 초래된다고 해도 이는 국민의 인권 행사이므로 정부가 경제적 손실을 이유로 해서 그것을 불법이라고 판단해서는 안 된다. 그런 수작은 박정희나 전두환 때의 악법을 강요하는 합법주의를 무기 삼아 국민의 인권을 침해한 독재체제의 수법에 불과하다.

경제 살리기를 위한 법질서회복이라는 미명과 경제를 침해하는

프롤로그

법질서파괴 행위에 대한 불관용의 형사사법 아래, 집회시위법상 규제와 처벌의 남용은 집회 참가시민들을 모두 범죄혐의자로 취급하는 것이다. 공권력 행사과정에서 인권을 경시하고, 특히 비정규직 노동자나 이주노동자는 물론 사회적 약자의 인권보호와 사회적 배려를 무시하여 인권은 더 이상 설 자리가 없어진다. 반면 경제 살리기를 위한다는 명분 하에 기업에 대한 처벌을 약화하거나 감면하는 것은 강자 중심의 차별적 법치주의를 정착시킨다.

요컨대 경제 우선, 즉 기업 우선, 정확하게 말하면 재벌 기업 우선의 법만능주의다. 그 실체는 법을 수단으로 부리는 권력만능주의다. 나아가 권력의 실체가 기업 중심의 자본에 있으므로 자본만능주의다. 여기서 법과 권력은 자본에 봉사하는 수단일 뿐이다. 자본의 총수는 CEO대통령이고, 행정부나 입법부는 물론 사법부의 공무원들도 그의 수족에 불과하다. 그야말로 경제독재대통령의 경제독재체제다. 그의 독재는 경제라는 위기적 상황의 미명으로 가려지고 위기에 대처하는 '강력한 지도자'의 이미지로 분식된다.

우리는 이런 법만능주의의 권력을 처음 경험한 것이 아니다. 이미 박정희 독재를 통해 이를 충분히 경험했다. 그 뒤 정권이 몇 차례 바뀌었지만 정권의 실체나 정권에 대한 다수 국민의 기대는 '강력한 경제대통령'이라는 틀을 벗어난 적이 없다. 지금까지의 역대 대통령에 대한 평가도 마찬가지다. 박정희는 물론 전두환과 노태우까지도 집권 동안에 경제가 괜찮았다는 이유로 국민들의 반감을 사지는 않았지만 김대중과 노무현의 정권은 경제 불황을 이유로 비난받았다. 국제정세뿐만 아니라 국내정책이 자본 중심이나 강력한 통치력에 의한 것이 아니기 때문에 국민들의 호응을 받지 못한 측면도 있다. 그 결과 2008년 수립된 현 정권은 인권과 대립하는 정권이었다. 여기에 우리가 인권과 법을 새롭게 보아야 하는 현실적 이유가 있다.

21세기는 심각한 경제불황과 실업난 때문에 앞날에 대한 걱정이 크다. 이는 어느 시대나 마찬가지였으나, 그래도 정치적, 법적으로 억압이 심했던 20세기 후반 우리나라의 경제발전이 급격히 이루어졌다는 점에서 사람들은 옛날을 그리워하는 경향을 보이기도 한다. 심지어 정치적, 법적인 자유는 경제적 발전을 저해한다고 생각하는 사람들도 있다. 이는 20세기 후반 독재자들이 구호처럼 외쳐 국민들의 머리에 뿌리박힌 생각이기도 하다. 따라서 우리는 이 점에 대해서 생각해 볼 필요가 있다.

결론부터 말하자면 그런 생각은 근거가 없다는 주장이, 1998년 노벨경제학상을 받은 아마티아 센이라는 케임브리지 대학교 트리니티 대학 학장이 쓴 〈자유로서의 발전〉이라는 책에서도 명백히 밝혀졌다(일부러 그 신분을 밝히는 것은 권위를 얻기 위해서지만 무시해도 좋다). 가령 아프리카에서 민주주의의 오아시스라고 하는 보츠와나 공화국이 세계에서 가장 빠른 성장국 중의 하나라는 사실을 비롯하여 수많은 연구가 그런 점을 밝히고 있다고 한다.[10] 나아가 가난한 사람들은 민주주의와 인권에 무관심하다는 주장도 근거가 없다고 하는데, 이 점은 우리 역사가 이미 충분히 증명한 바이다. 우리 세대는 지금보다 훨씬 가난하게 살았지만 민주주의와 인권에 대해 관심이 컸다.

여하튼 '부자 되세요'라는 말이 이 시대의 축복이고 '가난하게 사세요'라는 말이 이 시대의 저주인 듯하다. 오늘의 청소년들은 예쁜 연예인이 말하는 그런 구호에 익숙해 보이고, 그래서 대학생부터 자가용을 굴리고 아파트에서 살며 얼굴도 연예인처럼 뜯어고치고자 하는 것 같다. 그러나 그 돈은 상당히 잘사는 부모에게서 나오는 것임은 누구나 알고 있다. 물론 소위 벤처 사업을 해서 떼돈을 버는 청년도 없지는 않으나 그 역시 가난한 부모의 자녀인 경우 상상하기 어렵다. 그런 자녀들 대부분은 헛된 욕망 없이 열심히 살고 있지만, 그런 욕망을 반드시 부정적으로 보지는 않는 듯하다.

솔직히 말해 나는 우리 사회의 경제적 발전이 어느 정도 가능해진 지금, 적어도 대학생이라면 부모로부터 경제적, 사회적으로 독립할 필요가 있다고 본다. 물론 여러 가지 이유에서 독립이 어려운 것은 사실이지만, 어렵더라도 노력을 해야 한다고 본다. 특히 결혼 이후의 생활은 물론 결혼 자체도 적어도 경제적으로는 부모와 무관하게 할 수 있어야 한다고 본다. 아니 대학생이 되면 철저히 독립하겠다는 굳은 결심과 노력이 필요하다. 그러나 지금 청소년들은 대부분 그렇지 않다. 그러다 보니 보수적인 부모 세대의 사고와 행동에 얽매이고 심지어 그것을 그대로 빼닮아 도대체 사회의 발전이 없다. 무엇보다도 젊은이답게 물질의 노예 상태로부터 벗어나라!

"배부른 돼지보다 배고픈 소크라테스가 되겠다"는 말을 납득하지 않는다고 해도, 물질의 부자가 되는 것 자체가 삶의 목적이 아니라 공정하고 민주적인 사회에서 자유롭고 평등하게 마음의 부자로 사는 것이 삶의 목적이라는 점은 누구도 부정할 수 없으리라. 물론 누구나 끔찍한 가난을 싫어한다. 나도 자라면서 보릿고개라는 끔찍한 가난을 경험했다. 지금도 북한에는 굶주리는 아이들이 많다. 그런데 앞에서 말한 센은 민주주의가 기능하는 나라에서는 기근이 한 번도 없었다고 한다.[11] 따라서 우리나라의 과거나 북한의 심각한 가난은 민주주의를 하지 못한 탓이 된다. 또한 센은 우리가 1997년에 맞은 IMF 위기도 민주주의와 인권의 부족 탓이라고 본다.[12] 센의 주장이 다 옳은 것인지는 알 수 없으나 민주주의와 인권이 중요하다는 것을 강조하는 의미에서 받아들이면 충분하리라.

1
인권과 법에 대한 새로운 인식

권리와 인권

이 책에서 새롭게 사용하는 인권이란 말을 헌법에서는 '국민의 권리'라고 한다고 앞에서 말했다. 인권이란 말도 '인간의 권리'를 줄인 말이다. 따라서 '권리'가 핵심이니 권리라는 말부터 검토해 보자.

권리라는 말은 영어의 right란 말의 번역어다. 한자로 '권'이란 '권력'이라는 말처럼 '권세'를 뜻하고 '리'란 '이익'이란 말처럼 '이로움'을 뜻한다. 그래서 국어사전에 나오는 첫 뜻풀이가 '권세와 이익'이다. 둘째의 뜻풀이는 법적 의미로, '법에 의하여 개인 또는 단체에 대하여 인정된 활동의 범위 및 자격'이나 '특정한 이익을 주장하거나 받을 수 있는 법률상 능력'이고, 셋째의 뜻풀이는 윤리적 의미로 '남에게 대하여 마땅히 기대하고 요구할 수 있는 정의'라고 한다.

반면 영어의 right란 말에는 '권리'라는 의미 외에도 올바름, 정당, 정의, 공정, 정직, 도리, 당연, 이치, 소중함, 가치, 자격, 조건 같은 뜻도 있다. 이를 권리와 연관시켜 보면 "그것을 잃으면 자신이 자신이 아니게 되고 그것을 빼앗으면 상대가 상대가 아니게 되는 소중한 것"이라고 볼 수도 있다. 이처럼 right에는 도덕적이고 윤리적인 의미가 포함되지만 '권리'라는 말에는 그러한 의미가 없거나 약하다고 볼 수 있다. 국어사전의 첫 뜻풀이와 같은 '권세와 이익'이라는 의미로만 권리라는 말을 사용하는 경우는 거의 없겠으나 권리에 그런 뉘앙스가 숨어 있는 것은 사실이다.

우리가 이 책에서 권리라고 하는 것은 둘째 뜻풀이인 법적 의미로, '법에 의하여 개인 또는 단체에 대하여 인정된 활동의 범위 및 자격'이나 '특정한 이익을 주장하거나 받을 수 있는 법률상 능력'을 말한다. 이처럼 국어사전은 권리를 법에 의해 주어지는 것으로 설명하지만 권리는 계약에 의해 주어지는 경우도 있고, 실제로는 계약에 의한 경우가 더 많다고도 할 수 있다. 계약에 의한 경우 채권자에 대해 채무자가 있듯이 권리는 대체로 의무에 대응한다.

한편 인권이란 국어사전에서 "자연인의 자유 평등의 권리"로 풀이된다. 이는 인권을 지극히 좁은 범위에서 인정하는 것이므로 옳지 않다. 자연인이라는 주체는 물론 인권의 주체이지만 법인도 인권의 주체가 될 수 있고, 그 내용에 '자유 평등의 권리' 외에도 여러 가지 권리가 포함되기 때문이다.

인권이란 사람이 살아가면서 당연히 갖는 권리, 사람이 사람답게 살기 위한 불가결한 권리라고 한다. 이는 human rights의 번역어인데 이를 헌법상의 권리와 같은 의미로 사용하는 경우가 많다. 그러나 human rights는 영어권에서 헌법상의 권리라기보다도 자연법적인 개념으로 사용하는 경우가 많고, 헌법상의 권리는 civil rights나 civil liberties란 말을 사용한다. 한편 독일어권에서는 Gruntrechte, 즉 기본권이라는 말을 사용한다.[13] 우리 헌법 10조 등에서 '기본적 인권'[14]이라는 말을 사용하는 것도 이와 유사한 것이라고 할 수 있다. 그러나 이는 인권을 말하는 것임에도 인권 중에서도 기본적인 것이라는 오해를 불러일으킬 수 있다. 내가 이 책에서 '기본적 인권'이라고 함은 인권 중에서도 기본적인 것을 뜻하지만 이는 헌법상 인권과는 다른 것이다.

  헌법학에서는 인권 대신 기본권이라는 말을 사용하는데 이는 헌법을 비롯한 어떤 법에서도 나오지 않는 말로서, 독일어권의 용어를 그대로 사용하는 문제가 있다. 따라서 이 책에서는 인권이란 말을 사용하도록 한다.

  한편 세계인권헌장에서는 human rights란 말을 사용했지만 실정법으로서의 효력을 갖는 국제법으로 정한 국제인권규약에서는 human rights가 아니라 rights를 사용한다. 우리나라에서도 이를 인권으로 번역한다.

  인권이라는 말을 사람이 갖는 당연한 권리, 즉 자연법적인 의미로 좁게 사용하게 되면 헌법상 권리인 인권이나 기본적 인권에는 자연법적 인권에 포함되는 것과 포함되지 않는 인권이 있다는 것이 된다. 이는 인권이라는 말의 사용문제인데, 좁게 사용하는 경우 자연법적인 인권이 아닌 권리는 인권만큼 중요하지 않다는 뉘앙스를 갖게 되므로 반드시 정당하다고 할 수 없다. '헌법상의 권리= 인권'은 그 중요도에 의해 구분할 수 없기 때문이다.

인권

　인권이란 인간의 권리, 즉 사람이면 누구나 갖는 보편적인 권리를 말하고 그 사람에는 자연인은 물론 법인도 포함한다. 인권은 모든 사람에게 평등하게 주어진다. 일정한 나이에 이르지 않은 미성년자나 정신질환자는 아직 미숙하다는 이유로 그 인권의 일부(가령 선거권과 피선거권)를 제한 당하지만, 대부분의 인권은 성년이나 정상인과 마찬가지로 향유한다는 점은 몇 번이나 강조해도 좋을 정도로 중요한 것이다. 그리고 미성년자가 선거권 연령에 이르거나 정신질환자가 정신을 회복하면 당연히 제한된 인권도 향유할 수 있게 된다. 이러한 인권은 침해될 수도, 잃어버릴 수도, 폐기할 수도, 몰수할 수도, 타인에게 양도될 수도 없다. 그래서 우리 헌법 10조에서 '개인이 가지는 불가침의 기본적 인권'이라고 규정하고 있다. 한편 인권에는 '국민'인 주권자에게 귀속되는 정치적 인권도 있다.

　헌법 2장은 '국민의 권리'라고 하나, 인권은 '국민의 권리'를 모두 말하는 것이 아니라, 그중에서도 특별한 형태의 권리임을 주의해야 한다. 즉 인권은 권리의 한 종류이다. 여기서 권리란, 무엇인가에 대해 갖는 특수한 자격을 말한다. 즉 그런 권리를 갖는 자는 그것을 주장하고, 행사하고, 강제하고, 침해한다. 가령 자기의 물건에 대해 갖는 소유권이 그렇다.

권리의 대상은 권리에 대응하는 의무를 지는 자이다. 즉 권리는 의무자를 권리자의 통제 하에 둠으로써, 권리자가 자기에게 적합하다고 생각하는 방식으로 권리를 행사할 수 있게 된다. 이러한 권리의 주장은 다른 종류의 요구에 우선됨이 보통이다.

인권의 대상은 기본적으로 국가이지만 사인私人도 포함된다. 국가가 인권을 충족할 의무가 있는 주체이지만 자유권의 경우에는 국가의 의무가 강조된 반면 사회권의 경우에는 그것이 단순한 프로그램에 불과하다는 이유에서 국가의 의무가 강조되지 않았다. 따라서 사회권의 경우 지키지도 못할 것을 왜 헌법에 규정하느냐 하는 문제가 생겨났다. 이는 잘못된 이론에 의해 생긴 문제에 불과하다. 자유권이나 사회권이나 국가가 이를 보장할 의무가 있음은 두말할 필요가 없다.[15]

이러한 권리 중에서 인권은 최고의 권리이다. 인권은 헌법에서 보장된다. 그러나 헌법이 반드시 보장하지 않거나 실제로 보장하지 못하는 경우도 있으므로 국제적으로 인권이 보장된다. 우리나라가 1990년에 비준한 국제인권규약이 대표적인 보기로서, 이는 우리나라에서 "헌법에 의해 체결, 공포"했으므로 "국내법과 같은 효력을 가진다"(헌법 6조).

사실 인권은 그 희생자와 피해자의 것이라고 볼 수 있다. 인권의 요구는 법적, 정치적, 경제적, 사회적 현실을 변경하고자 제기되는 것이 보통이기 때문이다. 따라서 인권은 국가의 정치적 정당성에 대한 도덕적 기준이 된다. 국민이 정부에 대해 더 이상 인권을 주장할 필요가 없게 될 때 그 정부는 정당한 정부가 된다고 볼 수 있다. 그러나 아무리 민주적인 정부라고 해도 국민이 인권을 주장하지 않으리라고는 볼 수 없다.

인권의 역사와 최근의 변화

현대적 인권 관념이 봉건적 신분제의 구속으로부터 개인을 해방하고 개인을 존중하는 개인주의 관점에서 비롯됐음은 다 아는 사실이다. 이는 자본주의적 생산관계가 상품교환의 주체로서 개인의 확립을 필요로 하는 현실적 기반 위에 선 것임도 주지의 사실이다. 그 내용은 종교와 언론과 신체의 자유 그리고 소유의 자유라는 자유권을 중심으로 했다. 즉 국가에 의한 개입을 배제하고 개인의 자유로운 활동을 보장하는 자유방임국가나 야경국가의 이념이었다. 그러나 그런 자유는 실제로 국가가 적극적인 개입하여 봉건적 특권을 권력적으로 해체해서 창출한 것이지 결코 자연스러운 것이 아니었다.

자유방임주의는 자본과 산업의 집중과 독점을 초래했다. 즉 자유권은 소수자에 의한 부의 집중을 가져왔고 다수자는 빈곤과 실업에 허덕이게 됐다. 여기서 노동자와 농민을 중심으로 한 새로운 사회권의 주장이 나타났고 국가의 이념도 복지국가나 사회국가로 바뀌었다. 한국 최초의 1948년 헌법은 그러한 이념에 근거한 것이다.

그러나 이상에서 본 인권의 역사는 서양 인권의 역사이지 1948년의 우리 헌법의 역사가 아님은 주의해야 한다. 즉 서양의 몇백 년에 이른 인권의 역사를 그 역사의 결산인 20세기 중반에 인권 헌법으로서 우리도 함께 갖게 된 것이라고 볼 수 있다. 이는 우리의 인권역사가 서양의 인권역사와 전혀 다르다는 것을 뜻하지 않는다. 비록 몇십 년의 짧은 역사지만 우리에게도 인권의 역사가 있었으나 짧은 역사이기 때문에 서양보다 문제가 많은 것은 사실이다.

여하튼 20세기 후반 이후 과학기술의 진보와 사회의 급격한 변화에 의해 새로운 인권이 생겨났다. 알 권리, 사생활의 권리, 환경권 등이 그것이다. 또한 형식적인 기회의 평등으로만 이해된 평등권도 우대조치affirmative action와 같은 실질적 평등의 개념이 생겨났고, 여성, 아동, 고령자, 장애자, 소수자의 권리도 나타났다. 이 점은 우리나라 헌법에서도 예외가 아니었다.

또한 국제적 인권보장의 법체계가 발전하면서 새로운 인권이 나타났다. 가령 종족적, 종교적, 언어적 소수자의 인권, 계약의무불이행에 의한 구금의 금지, 사형의 금지 등이 규정되고, 7가지 인권(생명권, 고문 및 잔혹한 형벌 등의 금지, 노예 및 강제노동의 금지, 계약의무불이행에 의한 구금의 금지, 소급처벌의 금지, 평등권, 사상·양심·종교의 자유)의 절대적 보장을 규정했다. 우리는 이러한 인권의 역사에 비추어 인권을 생각해야 한다.

국민의 자유와 권리

우리 헌법 전문은 "정치·경제·사회·문화의 모든 영역에 있어서 각인의 기회를 균등히 하고" "자유와 권리에 따르는 책임과 의무를 완수하게 하여" "우리들과 우리들의 자손의 안전과 자유와 행복을 영원히 확보할 것을" 다짐한다.

이어 우리 헌법 2장은 '국민의 권리와 의무'라는 제목 아래 10조부터 39조까지 규정한다. 그런데 12조, 14-22조는 여러 가지 '자유'를 규정하고 나머지 조항에서 여러 가지 '권리'나 '의무'를 규정한다. 이러한 자유도 권리의 하나로서 흔히 자유권이라고 부르지만 본래의 뜻은 강제의 결여를 뜻한다. 우리 헌법에는 자유에 대한 이러한 정의가 없지만 프랑스 인권선언(1789년) 4조는 자유를 다음과 같이 규정한다.

> 자유는 타인에게 해롭지 않은 모든 것을 할 수 있는 것이다. 따라서 모든 개인의 자연권 행사는 사회의 다른 구성원에게 동일한 권리의 향유를 보장하는 것 말고는 다른 제약을 받지 아니한다. 그 제약은 오로지 법에 의해서만 규정될 수 있다.

이어 동 5조는 다음과 같이 규정된다.

> 법은 사회에 해로운 행위가 아니면 금지할 권리를 갖지 아니한다. 법에 의해 금지되지 않는 행위는 결코 방해받아서는 안 되며, 누구도 법이 명하지 않는 것을 행하도록 강요받지 아니한다.

위 두 조항에서 자유와 법이 대립되는 것처럼 보인다. 즉 자유를 제약하는 것이 법이고, 자유란 법의 제약이 없는 한 타인에게 해롭지 않은 모든 것을 할 수 있는 것이다. 이를 구체적으로 보면 우리 헌법 21조의 언론·출판·집회·결사의 자유는 모든 국민이 갖는 것으로서(1항) 언론·출판에 대한 허가나 검열과 집회·결사에 대한 허가는 인정되지 아니하나(2항) 언론·출판은 타인의 명예나 권리 또는 공중도덕이나 사회윤리를 침해하여서는 아니된다(4항)는 것으로 나타난다.

이러한 자유를 이론적으로 소극적 자유라고 한다. 이는 적극적 자유에 대립하는 것이다. 소극적 자유란 국가로부터의 자유이고 적극적 자유란 국가에 의한 자유라고 구별되기도 하지만 이는 반드시 명확한 구별이 아니다. 소극적 자유란 국가의 간섭으로부터의 자유이고, 적극적 자유란 국가가 간섭하여 보장하는 자유라는 것이다. 가령 언론·출판·집회·결사의 자유나 신체, 양심, 종교의 자유는 소극적 자유이지만, 참정권이나 사회권은 국가가 적극적으로 간섭하여 보장되는 자유라는 것이다. 그러나 우리 헌법에서는 참정권이나 사회권을 자유라고 하지 않고 권리라고 한다. 따라서 우리 헌법에서는 자유를 소극적 자유에 한정하고 있다고 할 수 있다.

자유를 소극적 자유와 적극적 자유로 나누는 것은 이론적인 문제다. 그런 이론은 영국의 정치학자인 벌린에 의해 강조됐다. 그는 '두 가지 자유개념'(1958)이라는 글에서 소극적 자유란 강제의 결여이자 방임이고, 적극적 자유란 자유를 유효하게 행사할 수 있는 조건이라고 구별했다. 즉 적극적 자유란 욕망을 실현할 수 있는 수단을 보장하고 배분하는 '평등'의 문제이므로 이를 자유의 문제로 보아서는 안 된다는 것이다. 그러나 소극적 자유에도 적극적 자유가 필요하다. 왜냐하면 소극적 자유를 최소한 실질화하기 위한 조건을 정비하지 않으면 그 자체가 무의미하기 때문이다. 가령 종이와 잉크가 없다면 언론·출판의 자유는 있을 수 없다. 또한 언론·출판의 자유를 실질적으로 보장할 수 있는 법이 필요하고 법을 집행할 사람과 자원도 당연히 필요하다.

흔히 국가로부터의 자유(자유권)는 직접적인 권리이지만 국가에 의한 자유인 권리(사회권)는 국가에 의해 법률과 재정이 갖추어져야 보장되는 것이라고도 설명돼왔다. 그러나 이러한 설명도 일면적이다. 왜냐하면 자유권도 국가에 의해 법률과 재정이 갖추어져야 보장되는 것이기는 마찬가지기 때문이다.

앞에서 말한 벌린의 자유 개념, 즉 강압이 없는 상태를 자유로 보는 견해는 최근의 신자유주의와 통한다고 볼 수 있다. 이를 대변하는 사람이 하이에크다. 벌린과 하이에크는 자유 시장 내에서 개인의 자율성에 간섭하고자 하는 국가를 억제해야 한다고 본다. 자유의 억압요인은 국가의 압정이나 불관용으로부터 비롯되기도 하지만 빈곤, 질병, 낮은 교육 등에서 비롯되는 경우가 더 심각하다. 인권이 모든 사람들에게 보장되어야 한다고 보면, 그들의 권리 행사 능력에 제한을 가하는 여러 억압요인들을 무시한다는 것은 있을 수 없는 일이다.

앞에서도 말했듯이 빈곤은 국가의 적극적 간섭에 의해 발생한다는 점을 무시해서는 안 된다. 식량이 절대적으로 없어서 굶주리는 것이 아니라 배가 고플 때 먹을 수 있는 권리를 법이 보장하지 않기 때문에 굶주린다는 것이다. 돈이 없다는 것도 국가가 돈에 대해 특정한 기능을 부여하고 적극적으로 간섭한 결과라고 볼 수 있다.

인권 구분의 문제점

우리 헌법 2장의 '국민의 권리와 의무'에 규정된 여러 권리를 인권이라고 한다. 인권이란 문자 그대로 '사람(인간)의 권리'를 뜻한다. 즉 '국민'의 권리가 아니라 '사람(인간)'의 권리이다. 따라서 인권은 국민이 아니라도 인간이면 갖는 권리이다. 그러므로 외국인이나 무국적자도 인권을 갖는다. 1948년에 나온 세계인권선언은 그런 의미에서 인권을 규정하고 이를 법으로 만든 국제인권규약도 마찬가지다. 1990년에 우리나라도 국제인권규약을 비준했다. 따라서 국제인권규약은 우리나라 법이다.

이 책의 제목이 '대한민국 신 권리장전'이지만 그 안에는 국제인권규약도 포함된다. 국제인권규약은 외국인이나 무국적자를 포함한 모든 '인간'의 권리를 규정하지만 우리 헌법은 '국민'의 권리만을 규정하여 모순이 생긴다. 여기서 어떤 권리가 '인간'의 권리이고 '국민'의 권리인가라는 문제가 생긴다.

또 하나의 문제는 인권을 소위 자유권과 사회권으로 나누는 것이다. 흔히 자유권은 국가에 '대한' 권리이고 사회권은 국가에 '의한' 권리라고 구분되어 왔다. 가령 양심의 자유는 국가에 '대해' 그것을 침해해서는 안 된다고 요구하는 소극적(억제적)인 것이고, 노동의 권리는 국가가 법률과 예산에 '의해' 그것을 보장하도록 요구하는 적극적인 것이라고 한다. 따라서 양심의 자유는 법률과 예산이 없이 절대적으로 보장되지만, 노동의 권리는 법률과 예산에 의해 상대적으로 보장되는 권리라고 한다. 그러나 실제로는 양심의 자유도 법률과 예산이 있어야 제대로 보장된다. 양심의 자유는 법률 없이 절대적으로 보장될 수 있지만 실제로는 그것을 제한하는 많은 법률이 있고 그 집행을 위한 예산도 필요하다. 이는 부정적인 보기이지만 긍정적인 보기도 많다. 가령 선거의 권리는 적절한 선거제도를 규정하는 법률과 예산이 있어야 한다. 반대로 노동의 권리는 노동하지 않을 권리라는 소극적(억제적)인 내용을 포함한다. 마찬가지로 주거권에는 국가가 개인의 가정이나 가족생활에 개입하지 않을 것이 포함된다. 따라서 인권에 대한 국가의 의무가 인권의 종류에 따라 달라지는 것은 아니다.

고전적인 정의를 빌릴 필요도 없이 인간은 사회적 존재다. 개인의 가치와 개인의 선택이 가능하고 발전시킬 수 있는 것은 타인과의 교류에 의해서다. 앞에서 말했듯이 자유란 자유로운 선택을 방해하는 것을 금지하는 것에만 그치는 것이 아니라, 자유로운 선택을 할 수 있도록 보장하는 것이다. 즉 각자가 소중하게 여기는 어떤 일을 하거나 어떤 존재가 될 수 있는 능력을 국가가 보장하는 것이 자유다. 이러한 자유는 소수의 것이 아니라 만인의 것이다. 만일 자유를 자유로운 선택을 방해하는 것을 금지하는 것에만 그치는 것이라고 하면 자유를 잘 행사하는 사람과 잘 행사할 수 없는 사람이 있기 마련이다. 즉 소수의 자유에 그치게 된다. 만일 자유가 만인의 것이라면 국가는 자유를 잘 행사할 수 없는 사람에게 특별히 주의해 그들의 자유를 잘 행사할 수 있게 하는 법률과 예산을 마련해야 한다. 그래야만 만인의 자유가 보장될 수 있다.

이상 설명한 자유권과 사회권이라는 구분 외에 수익권이나 청구권이라는 구분도 있다. 그러나 모든 인권은 수익권이고 청구권이라는 점에서 이러한 구분은 무의미하다.

인권의 근거

　이러한 인권의 근거는 무엇인가? 이를 과학에서 찾기란 쉽지 않다. 자연과학은 생명이나 건강에 필요한 인권의 근거를 설명할 수 있겠지만, 인간다운 삶에 필요한 인권의 근거를 설명할 수는 없기 때문이다. 또한 인문사회과학에서 인권의 근거를 찾기도 어렵다. 인문사회과학에서 다루는 인간 사회의 다양한 문화는 경우에 따라 인권을 침해한 것이기도 하기 때문이다. 우리의 역사에서도 인권이 침해된 사례는 많았다. 다른 나라의 역사에서도 마찬가지였다.

　여기서 인권의 근거란 인간성에 있고, 인간성은 인간의 가능성에 대한 도덕적 신뢰에 기초한다고 보는 철학적 견해가 나오게 된다. 즉 인권은 인간에게 적합한 품위 있고 인간다운 삶이 무엇인가라는 물음에 기초한다는 것이다. 그러나 인간성이나 도덕에 대한 보편적인 철학이론은 아직까지 없다고 볼 수 있다.

　철학의 수많은 유파를 다 살펴볼 수는 없고 두 가지만 살펴보자. 가령 사회주의의 마르크스주의에서는 도덕을 계급구조와 계급투쟁으로 보고, 자본주의의 행동주의에서는 인격을 인간이 처한 조건의 산물로 보는 경향이 있다. 두 가지 다 인간성을 타고난 본질이나 잠재성의 반영이 아니라, 사회적으로 규정된 틀에 의해 형성되는 역사과정의 산물로 본다는 점에서 공통적이다. 따라서 어느 경우나 단순히 인간이라는 이유로 인권을 갖는다는 점을 설명할 수 없다.

여러 공동체 사이의 차이를 강조하는 도덕, 정치이론도 마찬가지이다. 가령 고대 그리스인들은 자신들이 야만인보다 우월하다고 생각하고 야만인에게 평등한 대우를 인정하지 않은 것을 비롯하여 근대 영국이나 프랑스의 제국주의도 식민지인의 인권을 부정했다.

그러나 이처럼 인권의 근거를 설명하기 어렵다고 해도 인권을 부인할 수는 없다. 왜냐하면 많은 나라에서, 그리고 국제적으로 인권이 이미 인정되고 있기 때문이다. 제2차대전 이후 일반적으로 인권의 근거로 인정되는 것은 '인간의 존엄과 가치'라는 개념이다. 이는 1945년 6월 26일 국제연합이 채택한 국제연합헌장 전문에서 처음으로 규정됐고 현행 우리 헌법에서도 10조에 규정돼 있다.

인권과 법

인권을 실현하기 위한 가장 확실한 방법은 법을 제정하는 것이다. 물론 법의 제정만으로 인권이 충분히 보장되는 것은 아니다. 법이 제정돼도 그것이 구체적으로 실현되지 않으면 사문화되기 때문이다. 신자유주의를 비롯한 자본주의 체제에서는 시장에 모든 것을 맡기면 인권문제는 해결될 수 있다고 보아 인권법을 제정하지 않거나 제정해도 구체적인 실현은 꺼리는 경향이 있다.

법이란 무엇인가? 우리는 법을 의무라고 생각하는 경향이 있으나, 서양에서는 도리어 앞에서 말한 권리의 체계를 법이라고 하는 경향이 있다. 가령 법을 뜻하는 말인 독일어 Recht나 프랑스어 droit는 동시에 권리를 뜻한다. 의무란 그 권리에 대응되는 것에 불과하다. 그러나 이는 어디까지나 서양의 경우이고, 우리는 도리어 의무라고 생각하는 경향이 있다.

우리 국어사전을 보면 법이라고 하는 것을 '국가의 강제력이 따르는 온갖 규범'이라고 정의한다. '규범'이란, 판단이나 평가 또는 행위 등의 기준이 되는 것을 말한다. 규범에는 도덕규범도 있고 법규범도 있으며 재판규범이나 자치규범 또는 계약규범도 있다. 따라서 법의 본질적인 것은 규범이 아니라 그 규범 중에서도 '국가의 강제력이 따르는' 것이 국어사전에서 말하는 법의 특징이라고 할 수 있겠다.

그러나 법에는 '국가의 강제력'이 반드시 따라야 한다고 보는 점에서 국어사전의 정의에는 문제가 있다. 예컨대 우리 법의 근본인 헌법에 규정된 인권의 기본인 자유권은 국가의 강제력이 따르는 것이 아니라 국가의 강제력을 배제하여 개인의 자유를 지키려는 것이다. 가령 청소년의 인권으로 설명한 두발이나 복장의 자유는 국가가 그것을 규제하지 않도록 요구하는 것이다. 곧 '국가로부터의 자유'를 그 본질로 하는 소극적인 것이다.

또한 사회생활의 기본인 재산과 가족에 대한 법인 '민법'은 그야말로 '민民의 법'으로서 본질적으로 국가의 강제력과는 무관한 개인의 자유로운 계약 생활을 중심으로 하는 권리와 의무의 체계이다. 이는 민법만이 아니라 상법을 포함하는 민사법의 원리로서 이에는 국가의 강제력이 있을 수 없다.

반면 '국가의 강제력'이 따르는 것은 주로 국가가 범죄자에 대해 형벌권을 행사하는 형사법(형법과 형사소송법)의 경우로서 '국가에 의한 규제'라는 점에서 국가의 강제력이 적극적으로 작용한다. 한편 형벌권의 경우와는 전혀 달리, 자유권과 함께 인권을 구성하는 사회권도 '국가에 의한 적극적 보장'을 본질로 하는 점에서 국가의 강제력을 요청한다. 가령 근로기준법과 같은 노동법은 민사법의 원리인 사인간의 계약의 자유를 국가가 제한한다. 그러나 이러한 사회권은 최근에 등장한 것이고, 우리나라에서는 여전히 미비한 수준이다.

우리나라에서는 전통적으로 법이라고 하면 주로 형사법을 뜻했다. 즉 국어사전에서 법을 '국가의 강제력이 따르는 온갖 규범'이라고 함은 형사법을 중심으로 한 전근대 한국의 전통적인 법 사고에서 나온 것이라고 할 수 있다. 따라서 법을 '국가의 강제력'으로 보는 국어사전의 정의는 대단히 낡은 것이자 부분적인 것이라고 하지 않을 수 없다. 잘못된 국어사전의 정의는 하루 빨리 고쳐져야 법이 제대로 이해되고 정립될 수 있다. 법에는 국가의 강제력이 따르는 것도 있고, 따르지 않는 것도 있으며, 심지어 인권 중의 자유권과 같이 따라서는 안 되는 것도 있기 때문이다.

법의 분류

앞으로의 설명을 이해하기 위해 법의 분류에 대해 간단히 설명한다. 한국에서 법이란 이름을 성문으로 갖는 것은 국회와 정부 및 법원 등 여러 국가기구가 만든 것으로 모든 국민에게 일반적으로 적용되는 것이다. 여기에는 먼저 헌법이 있다. 이것은 그야말로 국가의 근본법이다. 다음 헌법 3장 이하에서 규정하는 바에 따라 국회가 만드는 법률이 있다. 민법, 상법, 형법, 민사소송법, 형사소송법 등, 법이라는 이름이 붙는 것은 헌법을 빼고는 모두 법률이다.

법률을 보충하는 법으로는 그 보충의 순서에 따라 무슨 법 '시행령'이라고 하는 대통령령과 긴급처분 명령(헌법 75-76조), 무슨 법 '시행규칙'이라고 하는 총리령, 부령(동 75조)이 있고, 그 밖에 대법원 규칙(동 108조), 헌법재판소 규칙(동 113조 2항), 선거관리 규칙(동 114조 6항), 지방자치 규정(동 117조 1항), 그리고 '헌법에 의하여 체결·공포된 조약과 일반적으로 승인된 국제법규'(동 6조 1항)가 있다.

이상 헌법-법률-시행령-시행규칙은 상위법 우선의 원칙과 신법 우선의 원칙에 의해 적용된다. 특히 법률 불소급의 원칙이 적용되고, 이는 특히 형사법 등에서 중요하다.

법을 국가가 만들었다는 점에서 국가법, 또는 실제로 제정되어 있다는 점에서 실정법 또는 성문법이라고도 한다. 모든 국민에게 일반적으로 적용된다는 점에서 국민법이라고도 할 수 있고, 그 적용영역이 국내라는 점에서 국내법이라고 할 수도 있다. 이에 대해 국제법은 여러 국가 사이에 적용되는 법이나, 헌법에 의하여 체결, 공포된 조약과 일반적으로 승인된 국제법규는 국내법과 같은 효력을 가진다(헌법 6조 1항).

이상의 법을 공법(헌법, 행정법, 형법, 형사소송법, 민사소송법, 국제법 등), 사법(민법, 상법 등), 사회법(노동법, 사회보장법, 경제법 등)으로 분류하는 방법도 있지만, 민사법(민법, 상법, 민사소송법 등), 형사법(형법, 형사소송법 등), 행정법, 사회법으로 분류하기도 한다.

또한 실체법과 절차법으로 분류하기도 한다. 실체법이란 법률관계 자체인 권리와 의무를 규정한 법이고(민법, 상법, 형법 등), 절차법이란 실체법이 규정하는 법률관계 자체인 권리와 의무를 실현하기 위한 수단과 방법을 규율하는 법이다(형사소송법, 민사소송법, 행정소송법 등).

나아가 일반법과 특별법이라는 구분도 있다. 법의 효력이 보편적으로 미치는 것이 일반법이고(민법, 형법 등), 제한적으로 미치는 것이 특별법이다(상법, 군형법, 교육공무원법 등). 그러나 이 구분은 상대적인 것이어서, 상법은 민법에 대해 특별법이지만, 은행법이나 보험법에 대해서는 일반법이다. 특별법은 일반법보다 우선적으로 적용된다.

이상의 법의 분류와는 달리, 이론적으로 자연법과 실정법이라는 구분도 있다. 위에서 말한 성문법을 중심으로 현실에 존재하는 법이 실정법이고, 자연법이란 실정법이 따라야 할 원리 등을 이론적으로 생각하는 사상이 자연법이다.

다른 법원의 문제

한국에서 법이라고 하는 것은 위와 같이 헌법과 헌법에 의해 인정된 것을 말하나, 그 밖에도 법이냐 아니냐가 문제되는 규범들이 있다.

첫째, 관습법과 조리이다. 민·상법 1조에서는 각각 법의 근원(법원法源)으로 법률과 함께 관습법 및 조리를 규정하고 있다. 관습법이란 관습 중에서 국가적 차원의 법적 확신이 있는 것을 말하고, 조리란 판사가 갖는 양심을 말한다. 그러나 이는 민·상법과 같은 민사법 차원의 법원이지 일반적인 법원은 아니다. 곧 그 밖의 형사법 등에서는 관습법이나 조리가 법으로 인정되지 않는다. 특히 형법에서는 죄형법정주의가 강조되어 법률로 정하지 않은 죄형은 인정되지 않으므로 관습법이나 조리가 법원으로 인정되지 않는다.

관습법이나 조리가 민사법에서 법원으로 인정되는 이유는 법률이 없다고 하여도 법원이 재판을 하지 않을 수 없기 때문이다. 따라서 그것은 현실적으로는 판결로 나타난다. 그러나 사건마다 구체적으로 내려지는 판결은 법이 아니다.

관습법과 관련하여 2004년 우리나라를 뒤흔든 관습헌법에 대해 생각해보자. 헌법재판소가 말하는 관습헌법이란 성문헌법과 동일한 법적 효력과 동일한 개정절차를 갖는 것이라고 한다.[16] 이는 특별히 관습헌법을 헌법재판소가 확인한 뒤에는 성문헌법과 동일한 개정절차에 의해서만 개폐가 가능하다고 하여 헌법재판소에 관습헌법을 성문헌법으로 바꿀 수 있는 헌법개정권력이 부여되었다는 점에서 문제다.

둘째, 판례가 문제된다. 판례란 대법원이나 각급 법원, 그리고 헌법재판소에서 내린 여러 판결 중에서 되풀이 인정된 것으로서, 법의 해석에 관한 확고한 대법원 및 헌법재판소의 견해를 말한다. 이는 실질적으로 법과 같은 작용을 하는 것이나, 적어도 헌법상 그 명시의 근거가 없다고 하는 점에서 법으로 볼 수는 없고 재판규범이라고 볼 수 있다.

우리나라에서는 판례가 법으로 인정되지 않으나, 영미법에서는 가장 중요한 법으로 인정되는 점을 주의해야 한다. 그래서 영미법을 판례법주의, 또는 그것이 법전이라는 성문의 형태를 취하지 않는다고 하는 점에서 '불문법不文法주의'라고도 한다. 이를 '글로 쓰여지지 않는다'는 의미로 오해해서는 안 된다. 왜냐하면 판례도 글로 쓰여지기 때문이다. 따라서 불법전不法典주의라고 하는 말이 더 정확하다.

물론 영미법에 판례법만 있는 것이 아니다. 민·상법 등의 민사법을 제외한 형사법, 행정법, 사회법 영역은 모두 실정법, 성문법이다. 따라서 불문법주의라고 하는 것은 민사법에 해당되는 것임을 주의해야 한다.

셋째, 자치 규범이 문제된다. 여러 사회단체가 만든 자치 규범, 예컨대 노동법에서 말하는 노사 간의 단체협약과 같은 것에는 개별적인 근로계약에 우선하는 규범력이 인정된다(노동조합 및 노동관계조정법 33조). 그렇다고 하여 모든 국민이 아니라 제한된 사람들에게만 적용되는 것을 법이라고 할 수 없다. 나아가 규범력도 없이 뒤에서 볼 학교의 학칙과 같이 특정한 단체 내부에서만 적용되는 규범을 법이라고 할 수 없다. 자치규범을 법으로 보지 않는다고 하여 그 중요성을 인정하지 않는 것은 아니다. 특히 노사 간의 분쟁 시에 자주적인 조정이 행해지는 것(동 43조)과 같이 의견이나 이해관계를 달리 하는 사람들이 공정한 절차에 의해 자주적으로 행동을 조정하는 비공식적인 자치 규범은 민주사회에서 매우 중요하다. 그러나 그렇다고 하여 이를 법으로 볼 수는 없다.

넷째, 계약이 문제된다. 개인 간의 약속인 계약을 위에서 본 자치규범과 마찬가지로 재판에 적용되는 규범이라는 이유에서 법으로 인정하려는 견해가 있으나 이는 재판규범이지 법이라고 할 수 없다.

다섯째, 자치형 법이 문제된다. 어떤 분쟁이 발생한 경우 국가가 제정한 성문법에 의하여 법원이 재판으로 해결한다고 하는 공식적인 제도를 이용하지 않고 분쟁 당사자가 자율적으로 해결하는 경우가 있을 수 있다. 예컨대 노사분쟁이 발생하면 국가기관이 아닌 어떤 개인이 제3자로서 조정을 하는 경우이다. 이러한 자율적 해결의 경우도 넓은 의미에서는 법이라고 할 수 있다. 이를 우리는 공식적이 아니라고 하는 이유에서 '비공식적 법', 또는 자치적으로 해결한다고 하는 점에서 '자치형 법'이라고 부른다. 이는 앞서 본 재판규범으로서의 자치규범이나 계약과는 그 성격이 다르다. 왜냐하면 자치규범이나 계약은 법원이 재판하는 경우에 그 준거로 사용되는 것이나, 자치형 법은 처음부터 재판을 전제하지 않는 것이기 때문이다.

가능한 한 국가를 배제하고 자율적 조정을 선호한 서양에서는 자치형 법이 상당히 발전되어 국가법에 대응할 만한 법으로서의 성격을 갖추었다고 할 수 있다. 한국을 비롯한 동양에서도 민사분쟁의 경우 대가족제도의 가장을 중심으로 행해진 자율적 조정의 전통이 전혀 없었던 것은 아니나, 대가족제도가 해체된 오늘날에는 거의 보기 어렵다.

자치형 법은 동양은 물론 서양에서도 법으로 생각되지 않았으나 최근에 와서 그것을 법체계의 중요한 영역으로 인정하려는 견해가 나타났다. 그러나 동양은 물론 서양에서도 그것이 구체적으로 무엇인지 명확하게 인식되지 못하고 있다. 자치형 법의 발전은 민주사회에서 매우 바람직한 것이나, 그것이 국가법 내지 성문법에 대응할 정도로 나타나지는 못하고 있다.

한국법

우리가 이 책에서 검토하는 한국법은 한국, 곧 한반도 남쪽 대한민국의 법을 말한다. 한반도의 역사는 수천 년에 이르지만 대한민국은 1945년의 분단 이후 1948년의 헌법 제정으로 성립된 남쪽 지역의 국가를 말하고, 그 법을 한국법이라고 한다.

한반도에는 1910년 일본에 의해 식민지가 되기 전까지는 중국법(정확하게는 1949년 이전의 중국법)의 영향을 받으면서 독자적인 법을 형성했으나, 1910년부터 1945년까지는 일본법(정확하게는 1867년 명치유신 이후의 일본 현대법)의 적용을 받아 종래의 관습법이 적용된 예외적인 경우(가족법 등)를 제외하고는 일본법이 뿌리내렸다. 그러나 중국법 하의 한국 전통법이란 주로 형사법을 중심으로 한 것이었고, 일본법 하에서 서양의 민사법과 형사법이 도입되었으나 그 내용은 서양법 본래의 모습을 상당히 왜곡한 기형적인 식민지법이었다.

1945년부터 3년간 미군정이 지배한 시기에는 특정한 영역에 미군정법이 제정되어 적용되었으나 기본적으로는 일본법이 그대로 적용되었다. 이러한 일본법의 적용은 1948년의 헌법 제정에도 불구하고 헌법과 함께 기본 3법인 민법과 형법이 각각 1960년과 1953년에 시행되기까지 그대로 유지되었으며, 그 3법의 내용이 기본적으로 일본법과 유사하다는 점에서 아직도 상당히 유지되고 있다고 볼 수 있다. 따라서 한국법은 법계法系라고 하는 세계법 구분 단위의 측면에서는 일본법계의 하나라고 해도 과언이 아니다.

한편 법계를 작게 구분하지 않고 전통적인 개념에 따라 대륙법과 영미법으로 크게 양분하는 경우, 일본법계란 독일법과 프랑스법을 중심으로 한 유럽 대륙법에 속한다. 또는 자본주의법(대륙법과 영미법을 포함하는)과 사회주의법으로 양분하는 경우 일본법계는 자본주의법에 속한다. 그리고 자본주의법을 서양법으로 부르는 경우 일본법계는 서양법에 속한다.

한편 오랫동안 우리와 같은 문화권을 형성한 중국에는 1949년 사회주의 정권이 수립되어 그 이전의 법과는 상당히 다른 사회주의법을 갖게 되었다. 그것은 1917년 세계 최초의 사회주의 정권을 갖게 된 구 소련법과 상당히 유사한 것이었다. 이는 1947년 이후 북한의 경우도 마찬가지이다. 최근 중국이 경제적으로 자본주의 노선을 어느 정도 받아들이고, 구 소련이 해체되어 사회주의법의 상당 부분이 그 독자성을 잃게 되었으나, 북한의 경우는 아직까지도 그 노선을 유지하고 있다. 남북한이 통일되는 경우 한반도의 법이 어떻게 될 것인가를 생각하는 경우, 남북한 현재의 법 차이를 충분히 이해할 필요가 있다.

자본주의법과 사회주의법이 대립하는 기본은 사적 소유권을 인정하느냐 부정하느냐 하는 것이었다. 곧 자본주의 민사법을 인정하느냐 부정하느냐의 문제였다. 그러나 사회주의권의 도전을 받은 20세기의 자본주의권은 전통적인 사적 소유권을 고수할 수는 없어 자본의 집중을 막고 노동자와 민중의 생존을 보장하는 입법을 정비했다.

곧 자본주의권은 이전의 자본주의와는 다른 '복지국가' 내지 '사회국가'라는 이념을 내건 수정 자본주의로 변질되어 1970년대까지 상대적인 안정을 유지했다. 그 속에서 법은 '강력한 정부'에 의한 경제의 재분배라고 하는 정책 기능을 수행하는 규제 중심의 법으로 변화되었다.

1970년대 말부터 이른바 신자유주의가 풍미하면서 '작은 정부'라는 깃발 아래 공적 규제를 완화하고 시장의 활성화를 중시하는 구조조정이 지금까지 지속되고 있다. 특히 1990년을 전후하여 사회주의권이 붕괴되고 국제화와 정보화가 급속하게 진행되면서 신자유주의 경향은 범세계적인 경향이 되고 있다. 현대 세계의 법도 이러한 상황 속에서 다시 변화되고 있다. 물론 그것은 20세기 이전의 자본주의 법으로 완전히 회귀하는 것은 아니나 상당한 정도의 회귀라고 할 수 있다.

20세기에 들어오면서 자본주의법을 일본에 의해 강제로 이식 당한 한국은 일본형 통제 자본주의법을 1948년 헌법 제정 이후 지금까지 유지하여 왔다. 자본주의법은 전통법과 전혀 다른 체계를 갖는 것이었으나, 사적 소유권을 인정한 본질적인 점에서는 일치하여 큰 마찰 없이 수용되었다. 게다가 국가 주도의 통제적 법운용의 전통도 그대로 유지되었다.

1948년 헌법은 서양의 수정 자본주의적 복지국가를 규정했으나, 1990년대에 이르기까지 독재정권에 의한 급격한 산업화 정책은 서양의 경제적 재분배와는 달리 재벌 등을 위한 경제 집중을 목표로 한 강력한 규제 일변도의 관리형 법을 초래했다. 따라서 그것은 사실상 복지국가와는 전혀 무관한 것이었다. 1990년대부터 우리나라는 어느 정도 복지국가를 향하고 있으나, 여러 경제적 어려움으로 그 변모가 그리 쉽지 않다. 우리나라의 법을 둘러싼 고민도 이러한 국가 현실 전체와 맞물려 있다.

인권과 법의 소극성과 적극성

우리 법의 기본인 헌법이 말하는 인권 가운데 '자유권'은 '국가로부터의 자유'를 그 본질로 하고, 사회생활의 기본법인 민사법은 '국가의 강제력'과 무관한 개인의 자유를 중심으로 한다고 지금까지 설명했다. 민사법의 토대는 근대적 인권인 '자유권'의 핵심인 재산권으로서 우리 헌법에도 당연히 규정되어 있다. 뒤에서 보듯이 '자유권'에는 그 밖에도 많은 것이 있으나, 실제로 가장 중요한 것은 재산권이었다.

근대의 시민생활은 '재산권'에 근거한 계약 중심의 민사법의 자치에 맡겨져 국가는 필요악이라고까지 생각되었다. 즉 근대사회에서 국가의 역할은 원칙적으로 형사법을 중심으로 한 치안의 유지와 국방에 한정되었고, 이를 야경국가라고도 했다. 이처럼 사회 전반에 걸쳐 법의 역할은 소극적인 것이 정상이었다. 그래서 법과 권력은 적을수록 좋다고도 했다.

그러나 19-20세기를 거치며 사회적으로 많은 문제가 발생했다. 국민의 대부분을 차지하는 직장 노동자들과 그 가족에게 민사법에서 말하는 계약 중심의 자치는, 사용자인 자본가와 기업이 일방적으로 결정한 계약의 강요에 불과하여 노동자와 그 가족의 생존에 위기를 초래하여 계약의 자유에 대한 제한이 불가피하게 됐다.

직장생활은 본래 취업희망자와 기업 사이의 자유로운 계약에 의했으나, 19세기부터 그런 계약을 규제하는 근로기준법 등의 노동법이 만들어졌다. 또한 기업 사이에 독과점 현상이 벌어져 중소기업이 위기에 처하자 재벌 등의 독과점을 규제하는 경제법도 만들어졌다. 이를 모두 사회법이라고 한다. 요즘은 사회법이라는 말을 사용하지 않으나 여기서는 설명의 편의를 위해 사용하도록 한다.

사회법이 발생하면서 그 토대인 인권으로 '사회권'이 헌법에 인권으로 규정되었다. 1948년에 제정된 우리나라 헌법에도 그것이 규정되어 있고, 이에 근거하여 1953년 제정된 근로기준법에 의해 근대 민사법의 내용에 많은 제한이 가해졌으며, 또 1987년 제정된 남녀고용평등법 등에 의해 채용 시 남녀를 차별하는 것이 금지되는 등, 자유로운 계약에 대한 규제가 더욱 많이 가해지고 있다. 또한 재벌을 비롯한 거대기업에 의한 생산·유통·금융의 독점도 경제시장의 자유경쟁을 저해한다는 이유에서 '독점규제 및 공정거래에 관한 법률'이 규제하는 경제법이 제정되었다.

따라서 현대사회에 와서 법의 역할은 상당히 변하고 있다고 할 수 있다. 한편으로는 '자유권'적 인권을 중심으로 하여 사적 자치를 존중하고 최소한의 규제만 가해야 한다는 법의 소극성이 요청되고, 다른 한편으로는 현대적인 사회문제들을 공정하게 해결하기 위해 '사회권'을 중심으로 한 법의 적극성이 요청되고 있어서 현대법의 운용을 복잡하게 만들고 있다. 그러나 어디까지나 사적 자치를 존중하는 법의 소극성이 기본이고, 사적 자치를 규제하는 법의 적극성은 예외라는 점은 근대법뿐만 아니라 현대법의 원칙으로서도 여전히 중요하다고 할 수 있다.

현대법의 인권 촉진 기능

앞에서 말한 '자유권'과 민사법의 소극성은 무엇보다도 개인의 '활동 촉진 기능'이라고 볼 수 있다. 즉 서양 근대의 인권과 법은 각자의 다양한 삶의 목표를 실현하기 위하여 자주적으로 준거해야 할 길과 틀을 제공하여, 사적 개인 간의 상호 활동을 예측할 수 있고, 안전하고 확실한 것으로 한다고 하는 기능을 중심으로 삼았다. 따라서 이러한 기능을 주로 담당하는 민사법이 근대법의 중심이 되었다.

'활동'의 법적 근거가 '권리'라고 하는 점에서 '활동 촉진 기능'은 '권리 촉진 기능'이라고 할 수도 있다. '권리 촉진 기능'은 현대법에서도 당연히 원칙이다. 이는 현대법에서 인권의 중요성이 강조되는 것에 비추어 민사법의 차원의 '권리 촉진 기능'을 넘어서는 것으로 이해될 필요가 있다. 그런 점에서 법의 기능으로서 '인권 촉진 기능'이 중요하게 되었다.

즉 현대법의 사명은 개인의 활동과 권리, '인권 촉진 기능'에 있다고 할 수 있다. 여기서 말하는 인권은 '자유권'과 '사회권'을 포함한다. 즉 민사법의 토대인 재산권도 '사회권'과 조화롭게 해석되는 가운데 민사법의 원리가 변화되었기 때문이다.

특히 그 가치의 측면에서 본다면 '인권 촉진 기능'이 최우선이라는 점을 현대법의 이해에서 핵심으로 삼아야 한다. 따라서 현대국가에서는 기본법인 헌법의 처음에서 국민의 인권을 공통적으로 규정하는 것이다. 즉 어떤 권리나 활동보다도 인권이 우선된다. 따라서 민사법의 여러 권리와 활동의 보장은 인권을 뛰어넘을 수 없다. 형사법상 형벌권 행사에 대한 여러 규제도 인권을 뛰어넘을 수 없다. 기타 어떤 법도 그 기본이 되는 인권을 벗어날 수 없다.

이 책에서 무엇보다도 인권을 중시하고, 법의 체계를 인권의 체계로 설명하고자 하는 이유도 바로 그 점에 있다. 최근 우리나라에서도 인권이 중시되고 있으나, 그것을 법의 최고가치로 보는 경향은 여전히 빈약하기 때문에 더욱더 그렇게 주장할 필요가 있다.

법의 사회·경제 통제 기능과 법실증주의

법의 소극성과 달리 법의 적극성은 '사회 통제 기능'이라고 볼 수 있다. 이는 본래 근대법 가운데 형사법을 중심으로 하여, 반사회적인 행동을 억제하고 처벌하는 기능을 담당하는 것을 뜻했으나, 국가행정권에 근거한 행정법을 통하여 기능하기도 했으며, 민사법이 자치적으로 운용되지 못하는 경우에 재판을 통해 자치를 통제하는 기능으로서도 작용했다.

따라서 '사회 통제 기능'은 주로 민·형사법과 같은 개인의 행위에 대한 법, 즉 '개인행위법'을 중심으로 하여 법은 개인의 '행위 규범 = 재판 규범'이라고 하는 식으로 고전적으로 이해되어 왔고, 이는 현대법에서도 마찬가지로 이해되고 있다. 그래서 재판이라고 하면 주로 민·형사재판을 말한다.

자본주의에 의한 근대화·산업화 과정을 거치면서 법은 개인의 '행위 규범 = 재판 규범'이라고 하는 차원을 넘어서서, 특히 경제활동의 규제를 위한 국가정책 실현의 수단으로써 광범하게 사용되어 왔다. 이는 법의 '경제 통제 기능'이라고 할 수 있는 것으로서, 넓은 의미의 '사회 통제 기능'의 하나라고 할 수 있다.

위에서 설명했듯이 '활동 촉진 기능'이 법의 제1차적 기능이고 '사회 통제 기능'은 제2차적 기능이었음에도 불구하고, 현대사회에 와서 법을 국가 권력에 의한 강제적 규범으로 보는 법실증주의적 사고가 등장함에 의해 제1차적 기능은 무시되어 그것에 적합한 위치를 부여받지 못했다. 이러한 사고가 극단적으로 드러난 경우가 바로 히틀러의 나치스 독재시대였다.

이러한 현상은 우리나라에서도 나타났다. 즉 식민지 시대를 통해 근대법이 주로 형사법을 중심으로 하여 이식되고, 해방 후 오랜 독재정권을 경험하면서 그런 현상은 더욱 증폭됐다. 이는 우리나라의 근대 이전 사회에서 전통적으로 법의 '사회 통제 기능'이 강조돼 왔기 때문에 더욱 그러했다. '사회 통제 기능'의 강화는 서양 현대법에서도 법실증주의의 영향 하에 나타났으나, 그 정도가 한국법의 경우보다는 약했다고 할 수 있다.

따라서 위에서 설명한 법의 양대 기능은 서양법의 설명으로는 적합하나, 종래의 한국법을 설명하는 것으로는 반드시 적합하지 않다고도 할 수 있다. 이는 한국법의 왜곡을 보여주는 것이자, 앞으로의 한국법이 나아갈 길을 보여준다는 점에서 법의 양대 기능을 중시해야 한다는 원칙은 변하지 않는다.

법의 통제 기능의 확대

　법의 '사회 통제 기능' 중에서 '경제 통제 기능'은 20세기 후반에 와서 모든 나라에서 일반적으로 나타난 현상이지만, 복지국가를 지향하는 선진국에서는 주로 '경제 분배 기능'을 중시하는 점에서, 우리나라와는 그 성격이 상당히 다르다는 점을 주의할 필요가 있다. 즉 선진국에도 경제활동의 규제는 나타났으나, 이는 경제적 약자에 대한 다양한 행정 서비스의 제공, 독과점의 규제, 노동자의 고용보장, 사회적 약자의 인간다운 생활을 보장하기 위한 사회보장, 여러 가지 사회보험 및 과세에 의한 재산의 재분배 등 다양한 사회 경제 정책의 실현을 위한 수단으로 사용되어, 행정법, 노동법, 사회보장법, 경제법 등과 같은 '사회관리법' 특히 '사회법'의 강화로 나타났으나, 한국에서는 그렇지 못했다는 것이다.

　한국의 경우 사회 경제 정책이 빈곤하여 노동법, 사회보장법, 경제법 등을 제외한 행정법만이 비대하게 발전하는 양상이 나타났다. 따라서 한국에서는 '사회 통제 기능'과 본질적으로 다른 '경제 분배 기능'이 아니라, '사회 통제 기능'의 확대라고 하는 측면을 갖는 '경제 통제 기능'으로 나타나고 있다고 할 수 있다. 따라서 한국은 아직도 경제적 분배를 중심으로 하는 '복지국가' '사회국가'가 아니라, '관리국가' 또는 '통제국가'라고 할 수 있다. 우리나라도 최근 '복지국가'를 지향하는 정책이 상당히 적극화되고 있으나, 전체적으로 보면 여전히 소극적이라고 볼 수밖에 없다.

　행정법, 노동법, 사회보장법, 경제법 등과 같은 '사회관리법'은, 정책이나 원리에 적합한 목적 지향적 규범을 사용하고, 그 목적을 실현할 조직 규범을 강조하며, 구체적인 권리와 이익의 실현에서는 '행정기관의 목적 = 수단'에 의한 재량적 판단을 중시하는 점에 그 특징이 있다. 또한 '경제 분배 기능'을 위해 법령의 실효성을 확보하는 방법으로써 벌칙을 규정하는 경우도 있으나, 그보다는 도리어 조세상의 우대 조치나 보조금 급여 같은 재정적 지원의 유무가 더욱 중요한 수단으로 사용된다. 나아가 그 규제는 개별적 행위에 대한 직접적인 규제만이 아니라 공사公社의 조직 및 단체의 활동에 대한 규제, 일정한 업계나 시스템의 기반 정비 등과 같은 간접적인 방법도 사용되어 전통적인 사회 통제보다 다양하게 나타난다.

법의 '경제 분배 기능'의 확대는 전통적인 법이 가졌던 소극적인 규제 기능보다도 적극적인 '보호·촉진 기능'을 법에 부여하여, 전통적으로 법은 '국가의 강제적인 권력의 규정이나 행사를 수반하는 것'이라는 사고를 변화시켰다. 그 결과 국가 사법司法 중심의 자유주의(사실은 국가주의)적인 법사상에 대한 반성이 초래되었다.

'경제 분배 기능'의 확대에 의한 법의 '보호·촉진 기능'의 강화는 근대법 자체의 제1차적 기능이라는 측면에서 볼 때 새로운 것이라고는 할 수 없으나, 그 성격은 다르다고 할 수 있다. 곧 근대법의 '자립행위법'인 민·형사법을 전제로 하는 것이 아니라, 현대법의 '사회관리법'을 전제로 한다는 점에서 다르다.

그러나 한국에서는 일반인이나 사적인 조직 및 단체 사이에서 법을 경원하는 경향이 있고, 또한 이익의 확보나 요구의 실현을 위하여 국가의 보호자적인 배려나 개입에 의존하는 수동적이고 수익자적인 자세가 여전히 유지되고 있다. 따라서 '경제 분배 기능'이 기본적으로 '촉진 활동 기능'의 공정하고 실효적인 작동을 가능하게 하는 전제 조건이 정비된 위에서 보조적인 역할을 수행해야 함에도 불구하고, 전제조건이 박약한 경우에는 도리어 국가의 개입을 더욱 강화하는 방향으로 왜곡될 수 있다. 이러한 문제점은 서양에서도 어느 정도 나타나는 것이나 한국을 비롯한 동양에서는 그 정도가 더욱 심각하다고 할 수 있다.

복지국가의 쇠퇴와 법 기능의 변화

1970년대 후반부터 서양에서는 복지국가의 법적 규제와 보호정책에 대한 비판이 관료주의적 비능률, 과중한 재정 부담, 개인의 자유 제약과 책임감의 약화, 사회의 복잡한 다양화에 대한 대응의 곤란, 시장 메커니즘의 활성화, 공동체의 부활 등과 같은 다양한 관점에서 제기되어 이에 대한 법적 대응으로서 규제완화를 특징으로 하는 소위 신자유주의적 현상이 생겨나 인권의 중요성이 점차 약화되기 시작했다.

그러나 규제완화와 함께 분권화 및 국제화라고 하는 일반적인 세계적 동향은 나라별로 상당히 다르게 나타났다. 서양에서는 법으로 만들어서는 안 되는 것까지 법으로 만든 '법화法化 과잉'에 대한 대처로 나타났으나, 한국에서는 당연히 법으로 만들어야 하는 것을 법으로 만들지 않는 '법화 부족 내지 낙후'에 대한 대처로 나타났다.

즉 형사법이나 행정법은 비대하게 발전하면서도 민사법이나 사회법은 충분히 발전하지 못한 상황에서, 규제완화라는 미명으로 미발달한 사회법이 더욱 약화되는 현상이 생겨나고 있는 것이다. 예컨대 노사의 권리가 자유롭고 평등하게 확보되지 않은 상태에서, 시장 활성화란 미명 하에 노조의 활동을 노동조합법으로 제한하거나(법화), 규제완화라는 이름 아래 근로기준법의 규제를 풀어 사용자의 횡포가 인정되는(비법화) 경우가 그러하다.

그러나 자유롭고 공정한 사회를 형성하기 위해서는 민사법과 사회법의 강화에 의해 부정한 사회활동을 억제하고 배제하여 다양한 법적 행동을 형성하는 공적 지원과 보조 태세를 확립하는 것이 불가결하다는 점을 더욱 강조할 필요가 있다. 특히 한국과 같이 사회법의 '법화'가 충분히 확립되어 있지 않은 상태에서 국가주의적인 사회관리법의 과도한 '법화' 및 '비법화'가 비대하게 나타나는 것은 법의 지배를 파괴할 우려가 크다.

따라서 법체계의 상대적인 자립성을 확보하기 위해서는 자율적인 법적 인격 간의 권리 의무의 일반적 규준에 준거한 개별 구체적인 문제나 분쟁의 공정한 절차에 의한 처리라고 하는 것이 법체계의 핵심으로 유지되어야 한다. '개인행위법'의 중심인 사법司法체계가 철저히 개혁되어 이해관계의 조정이나 분쟁의 예방과 해결에서 법원과 변호사에 대한 실효성 있는 접근이 정비되지 않는 한, 규제완화만으로는 시장의 활성화, 소비자주권의 확립, 공동체적 관계의 존중과 같은 목표를 적절하게 추진할 수 없기 때문이다.

여기서 더욱 강조되어야 하는 것이 인권이고, 인권을 촉진한다는 것이 법의 기능이다. 그런 점에서 우리는 모든 법을 인권과 관련시켜 새롭게 체계화할 필요가 있다. 다음 장에서 그러한 체계화를 시도해 보기로 한다.

2
인권 총론

인권의 근거

인간의 존엄과 가치

아무리 민주주의적인 국가라고 해도 권력 남용의 위험성은 존재하기 마련이지만 인권은 민주주의의 생명이다. 그런 의미에서 헌법 2장 '국민의 권리와 의무'의 첫 조항인 10조는 "모든 국민은 인간으로서의 존엄과 가치를 가지며 행복을 추구할 권리를 가진다. 국가는 개인이 가지는 불가침의 기본적 인권을 확인하고 이를 보장할 의무를 진다"고 규정한다. 이는 모든 국민, 즉 개인이 인간으로서의 존엄과 가치를 가지며 행복을 추구할 권리라는 불가침의 기본적 인권을 가지며, 국가는 이를 확인, 보장해야 한다는 것이다.

이는 인권의 원칙인 '인간의 존엄과 가치'와 행복추구권 및 국가의 인권보장의무를 규정한 것이나 그 의미는 다소 추상적이어서 보는 사람에 따라 견해가 다를 수 있다. '인간의 존엄과 가치'란 인권의 기초를 설명한 것이나, 행복추구권이란 하나의 인권을 명시한 것이다. 따라서 인간의 존엄 및 가치를 하나의 인권으로 보는 견해에는 찬성할 수 없다. 헌법재판소도 일반적 행동자유권 등을 행복추구권의 구체적 표현으로 본다.[17] 행복추구권에 대해서는 뒤에서 다시 살피도록 한다.

헌법이 말하는 '인간의 존엄과 가치'란 모든 인간이 이 세상의 다른 무엇보다도 존중되어야 하고 각자 나름의 고유한 가치를 갖는데 그 각각은 동등하게 인정되어야 한다는 것을 의미한다. 따라서 그 전제는 모든 인간이 각각 개인으로서 서로 다르다는 것이다. 개인으로서 서로 다르기 때문에 누구든지 다른 사람과 똑같이 존중되어야 한다는 것이다. 헌법 10조 2문에서 "불가침의 기본적 인권"을 "개인이 가지는" 것이라고 한 말은 인간이 개인임을 뜻한다.

따라서 헌법은 개인주의를 표방한다고 볼 수 있다. 여기서 개인주의란 이기주의와 혼동되는 것이 아니라는 점을 주의해야 한다. 국어사전에서도 개인주의란 "외부에 의해서 강제되지 않고, 이성과 양심에 바탕을 둔, 개인의 가치를 존중하고 그 자유와 독립을 주장하는 주의"라고 풀이된다. 그러나 사람에 따라 개인주의의 내용은 얼마든지 달라질 수 있다.

여기서 내가 헌법을 개인주의라고 보는 경우의 개인주의란 개인, 즉 '개별 인간'의 '존엄과 가치'를 존중하는 주의를 말한다. 이처럼 인간의 '개별성'이 존중되므로 모든 개인의 인권이 인정되는 것이다.

그러나 모든 인간이 인권을 이성과 양심에 따라 지킬 수 있는 능력과 수단을 완벽하게 갖출 수는 없다. 예컨대 연령, 장애, 빈곤 등 등의 사정으로 그 능력과 수단은 얼마든지 제한될 수 있다. 심지어 태아의 경우에도 '인간의 존엄과 가치'가 인정된다면 그런 능력과 수단은 전혀 없다고 해도 과언이 아니다.

따라서 헌법에서 말하는 인간상은 이성이나 양심과 연결되는 '인격'을 갖춘 '강한 인간'이 아니라, 잘못으로 가득하고 언제나 잘못을 저지를 수 있는 '약한 인간'인 구체적 인간(태아를 포함하여)으로 보아야 한다. 그러므로 헌법재판소가 헌법이 예정하는 인간상을 "자신이 스스로 선택한 인생관·사회관을 바탕으로 사회공동체 안에서 각자의 생활을 자신의 책임 아래 스스로 결정하고 형성하는 성숙한 민주시민"[18]으로 보는 것에는 문제가 있다. 그런 인간이 아니라면 헌법에서 말하는 인권의 주체가 아니란 말인가?

물론 그런 의미는 아닐 것이다. 헌법재판소가 말하는 '스스로 선택한 인생관·사회관을 바탕으로 사회공동체 안에서 각자의 생활을 자신의 책임 아래 스스로 결정하고 형성하는 성숙한 민주시민'이란 '강한 인간'은 헌법이 추구하는 이상적 인간상, 즉 그렇게 될 수 있는 잠재적 가능성을 갖춘 인간일 것이다. 그러나 만일 이상적 인간이란 이미 인권을 충분히 보장받아 향유하고 있는 인간일 수도 있을 것이니 국가에 의한 인권보장이 불필요할지도 모른다. 사실 인권은 이상적 인간이 아닌 경우에 더욱더 보장될 필요가 있다.

따라서 10조의 의미는 인권을 보장받아야 할 근거인 '인간의 존엄과 가치'를 모든 인간이 갖고 있지만 현실의 구체적 인간은 그런 인권을 충분히 보장받지 못해 '인간의 존엄과 가치'를 훼손당할 수 있으므로 국가가 이를 확인하고 보장해야 한다는 의미로 보아야 한다. 즉 국가는 국민이 그 인권을 완전하게 지킬 수 있도록 적극적으로 '보장'할 필요가 있다는 것이다. 그러한 보장이 갖추어져야만 '인간'으로서 제대로 살 수 있기 때문이다.

우리 헌법이 말하는 개인주의란 그런 것이다. '인간의 존엄과 가치'란 인간이면 누구나 인권을 누릴 존재라고 하는 것을 전제로 하면서도, 그것을 인간 자신이 완전하게 누리는 것은 반드시 가능하지 않기 때문에 국가가 지원하여 그런 인권을 모두 누리도록 보장하는 사회의 믿음이 개인주의이다. 여기서 무엇보다도 중요한 것은 인간을 개체, 즉 개인으로 보아야 한다는 점이다.

여기서 흔히 여성, 연소자, 노령자, 노동자, 장애자, 성적 소수자 등에 헌법상 '보호'라고 하는 말이 자주 사용되는 것을 주의할 필요가 있다. 왜냐하면 '보호'란 약자를 돌본다는 의미를 갖는 것이기 때문이다. 그러나 그들이 '인간의 존엄과 가치'를 갖고 그것이 인권의 기본 이념인 이상 능력 및 수단은 인권으로서 '보장'되는 것이지, '보호'되어야 하는 것은 아니다.

헌법이 상정하는 인간이란 '인간으로서의 존엄과 가치'를 갖는 인간이고, 그런 인간이 특별한 이유로 '인간으로서의 존엄과 가치'를 누리지 못할 때 국가가 그것을 보장하기 위해 '지원'하는 경우는 있어도, '인간으로서의 존엄과 가치'가 없는 인간이 별도로 존재하는 것이라고 상정하거나 그들을 '보호'한다는 것이 결코 아니다.

인권의 보장의무

헌법은 10조 전단에서 인간의 존엄과 가치 및 행복추구권을 규정한 뒤 후단에서 "국가는 기본적 인권을 확인하고 이를 보장할 의무를 진다"고 규정한다. 여기서 '기본적'이라는 말은 마치 인권에 기본적인 것과 그렇지 않은 것이 있다는 인상을 주므로 빼는 것이 옳다. 모든 인권이 입법부에는 모든 법률 제정의 지침, 행정부에게는 모든 행정의 지침, 사법부에게는 모든 법의 해석과 적용에 지침이 됨을 뜻하기 때문이다.

인권보장의 의무는 단순히 국가에 대해서만 요구되는 것이 아니라 사인간에서도 요구된다. 이는 헌법의 해석에 의해서도 가능하고 현재에도 그렇게 해석되고 있으나" 그 해석에 차이가 있어서 문제다. 따라서 적어도 가령 스위스 헌법 35조 3항에서처럼 "인권이 사인들 사이에 적용될 수 있는 경우에 국가기관들은 인권이 사인들의 관계에도 실효성을 갖도록 배려해야 한다"는 규정이라도 헌법에 포함될 필요가 있다. 물론 그러한 규정이 없어도 그런 결론에 이르는 해석은 충분히 가능하다.

나아가 인권의 부인을 범죄로 규정할 필요도 있다. 가령 프랑스 법에서는 특정한 반인도적 범죄에 이의를 제기하는 사람을 처벌할 수 있고, 오스트리아와 스위스의 법에서는 나치의 제노사이드(집단학살)나 반인도적 범죄의 공개적 부인, 심대한 축소나 승인 및 정당화의 경우 처벌할 수 있게 돼 있다. 독일에서는 '모욕' 금지법의 틀 안에서 반인도적 범죄를 승인 또는 부인하거나 무해하게 위장하는 행위를 범죄로 규정해 금지한다. 우리나라에서는 현재 이러한 법률이 없으나 조속히 제정될 필요가 있다. 이는 헌법 개정에 의하지 않고도 얼마든지 법률로 규정할 수 있다.

또한 반인도적 범죄로 인한 피해자에 대한 구제도 인정돼야 한다. 이에 대한 헌법상 근거 규정으로는 30조를 들 수 있다. 헌법 30조는 "타인의 범죄행위로 인하여 생명·신체에 대한 피해를 받은 국민은 법률이 정하는 바에 의하여 국가로부터 구조를 받을 수 있다"고 규정하고 있다. 여기서 말하는 '타인'에 반인도적 범죄피해자는 물론 대량학살, 전쟁범죄, 침략행위를 포함시키면 그로 인한 피해자 구제가 전혀 불가능한 것도 아니다.

인권의 제한

인권의 고유성과 보편성

인권의 성격 내지 본질이란 측면과 관련되어 고유성, 보편성, 불가침성 등이 논의되어 왔다. 그러나 앞의 둘은 인권의 중요성을 강조하는 것이기는 하되 법적 의미를 갖는 것은 아니라고 볼 수 있다. 반면 '불가침성'은 헌법에도 규정되어 있는 것으로 인권의 제한과 관련되어 중요한 법적 의미를 갖는다고 볼 수 있다.

인권의 고유성이란 인권이 '인간이라는 이유로 당연히 갖는 권리'라는 것을 뜻한다. 이는 본래 서양의 천부인권설에서 나온 것이나, 우리 헌법에서는 인권이 권력자는 물론 헌법에 의해서도 부여되는 것이 아니라는 점에 그 의미가 있다. 그러나 고유성에 의해 인권이 확정되는 것은 아니다. 왜냐하면 사회의 변화 속에서 인간이 인간답게 살기 위해 필요하다고 생각되는 인권은 얼마든지 새롭게 생겨나기 때문이다. 그러한 새로운 인권도 '인간이라는 이유로 당연히 갖는 권리'이다.

한편 인권의 보편성이란 인권이 '언제, 어디서나' '인간이라는 이유로 당연히 갖는 권리'라는 뜻이다. 그러나 인권이란 '언제, 어디서나' 인정된 것이 아니라 실제로 근대 서양에서부터 인정됐고, 근대 서양에서도 원칙이라기보다 오히려 예외적인 것이었다. 또 '인간이라는 이유로 당연히 갖는 권리'라는 점은 위에서 본 고유성과 중복되는 내용이다. 따라서 오늘날 인권의 보편성이란 인종, 성, 신분 등의 차이와 무관하게 모든 인간이 인권을 향유한다는 것을 의미하고 있다. 이는 뒤에서 인권의 주체와 관련하여 다시 설명한다.

인권의 불가침성과 제한

헌법 10조는 '기본적 인권'의 불가침성을 규정하고 있다. 이는 인권 중에서도 기본적인 인권의 불가침성을 뜻하는가? 아니면 헌법상 모든 인권의 불가침성을 뜻하는가? 어느 경우로 보아도 헌법 37조 2항은 모든 인권의 제한을 규정하므로 서로 모순이다. 헌법에는 인권 중에서도 '기본적'인 인권이라고 별도로 규정한 바가 없다. 따라서 '기본적'이란 인권의 기본성 정도를 뜻하는 말에 불과하다고 보아야 한다.

물론 헌법에 따라서는 특정한 인권을 어떤 제한도 있을 수 없는 절대적 기본권으로 규정한다. 앞에서 보았듯이 국제인권규약은 7

가지 인권, 즉 생명권, 고문 및 잔혹한 형벌 등의 금지, 노예 및 강제노동의 금지, 계약의무불이행에 의한 구금의 금지, 소급처벌의 금지, 평등권, 사상·양심·종교의 자유의 절대적 보장을 규정하고 있다. 또 독일 헌법에서는 평등권, 신앙과 양심의 자유, 학문과 예술의 자유, 혼인의 자유, 평화로운 집회의 자유, 단체교섭권, 청원권을 그렇게 규정하고 있다.

반면 우리나라 헌법에는 그러한 조항이 없다. 그러나 어떤 인권이든 37조 2항에 그 '본질적 내용'은 제한될 수 없으므로 그 점에서, 즉 '본질적 내용'에 관한 한 우리나라 헌법상 인권은 모두 절대적 인권이라고 할 수도 있다. 그러나 그 내용은 명확하지 않다. 따라서 우리 헌법에서도 국제인권규약이나 독일 헌법처럼 절대적 인권을 명시할 필요가 있다. 물론 절대적 인권이 반드시 규정되지 않아도 헌법 해석상 그런 결론에 이를 수 있음은 두말할 필요가 없다.

절대적 인권이 아니라고 해도 모든 인권에는 결코 제한될 수 없는 절대적 한계가 있다. 우리 헌법에서 '인간의 존엄과 가치'란 헌법상 규정된 인권의 '절대적 = 본질적' 내용을 결정하는 기준이라고도 할 수 있다. 예컨대 양심적 인권의 '양심'이 바로 그것이고, 사회보장권의 '인간의 존엄성'이 바로 그것이다. 따라서 우리 헌법에서 인권의 불가침성이란 단순히 인권 자체의 절대성을 말하는 것이 아니라, 인권의 제한을 인정하는 경우에도 그 제한은 필요한 최소한에 그쳐야 함을 강조한 것이라고 볼 수 있다.

사실 개인은 인권을 자신만의 절대무제한의 권리로 다른 개인이나 국가에 대해 주장할 수 없다. 인권은 모든 개인이 갖는 것이기 때문이다. 따라서 국가는 모든 개인의 모든 인권 요구를 만족시켜야 한다. 여기서 동일하거나 같은 종류의 인권이 충동할 수도 있고 상이한 종류의 인권 사이에 모순과 충돌도 있을 수 있어서 인권 상호 간의 조정이 불가피하게 된다. 따라서 인권에는 일정한 한계가 있을 수밖에 없다.

인권은 헌법 10조부터 37조까지 규정된다. 그중 36조까지는 구체적인 인권을 규정하나 제37조는 2항에서 인권을 제한할 수 있는 근거가 '국가안전보장·질서유지 또는 공공복리'이고, 이는 '법률'이라는 형식에 의해야 하며 그 '본질적인 내용'은 침해할 수 없다고 규정하고 있다. 또한 개별 조항에서도 제한을 두고 있다. 가령 정당의 설립과 활동을 '민주적 기본질서'에 제한하고(8조 4항), 언론 출판의 자유에서도 '타인의 명예, 타인의 권리, 공중도덕, 사회윤리'에 의한 제한을 인정하며(21조 4항), 재산권 제한도 '공공필요'에 의한다고 규정한다(23조 3항). 또한 법률에 의한 제한을 인정한다(29조 2항, 33조 3항). 그러나 이러한 제한은 37조 2항에 의한 제한에 포함되는 것이므로 불필요하다. 특히 법률에 의한 제한은 법률에 의한 인권의 유보를 뜻하므로 그 자체가 부당하다. 따라서 법률에 의한 제한은 당연히 삭제돼야 하고, 기타 개별적 제한도 없애야 한다. 37조 2항으로 충분하기 때문이다.

그러나 37조 2항의 제한사유란 얼마나 추상적인 것인가? 우리는 지금까지 수많은 법률로 인권을 제한하는 경우 그 말들이 멋대로 사용되어 왔음을 잘 알고 있다. 그것은 그 사용자가 독재자였기 때문인가? 물론 그렇다. 그러나 그것만은 아니다. 문제는 그 말 자체가 지극히 추상적이기 때문에 얼마든지 악용될 소지가 있었기 때문이기도 하다.

이처럼 그 제한사유는 지극히 추상적이어서 개개의 구체적 인권의 제한을 정당화할 수 없으므로 그것은 구체적 인권의 제한사유가 될 수 없다. 즉 제한되는 인권의 성질과 내용 등이 각각 상이하므로 인권 제한의 정당화사유는 구체적으로 검토해야 한다.

그 원칙은 각 인권의 '본질적인 것'을 침해하지 않는 '필요최소한'에 그쳐야 한다는 것이다. 그리고 무엇을 그렇게 볼 것인가 하는 판단문제는, 각 인권의 헌법상 위치와 성질에 근거하여 설정된 '심사기준'을 만들고, 사실과 법이론의 양면에서 각각 구체적으로 검토해야 한다.

인권제한 사유의 검토

헌법 37조 2항에서 말하는 '국가안전보장'이란 1972년 유신헌법에서 추가된 것이다. 그 전에는 '질서유지'와 '공공복리'만 있었다. 다른 나라 헌법도 마찬가지다. 따라서 이는 없애는 것이 옳다.

'국가안전보장'이라는 이유에서 제한 또는 금지되는 것의 대표격이 국가보안법이다. '국가안전보장'이란 상식적으로 국방을 뜻할 것이고 이는 군대에 의해 지켜져야 하는 것이며, 국가에 대한 범죄는 당연히 형법에 의해 금지되어야 한다. 이는 어느 나라에서나 마찬가지이다.

국가보안법이라고 하는 법이 우리나라에 특유하게 제정되어 있는 것은 남북분단이라는 현실적 조건에 의한 것이라고 하나, 그 법의 악용에 의해 폐지 내지 개정이 국내외에서 끊임없이 요구되어 온 점은 주지의 사실이다. 국가보안법만이 아니라 노동법 등 여러 '악법'이 그러한 이유에서 문제가 되어 왔다.

'질서유지', '공공복리'라고 하는 것도 마찬가지이다. 그 내용을 어떻게 해석하든 결국 말놀음에 그친다. 중요한 것은 개별 인권을 제한하는 것을 구체적으로 검토해야 한다는 것이다. 그 말에 현혹되어 끝없는 말장난을 할 필요가 없다.

결국 인권의 제한은 구체적으로는 법률의 위헌성 판단문제가 되나 여기서 그 몇 가지 기준을 검토한다. 가령 헌법재판소와 학설은 '과잉금지의 원칙'이라고 하는 독일 헌법판례의 기준을 가지고 헌법 37조 2항을 이해한다. 그러나 그 내용 역시 추상적이다. 한편 미국이나 일본에서는 이중기준론이라는 판례와 학설이 있다. 이중기준론이란 정신적 인권의 경우 '명백하고 현존하는 위험'이라는 엄격한 기준이 적용되어야 하나, 경제적 인권의 경우 일단 합헌성을 인정한 뒤 엄격하지 않은 기준으로 심사한다는 것이다. 여하튼 '과잉'금지든 '명백하고 현존하는 위험'이든 일반적 기준으로는 추상적이어서 귀에 걸면 귀걸이, 코에 걸면 코걸이로 작용할 수 있는 것은 마찬가지이다.

또 하나의 기준으로 특별권력관계라는 것이 있다. 국가나 지방자치단체의 권력과 개인의 일반적인 관계를 뜻하는 일반권력관계에 대응하여 특별법에 의해 성립하는 특별한 관계를 특별권력관계라고 한다. 종래 특별권력관계라는 이유에서 공무원(헌법 7조, 29조, 33조 2항, 78조), 병역(동 39조, 27조 2항, 110조), 학생(동 31조), 수형자

(동 12조, 13조, 27조, 28조) 등의 인권 제한에는 헌법 37조 2항이 적용되지 않는다고 보았으나, 이러한 적용 예외는 헌법상 아무런 근거가 없는 것이므로 결코 인정될 수 없다.

특별권력관계란 19세기에 독일에서 생긴 것으로, 의회의 자유주의화에 대응하여 군주 및 그 부하인 고급관료가 의회 및 사법부의 통제에 미치지 않는 행정영역을 인정받고자 요구한 것에서 생긴 것이었다. 즉 특권적인 정부의 행정을 국민의 의사 = 의회가 제정하는 법률에 의거하는 것을 배제하는 역할을 수행했다. 그것이 일제 강점기의 일본에서도 통설이 되어 계속 유지되었으며 한국에까지 영향을 미친 것이다. 그러나 독일에서도 이미 그것은 사라졌다. 따라서 단순히 특별권력관계라고 하는 이유에서 인권이 제한될 수 없고, 특수성을 고려해야 한다면 각각의 법률관계마다 개별적인 정당화 사유가 있어야 한다.

예컨대 공무원의 정치적 의견표명과 노동운동은 물론 근로기준법의 적용조차 관련 공무원법에 의해 금지되나, 이는 헌법의 인권을 '본질적'으로 부정하는 것이 된다. 공무원이 사기업의 근로자와 본질적으로 다른 점은 아무것도 없다. 즉 노동을 제공하고 그 대가로 임금을 받는다는 점에서는 헌법 32조와 33조의 대상이 된다.

그럼에도 불구하고 공무원의 인권을 제한하는 근거로서 공무원이 특별권력관계에 있다고 하는 것만으로는 부족하다. 그래서 헌법 7조 1항의 '공무원은 국민 전체에 대한 봉사자', 동 2항의 '정치적 중립성'이라고 하는 것이 그 근거로 설명된다. 그러나 이는 일당 독재나 특정 이익집단에 봉사하지 않는다는 것이지 그것을 이유로 공무원의 인권을 제한하는 이유가 될 수 없다.

물론 공무원은 그 자신이 시민의 인권을 보장할 의무를 지고 그 직무를 성실하게 수행해야 하므로 시민의 생활에 중대한 장해를 초래하여 시민의 인권 자체를 침해하는 단체행동이나 정치적 입장에 근거한 차별적 행정을 해서는 안 된다. 따라서 그러한 점에 제한이 인정되어야 함은 물론이나, 그렇다고 하여 단체행동권은 물론 노동단체권 자체 또는 정치활동이 일체 금지되어서는 안 된다.

특별권력관계란 인권제한 사유일 수 없다. 인권은 그 각각의 구체적 성질에 따라 최대한 보장해야 하고, 그것을 제한하는 경우 각각의 구체적인 제한 국면에서 최소한으로 제한해야 한다. 그리고 제한할 수 없는 절대적 인권을 규정할 필요가 있다.

국가긴급권에 의한 인권의 제한

헌법 76조가 규정하는 긴급재정·경제명령, 긴급명령에 의해 인권이 전면 제한될 수 있다. 그러나 이는 인권에 대한 중요한 위협으로서 인정될 수 없다. 이에 대해 B규약 4조는 긴급사태라고 해도 평등권, 생명권 및 사형과 그 집행의 금지, 고문과 잔혹한 형벌의 금지, 노예 및 강제노동의 금지, 계약불이행에 의한 구금의 금지, 소급처벌의 금지, 인간으로 인정받는 인권, 사상·양심 및 종교의 자유는 위배될 수 없다고 규정하고 있다.

또 헌법 77조는 비상계엄에 의해 영장제도, 언론·출판·집회·결사의 자유, 정부와 법원의 권한과 관련한 인권을 제한할 수 있다고 규정하고, 헌법 110조는 비상계엄시 일정 범죄에 대해 사형 선고를 제외하고는 단심으로 재판할 수 있게 규정하고 있다. 이에 따라 계엄법은 체포·구금·압수·수색·거주·이전·언론·출판·집회·결사 또는 단체행동을 제한할 수 있고, 일정 범죄를 군사법원에서 재판할 수 있으며, 징발법에 의해 동원과 징발을 할 수 있다고 규정한다. 그러나 이처럼 계엄법상 헌법의 규정 내용을 넘어 광범하게 인권을 제한함은 명백하게 위헌이다.

인권의 분류

인권이 어디서 나오는 것이냐에 대해서는 여러 논쟁이 있으나 그것에 대한 완전한 설명은 없음은 앞에서도 보았다. 결국 추상적으로 인권은 '인간의 존엄과 가치'에서 나온다라고 밖에 볼 수 없다. 그것이 우리 헌법에도 10조에 명정되어 있다.

헌법은 10개 장으로 구성되나 그 핵심은 10조에서 시작되는 헌법 2장에 규정된 인권이다. 인권은 '인간의 권리'를 말한다. 헌법에서는 '국민의 권리', '자유와 권리', '기본적 인권'이라는 개념을 사용하고 구체적으로도 '신체의 자유'니 '재산권'이라고 하듯이 '자유'와 '권리'를 구분하는데 모두가 인권을 말하는 것임에 틀림없다. 인권이란 말이 일반적으로 사용되므로 여기서도 인권으로 통일한다.

헌법 10조에서 37조까지 규정된 인권조항을 어떻게 분류할 것이냐 하는 문제는 이론적인 문제에 불과하나 헌법상으로도 어떤 체계가 있어야 함은 두말할 필요도 없다. 학자들은 여러 가지로 분류하나 그 모두를 검토할 필요는 없다. 앞에서 인권을 자유권과 사회권으로 대별하는 견해를 검토했으나 그런 식으로 대별하는 견해는 우리나라 학자들의 경우에는 없다. 나는 인권을 다음과 같이 분류한다.

첫째, 인권의 기본조항으로 인간의 존엄과 가치를 규정한 10조와 평등권을 규정한 11조가 맨 앞에 있음은 당연하다. 36조는 1-2항에서 가족생활의 평등권을 보장하는 점에서 평등권의 특수한 측면으로 보아 11조에 이어 설명한다. 그리고 35조의 환경권을 기본적 인권의 하나로 본다.

그다음 제12, 13조가 신체의 인권을 규정하고, 이어 제14조가 거주 이전, 제15조가 직업선택, 제16조가 주거, 제17조가 사생활을 규정하고 나서야, 제18조 이하에서 정신적 인권을 규정하는데 이러한 순서에는 문제가 있다. 왜냐하면 인권 중에서 정신적 인권이 가장 중요하다고 생각되기 때문이다. 이러한 체계상의 문제는 정신적 인권이 상대적으로 경시되고 있는 우리 현실에서 재고될 여지가 있다고 생각된다.

물론 신체의 인권이 다른 모든 인권을 향유하기 위한 전제라고 볼 수도 있다. 육체를 갖는 인간에게 신체는 무엇보다도 중요하다. 그러나 신체의 인권이란 매우 예외적으로 적용되기 마련인 형사사법절차에서 문제가 되는 것이지 일반 생활에서 문제되는 것이 아니다. 따라서 이 책에서는 그것을 인권의 가장 마지막 부분으로 설명한다.

여하튼 둘째, 정신적 인권으로 19조 양심권, 20조 종교권, 21조

표현권, 33조 노동단체권, 17조의 사생활권, 18조의 통신비밀권, 22조의 학문·예술권, 31조의 교육권이 포함된다.

셋째, 정치적 인권이다. 24조 선거권, 25조 공무담임권, 26조 청원권이다.

넷째, 경제적 인권이다. 즉 14조의 거주 이전권, 15조의 직업선택권, 23조의 재산권, 32조의 근로권, 34조의 사회보장권이다.

마지막으로 다섯째, 사법적 인권이다. 즉 12, 13조의 신체의 인권, 16조의 주거, 27조의 재판을 받을 권리, 28조의 형사보상청구권, 29조의 국가배상청구권, 30조의 국가구조권이다.

이상 인권을 5개로 분류하는 경우, 법을 각 인권에 관련하여 다음과 같이 나눌 수 있다.

1. 기본적 인권 – 평등법, 환경법
2. 정신적 인권 – 표현법, 교육법
3. 정치적 인권 – 정치법, 행정법
4. 경제적 인권 – 재산법(민법, 상법), 경제법, 노동법, 사회보장법
5. 사법적 인권 – 형법, 형사소송법, 민사소송법

위에서 평등법, 표현법, 정치법이라고 한 것에 대해서는 약간의 설명이 필요하다. 왜냐하면 이 책에서 처음으로 사용하는 말이기 때문이다. 평등법이란 가령 남녀고용평등법을 비롯한 차별금지법, 표현법이란 언론 출판 집회 시위에 관련되는 법, 정치법이란 정당법이나 선거법 같은 것을 말한다.

이상의 인권에 대한 새로운 분류는 이 책이 지향하는 신 인권헌장의 새로운 체계를 말하는 것이다. 그러나 개별 인권이 모두 위의 분류와 딱 맞아떨어진다고는 할 수 없다. 즉 어느 인권이 오로지 정신적이라거나 정치적이라거나 경제적이라고 할 수 없다.

인권의 주체

소수자

인권의 주체는 크게 국민과 외국인 그리고 법인으로 나누어진다. 한편 법적 개념은 아니지만 일반적으로 다수자와 소수자라는 분류가 있다. 소수자란 "신체적 또는 문화적 특징 때문에 사회의 다른 성원들에게서 집단적으로 차별을 받는 사람들"로 정의된다. 따라서 이는 숫자에 따른 구별은 아니다. 여성은 남성보다 그 수가 많음에도 소수자로 분류되고 남아프리카공화국에서는 흑인이 백인보다 많아도 소수자로 분류된다. 즉 소수자란 숫자의 문제가 아니라 차별을 받는 사람들을 말한다.

소수자는 사회적 약자와도 다르다. 사회적으로 불리한 위치에 있는 사람들을 뜻하는 사회적 약자란 소수자와 같이 어떤 집단에 속해 있다는 이유로 차별을 받지는 않기 때문이다. 물론 그런 사회적 약자가 소수자라는 피차별 집단에 속하게 되면 소수자가 된다.

사회적 약자란 현대사에서 주로 노동자를 말했다. 헌법 31-34조의 교육권, 노동권, 노동단체권, 사회보장권은 노동자의 사회적 생존을 보장한다는 점에서 종래 사회권이나 생존권으로 불렸다.

지금도 노동자를 사회적 약자나 소수자라고 볼 수도 있지만, 적어도 소수자라고 하는 경우에는 일반적으로 노동자를 뜻하는 것이 아니게 됐다. 물론 노동자 중에서도 여성노동자는 여성이라는 이유로 소수자다.

성년자

성년자인 국민이 인권의 주체임은 당연하다. 따라서 남녀 모두 해당된다. 헌법 11조는 성별에 따른 차별 금지를 명기하고 있다. 그러나 실제로는 여성에 대한 차별이 존재하여 남성과 같은 인권의 주체라고 하기는 어렵다. 차별의 원인에는 여러 가지가 있으나 그중에서도 가장 심각한 것은 남녀는 다르다, 여성은 남성에 비해 열등하다는 차별의식이다. 특히 법적으로는 합리적 차별이라는 관념이 남녀평등의 확립을 어렵게 하고 있다.

합리적 차별이란 합리성이 있는 차별이라는 이유로 차별 대우를 용인하는 것이다. 이는 곧 같은 것을 같이 대우하고, 같지 않은 것은 그 특질에 따라 다르게 취급해도 좋다는 것이다. 그 근본에는 현실의 인간은 사실상 차이를 갖기 때문에 법적 평등이란 절대적 평등이 아니라 상대적 평등을 의미한다는 생각이 있다. 가령 과거 민법상 혼인적령의 남녀 차이 같은 것이었는데 이는 2007년 개정되어 지금은 18세로 통일됐다. 또 근로기준법의 여성보호규정도 남녀의 신체적 차이를 이유로 한 합리적 차별로 인정됐다. 이는 합리성이라는 추상적이고 불명확한 것으로 남녀가 대등한 인권주체임을 무시한 것이었다. 따라서 남녀의 개체로서의 차이가 아니라 일반화

할 수 있는 최소한의 참된 차이를 설정할 필요가 있다.

미성년자

미성년자도 인권의 주체임은 당연하지만 법적으로 상당한 제한을 받고 있다. 이를 정당화하는 이론은 미성년자의 판단능력이나 행위능력이 성숙하지 못하다는 것이다. 그러나 미성년자의 능력을 반드시 그렇게 보아야 할 이유는 없다. 또한 성인이라고 해서 모두 능력을 완전히 갖추고 있다고도 할 수 없다. 성인에게 인권이 보장되는 이유는 능력을 갖추었음을 전제로 하지 않는다. 따라서 이는 추상적으로 판단할 문제가 아니라 구체적으로 판단돼야 한다.

정신적 인권과 관련되어 교육기본법에서 의무교육을 9년으로 규정함은 미성년자의 법적 권리제한이다. 또 미성년자는 학교에 복종할 수밖에 없어 사상과 양심을 형성할 자유를 침해당하고 국가의 지시나 교칙 등에 의해 표현의 자유도 제한된다. 정치적 인권의 차원에서는 연령 제한에 의해 선거권과 피선거권을 제한된다. 그러나 그 연령을 초과한 직후 정치적 판단능력이 바로 성숙하는 것은 아니다. 이는 자의적인 기준에 불과한 것이지 정치적 판단능력 자체를 기준으로 삼은 것이라고 볼 수 없다. 나아가 경제적 인권에서도 미성년자은 민법상 행위능력이 제한돼 재산권을 행사할 수 없다. 혼인연령의 제한도 혼인의 자유에 대한 제한이다.

한편 미성년자에 대한 특별한 지원을 인정하는 법에도 문제가 많다. 먼저 헌법 31조에 의해 교육을 받을 권리가 인정된다. 또 헌법 32조 5항의 "연소자의 근로는 특별한 보호를 받는다"는 규정에 따라 근로기준법은 15세 미만의 아동고용(14조), 유해위험업무 고용(65조 1항), 야업과 휴일근무(70조) 등을 금지한다.

미성년자의 특수한 경우로 태아가 있다. 종래 민법에서는 전부노출성, 형법에서는 진통설에 의해 태아와 미성년자를 구별했으나 헌법에서는 태아의 상태에서도 어느 정도의 태아를 인권의 주체로 인정해야 하는가의 문제가 있다. 독일의 연방헌법재판소에서는 모체착상(수정 후 14일) 이후의 태아에 대한 '인간의 존엄과 가치'를 인정했다. 이는 그 시점에서 모체와 분리된 태아의 개체성을 인정한 것이다.

고령자와 장애자

사회가 고령화됨에 따라 고령자의 인권 보장과 그들에 대한 지원이 필요해지고 있다. 헌법 34조 4항은 '노인'의 복지향상을 위한 국가의 정책실시의무를 규정하고 동 5항은 '노령'으로 인해 생활능력이 없는 국민의 보호를 규정한다. 이에 따라 제정된 노인복지법과 '고용상 연령차별금지 및 고령자고용촉진에 관한 법률' 등에서는 고령자를 각각 65세 이상과 55세 이상으로 규정하고 구체적인 보호를 규정하고 있다. 그러나 부분적인 법률만으로는 사회 자체의 고령화에 충분히 대응한다고 보기는 어렵다. 따라서 고령자의 취업과 소득, 건강과 복지, 학습과 사회참가, 생활환경 등을 포함한 종합적인 인권보장법이 필요하다.

한편 헌법 34조 5항은 신체장애자에 대한 국가의 보호를 규정하고, 이에 따라 장애인복지법 등이 제정돼 있다. 그러나 이는 앞에서 본 고령자의 경우와 마찬가지로 장애인의 종합적인 인권보장법이라고 보기 어렵다. 장애인 인권을 보장하기 위해서는 고용상의 차별금지를 비롯한 장애인차별금지법의 제정이 시급하다. 나아가 장애인이 독립적으로 살아갈 수 있는 지원이 강구돼야 한다. 즉 고용차별금지만이 아니라 적극적인 고용확대정책이 필요하다. 나아가 모든 생활영역에서 단순한 '복지 혜택'이 아니라 헌법에 보장된 평등권을 포함한 모든 인권을 누릴 수 있는 '적극적 조치'가 필요하다. 가령 장애인이 교통시설을 이용할 수 있는 기회의 부여만이 아니라 안전하고 편하게 탈 수 있는 리프트 등을 설치해야 한다. 또한 집세보조나 주택지원과 같은 정책도 필요하다.

성적 소수자

고령자와 장애인에 대한 헌법 및 법률상 보장과 달리 동성애자 등의 성적 소수자에 대해서는 아무런 법적 보장이 없다. 현실에는 성적 소수자가 존재하고 그들에 대한 차별이 존재함에도 말이다. 가령 군형법 92조는 동성애자를 1년 이상 징역에 처하도록 하고 있고, 군대 내에서 동성애자로 밝혀지면 정신질환자로 취급되어 강제제대를 당하는 등 불리한 법만이 존재한다.

동성애자의 인권 문제를 생각하는 경우, 동성애자라는 것 자체와, 이를 사람들에게 알리는 행위나 동성애라는 성적 행위는 구별해야 한다. 동성애자라는 것 자체는 차별의 문제고, 이를 사람들에게 알리는 행위나 동성애라는 성적 행위는 개인이 스스로 판단하고 선택하며 행동하는 성적 자기결정권(헌법 10조의 행복추구권에서 나온다)의 문제이기 때문이다.

뒤에서 보듯이 헌법 10조의 행복추구권에서 성적 자기결정권을 인정하는 헌법재판소는 동성애에 대해서 이를 인권으로 인정한 적이 없다. 그러나 헌법재판소가 헌법상 인권으로 성적 자기결정권을 인정하는 한 동성애도 인정해야 한다고 본다. 그러나 헌법 36조는 혼인이 양성의 기초 위에 성립된다고 하여 동성혼인은 인정하지 않고 있다. 이는 성적 자기결정권을 부정하는 것이므로 헌법 37조 2항에 의한 그 제한의 정당성이 입증되거나 아니면 개정돼야 한다. 그 정당성을 입증할 수 없다고 보면 이는 개정함이 옳다고 볼 수 있다. 이미 많은 나라에서 동성애자의 결혼이 인정되고 있다.

또 성적 소수자 문제에는 '성적 동일성 장애자' 문제도 있다. 가령 남성이면서도 자신을 여성으로 생각하는 경우 가족부상의 성별 기재 변경을 요구하는 것이다. 이러한 경우에도 인권으로 보장할 필요가 있다.

구체적인 법률의 차원에서 성적 소수자임을 이유로 한 차별금지는 명시되어 있지 않다. 따라서 고용시 성적 소수자라는 이유에서 차별을 금지하는 규정이 명시돼야 한다.

양심적 병역거부자

마지막으로 양심적 소수자인 양심적 병역거부가 있다. 그들은 1939년부터 있었으나 1950년부터 1년 이내의 징역형을 받았다. 그러나 1961년 이후 1990년대까지 매년 약 700명이 5-6년의 징역을 받았다. 그래서 해방 후 지금까지 1만 명 이상이 전과자다. 이는 현재 징병제를 실시하는 96개국 가운데 30개국이 양심에 따른 병역 거부를 인정하고, 그것을 인정하지 않아도 거부자를 징역에 보내는 나라는 6개국뿐이며, 그 수감자 수도 300명에 불과한 것에 비하면 엄청난 숫자다.

지난 30년간 방위나 공익근무요원이라는 이름으로 군대 대신 대체근무를 한 사람은 7만 명에서 15만 명에 이른다. 따라서 그보다 압도적으로 소수인 양심적 병역거부자에게 대체근무를 한다고 해서 국방에 문제가 생길 리는 없다. 우리보다 더욱 심각한 분단 상황에 있는 대만도 2000년 대체복무제를 실시했다.

특수신분관계에 있는 자

헌법은 모든 국민에게 인권을 보장하면서도, 공무원 등에 대해서는 헌법 33조 2항에 의해 노동단체권을 제한하고 있다. 또한 국가공무원법과 지방공무원법 등에서는 공무원의 정치활동을 제한한다. 그러나 노동단체권이나 정치활동의 제한은 헌법 37조 2항에 의해 침해하지 않는 필요최소한에 그쳐야 하는 것이지 그 본질적인 내용인 노동단체권 자체나 정치활동 자체를 금지하는 것이어서는 안 된다. 따라서 노동단체권의 본질적 내용인 단결, 단체교섭, 단체행동이나 정치활동 자체를 처음부터 완전히 부정하는 법률은 위헌이다.

외국인

헌법 6조 2항은 "외국인은 국제법과 조약이 정하는 바에 의하여 그 지위가 보장된다"고 규정한다. 여기서 말하는 국제법과 조약은 6조 1항의 "헌법에 의하여 체결·공포된 조약과 일반적으로 승인된 국제법규는 국내법과 같은 효력을 가진다"고 할 때의 조약과 국제법규와는 다르다. 즉 헌법에 의해 체결·공포된 조약이나 일반적으로 승인된 국제법규가 아니라도 좋다. '국제법규'와 '국제법'은 다른 것처럼 규정돼 있으나 같은 것이므로 헌법상 용어로서 구별될 필요가 없다. 국제법으로 통일함이 옳다. 조약도 국제법의 하나이므로 국제법과 조약을 굳이 병치시킬 필요도 없다. 국제법은 주로 조약과 국제관습법으로 이루어진다.

외국인의 법적 지위에 대한 국제법의 내용은 가변적이다. 즉 외국인의 법적 지위를 확대하는 추세다. 헌법 6조 2항도 그러한 경향에 부응하여야 한다.

외국인이란 자국의 국적을 갖지 않는 자를 말한다. 국적에 대해서는 국적법이 규정하고 외국인의 출입국 관리에 대해서는 출입국관리법이 규정한다.

외국인도 인권의 주체가 될 수 있으나[20] 무엇이 외국인에게 인정되는 인권인가에 대해서는 분명하지 않다. 대체로 기본적 인권과 정신적 인권 및 사법적 인권은 인정되지만 정치적 인권이나 경제적 인권 및 사회적 인권은 제한된다고 볼 수 있다. 그러나 정치적 인권 가운데 선거권의 경우, 지방자치 차원에서는 그 주체가 '국민'이 아니라 '주민'이므로 적어도 주민인 정주외국인에게 이를 인정할 필요가 있고, 나아가 민주주의의 관점에서 참정권을 인정함은 국적이 아니라 생활실태에 착안해야 함이 옳다고 보면 참정권 전체를 적어도 정주외국인에게도 인정함이 옳다. 우리나라에서는 출입국관리법 10조에 따른 영주의 체류자격 취득일 후 3년이 경과한 외국인으로서 같은 법 34조에 따라 해당 지방자치단체의 외국인등록대장에 올라 있는 사람에게 지방선거의 참정권을 인정하고 있다.

또한 경제적 인권 및 사회적 인권의 경우에도 정주외국인에게는 인정함이 옳다. 한편 난민에 대해 대법원은 소극적인 태도[21]이고 난민인정의 법률도 아직은 없지만 이를 인정하는 국제법의 경향에 따라 앞으로 인정함이 옳다.

화교, 혼혈인, 이주노동자

여기서 몇 가지 구체적인 문제를 살펴보자. 전통적인 외국인으로는 화교가 있다. 19세기 말부터 한국에 온 그들은 1942년에 8만 명을 넘었으나 1970년대 초반에는 3만 명 정도, 지금은 2만 명 정도에 불과하다. 그동안 상당수가 한국을 떠난 이유 중에는 1961년의 토지법에서 외국인의 토지소유를 금지한 점이 있었다. 외국인의 국내 부동산 취득은 1998년 자유화됐으나 이는 외자 유치를 목적으로 한 것으로 화교의 재산권 보호와는 무관했다.

그 밖에도 차별은 많았다. 2002년 영주권 제도의 시행 전에는 출입국관리법에 의해 5년마다(1995년 이전에는 2년마다) 체류허가를 새로이 받아야 했다. 또 공무원이나 공공단체의 임직원이 될 수 없고 변호사, 공인회계사, 의사 등의 전문가가 될 수도 없다. 그러나 화교는 한국인과 같은 세금을 냈다. 그중에는 교육세도 포함됐으나 화교 학교에는 어떤 지원도 없어서 대부분 폐교됐다. 기타 사회보장법의 적용도 받지 못한다.

혼혈인들도 한때 6만 명까지 있었으나 1982년 미국에서 특별이민법이 제정되자 대부분 떠나갔다. 그들은 화교보다 더 큰 차별을 받았다. 특히 흑인 혼혈인은 백인 혼혈인보다 더 큰 차별을 받았다. 최근에는 매년 결혼의 10%를 넘는 수가 국제결혼이어서 혼혈인은 더욱 늘고 있다. 2005년 '살색'이라는 말이 인종차별적이라고 하여 '살구색'으로 바뀌었으나 혼혈인에 대한 차별은 여전하다.

더욱 심각한 문제는 이주노동정책의 반인권성이다. 한국에서는 오랫동안 단순 기능직 노동자의 수입을 금지하다가 1980년대 후반부터 소위 3D업종의 인력부족으로 인해 학생도 노동자도 아닌 산업연수생이라는 제도를 통해 외국 노동력을 받아들였다. 이들은 노동자가 아니어서 법의 보호를 받지 못하다가 1995년부터 산업재해보상보험법을 적용받기 시작했다. 그러나 그 외국인들은 임금이 높은 직장을 찾아 원래의 산업연수직장을 이탈해 다수의 불법체류자가 생겨났다. 사용자는 이를 막기 위해 여권 압류, 외출 금지, 월급 강제 적립, 기숙사 감금 등의 인권유린과 함께 근로기준법 등의 노동법을 위반했다. 2003년부터 고용허가제가 도입되어 외국 노동력이 3년 기간으로 정식 수입됐으나 이는 기존의 미등록 노동자에 대해서는 일방적인 추방만을 적용하고 있다. 현재 80만 명이 넘는 외국인이 한국에 있고 그중 이주노동자가 반을 넘는다.

법인

헌법재판소는 사법인이 인권의 주체가 될 수 있다고 보고[22] 공법인의 경우는 제한적으로 인정한다. 그러나 이는 헌법에 명시된 것이 아니라 해석론에 불과하다. 사법인, 특히 영리적인 기업법인은 그 '인권'을 보장받아야 할 주체라기보다도 인권을 침해할 수 있는 사회경제인 '권력'으로 기능한다고 해도 과언이 아니므로 섣불리 그 '인권성'을 인정할 수 없고 인권의 성질에 따라 제한적으로 인정함이 옳다. 가령 헌법 27조의 재판청구권은 법인에게도 인정된다.

3

기본적 인권

기본적 인권의 틀

우리 헌법 10조는 인권의 기초인 '인간의 존엄과 가치'에 근거한 포괄적인 인권으로서 행복추구권을 규정한다. 이러한 포괄적 인권은 11-36조에서 규정한 개별적 인권과 다른 새로운 인권이 필요한 경우 이를 헌법상 인권으로 인정할 수 있는 근거규정으로서 가치가 있다. 현행 헌법의 해석으로도 여러 가지의 새로운 인권이 10조에 의해 인정된다. 생명권도 그중 하나이지만 이는 포괄적 인권에 의해 인정하기에는 너무나도 중요한 인권이고 대부분의 헌법이나 국제인권규범에서 인정되는 것이기 때문에 반드시 성문화할 필요가 있다.

환경권과 사생활권도 종래 그렇게 인정된 것이었으나 현행 헌법에서는 독립된 조항으로 규정되어 있다. 그리고 평등권은 두말할 필요도 없이 중요한 기본적인 인권이다. 마지막에 설명하는 평화적 인권과 문화적 인권은 앞에서 본 기본적 인권과 달리 헌법에서 구체적인 인권으로 규정된 것은 아니지만 헌법해석상 인정될 수 있는 인권이다.

행복추구권

동성동본의 사랑과 간통 등의 문제

누군가를 이름도 모르고 사랑해본 적이 있을지 모른다. 그러나 우리나라에서는 사랑은 반드시 상대방의 성과 본을 확인하고 나서 해야 하는 것처럼 여겨졌다. 동성동본이면 합법적인 결혼을 할 수 없었기 때문이다. 그러나 동성동본임에도 불구하고 법률혼이 아닌 사실혼 관계를 맺은 사람들도 적지 않았다.

오랫동안 지켜져 온 관행이자 민법(제809조)에도 규정되었던 동성동본 금지는 1997년 헌법재판소에서 헌법에 합치되지 않는 것(헌법 불합치)으로 결정되었고,[23] 2005년 민법이 개정되어 이제는 문제가 되지 않게 되었다. 따라서 이제 누군가를 이름도 모르고 사랑해도 좋다.

동성동본결혼이 금지된 과거에는 특히 김, 이, 박이라는 성을 가진 경우 동성동본에 해당될 가능성이 다른 성의 경우보다 커서 불리했다고 할 수 있었다. 그중에서도 더욱 김해 김씨, 전주 이씨, 밀양 박씨는 1985년에 각각 약 389만 명, 238만 명, 270만 명이어서 상대방이 동성동본일 가능성이 높았다. 이 점은 동성동본 금지에 합리적 이유가 없다고 볼 수 있는 근거라고 할 수 있다.

헌법재판소는 동성동본 금지가 헌법 10조의 행복추구권에 '혼인의 자유와 혼인에 있어서 상대방을 결정할 수 있는 자유'가 포함되며, 동 36조가 "혼인과 가족생활은 개인의 존엄과 양성의 평등을 기초로 성립되고 유지되어야 하며, 국가는 이를 보장한다"고 규정하는 것에 위배되고, 나아가 금혼의 범위가 남계 혈족에만 한정되어 헌법 11조의 평등권에 위배된다고 보았다.

사랑에 대해 또 하나 생각해 볼 필요가 있는 것이 간통이다. 이에 대해 다른 나라에서는 대부분 처벌이 아니라 이혼의 사유로 보고 있다. 그런데 헌법재판소는 간통죄 규정이 위헌이라고 하면, 민법의 일부일처제 혼인제도나 부부간의 동거 및 상호부양의무 규정도 위헌이 될 것이라고 주장했다.[24] 이는 사적인 결혼제도를 공적 형벌과 혼동하고, 결혼을 형벌에 의해 유지해야 한다고 보는 점에서 문제가 크다.

우리의 생활은 대부분 사적인 것으로서 주로 계약을 통해 이루어진다. 계약이 이행되지 않는 경우에는 국가의 형벌이 아니라, 손해를 배상하는 것으로 해결한다. 결혼도 계약의 하나이고, 그것이 제대로 이행되지 않으면 배상하는 것으로 충분하다는 것이 대부분 나라의 법이나, 우리나라에서는 그것을 형벌로 처벌하는 점에 문제가 있다.

여기에는 문제가 많다. 가령 어떤 남편이 부인에 의해 간통죄로 고소되었는데 부인이 간통죄로 고소하기 위해 제기해야 했던 이혼소송을 취하하는 경우, 이혼도 못하고 처벌을 받은 뒤에 다시 그 혼인관계를 계속해야 할 입장에 놓여진다. 이는 성적인 예속을 강요하는 것으로서, 헌법 10조에서 정하는 기본적 인권인 인간의 존엄과 가치를 부정하는 것이 아니겠는가?

물론 이는 서양과 달리 동양의 전통적인 윤리감정이 강하게 남아 있는 탓이라고 이해할 수도 있다. 그러나 사적인 생활에 대해 공적인 형벌권이 과도하게 개입하면 사적 자치를 통한 건전한 시민생활의 형성에 문제가 생길 수 있음을 유념해야 한다.

또 과거에는 '가정의례에 관한 법률'이라는 것이 있어서 결혼식이나 장례식을 할 때 인쇄물을 돌리거나 주류 및 음식물 접대를 허례허식이라는 이유로 금지한 적이 있었다. 지금은 그 법이 없어져서 모두 인쇄물을 돌리거나 주류 및 음식물 접대를 하고 있다.

그렇게 바뀌게 된 계기는 1998년 어느 예비신랑이 그 법을 위헌이라고 주장하며 헌법재판소에 헌법소원을 냈기 때문이었다. 이에 대해 헌법재판소는 결혼식 등에서 주류와 음식물을 대접하는 것이 헌법 10조가 규정하는 행복추구권에 포함된 일반적 행동자유권이고, '가정의례에 관한 법률'에는 명확하지 않은 규정이 있어 일반적 행동자유권을 침해했다는 이유에서 위헌이라고 결정했고,[25] 이어 1999년 그 법률은 폐지되었다.

행복추구권

인권이란 위에서 설명한 '인간의 존엄과 가치'라는 관점에서 '인간으로서의 행복에 불가결한 권리 = 인간의 존엄'에 기본적으로 관련되는 권리를 말한다. 따라서 헌법 제10조의 '행복추구권'이란 인권의 총칭을 뜻하는 것으로서 헌법에 명문으로 규정되지 않는 인권도 이에 근거하여 인정된다는 것을 의미한다. 이는 헌법 10조에서 "국가는 개인이 가지는 불가침의 기본적 인권을 확인하고 이를 보장할 의무를 진다", 그리고 37조 1항에서 "국민의 자유와 권리는 헌법에 열거되지 아니한 이유로 경시되지 아니한다"고 확인되어 있다.

우리 헌법재판소는 '인간의 존엄과 가치'를 인권의 원리로 보면서[26] 행복추구권과 인격권을 그것으로부터 인정한다.[27] 행복추구권이야 헌법에 규정되어 있으니 당연하고, 인격권이 인정됨도 충분히 가능하다. 또한 행복추구권을 독자적인 인권으로 보고서[28] '일반적 행동자유권'과 '개성의 자유로운 발현권',[29] 계약의 자유[30] 등을 그 내용으로 인정한다.

일반적 행동자유권이란 그야말로 행동의 자유, 무엇이나 자기가 하고 싶은 것을 할 수 있다는 것을 말한다. 즉 하고 싶은 일을 하고, 하기 싫은 일은 안하며, 먹고 싶을 때 먹고, 놀고 싶을 때 놀고, 자기 멋에 살며, 자기 멋대로 옷을 입고 단장하고, 자기 설계에 따라 인생을 살아가고, 자기가 추구하는 행복 관념에 따라 생활하는 자유이다.

따라서 18세 미만자에게 당구장 출입을 금지함은 위헌이다.[31] 또한 자신이 마실 물을 선택할 자유를 제한하거나[32] 동성동본자의 혼인을 금지한 것이나[33] 또한 결혼식 등 경조사 기간 중에 주류 및 음식물의 대접을 금지한 것도 행복추구권의 침해이다.[34]

반면 일정한 시력기준에 미달하는 사람에 대한 제1종 운전면허증 취득의 제한,[35] 운전자의 좌석안전띠 착용의 의무화와 위반 시의 벌칙 부과,[36] 국민건강보험의 가입강제와 보험료의 차등 부과는

행복추구권의 침해가 아니다.[37]

이러한 행동의 자유를 극단적으로 말하면 범죄도 자기가 하고 싶은 한 할 수 있다는 것이 될 수도 있으나, 그러한 권리가 인정될 수 없음은 당연한 상식이다. 가령 여성으로서의 성적 수치심을 자극하는 방법으로 신체적, 정신적 고통을 가하는 것은 행복추구권으로 인정될 수 없다.[38] 그러나 간통행위를 범죄로 처벌하는 것을 행복추구권에 대한 침해로 보지 않은 헌법재판소의 결정[39]에는 의문이 있다. 헌법재판소는 형법 241조의 간통죄 규정이 위헌이라면 민법의 일부일처제 혼인제도나 부부간의 동거 및 상호부양의무 규정도 위헌이 될 것이라고 했다. 그러나 우리나라를 제외한 대부분의 나라에서는 간통행위를 이혼사유로는 인정하나 범죄로 인정하지는 않는다. 헌법재판소는 오랫동안 합헌으로 본 형법 304조의 혼인빙자간음죄에 대해 2009년, 동 조항이 남성의 성적 자기결정권 및 사생활의 비밀과 자유를 침해하는 것으로 헌법에 위반된다는 결정을 하였다.[40]

헌법재판소는 성행위와 그 상대방을 결정할 수 있는 성적 자기결정권은 인정하지만[41] 일반적인 자기결정권을 승인하는 결정을 내린 바는 없다. 그러나 개개인이 개인으로서 존중되기 때문에 각자에게는 자신의 인생을 스스로 살아가기 위해 자신의 삶의 방식을 스스로 결정할 수 있는 권리인 자기결정권이 헌법상 당연히 인정된다. 이에는 성적 자기결정권 외에 자신의 생명과 신체에 대한 결정권(자살, 안락사, 치료거부), 생활방식에 대한 결정권(의복과 두발 형태), 가족의 형성이나 유지에 관한 결정권(혼인, 별거, 이혼) 등이 포함된다.

'개성의 자유로운 발현권'도 당연히 제한을 받는다. 여기서 '발현권'이라는 말이 무엇을 뜻하는지 명확하지 않으니 '표현권'이라고 해도 좋을 것이다. 예컨대 복장이나 두발을 어떻게 하든 개성의 표현으로 무방하다는 것이다. 이러한 '일반적 행동권'과 '개성의 자유로운 표현권'은 자기결정권이라고도 한다.

한편 헌법재판소가 계약의 자유를 행복추구권의 내용으로 본 점은 당연하나 여기서 말하는 계약의 자유를 민·상법 등의 법률에 의해 창설되는 재산권의 내용으로만 이해해서는 안 된다. 그렇게 이해하면 계약의 자유에 위반되는 법률(예컨대 근로기준법)은 위헌이 되기 때문이다.

생명권

임신중절과 인권

십수 년 전 가톨릭 국가인 아일랜드에서 강간을 당한 14세 소녀의 중절을 둘러싸고 엄청난 논쟁이 벌어졌다. 대법원은 중절을 인정하는 영국으로 소녀가 출국하는 것으로 해결되었으나, 그 전에 중절을 금지하는 판결을 내린 하급심에 대해 항의 데모가 벌어졌고, 유럽의회는 인권침해라고 경고했다. 이후 1992년 국민투표에 의해 중절에 대한 정보를 얻고 중절수술을 위해 외국으로 가는 것이 합법화되었다.

현재 임신중절을 전면 금지하는 나라는 그다지 많지 않다. 한국에서도 모자보건법에 의해 강간이나 근친상간에 의한 임신 등의 경우, 합법적으로 인정되는 경우가 있다. 반면 중절을 할 수 있는 기간에 임신부의 자기 결정에 의해 중절을 인정하는 나라가 늘고 있다.

가령 미국에서는 여성의 자기결정권을 존중하여 통상 28주 내의 중절을 인정하다가 판례가 뒤바뀐 적이 있으나, 독일에서는 생명권을 우월하게 보는 태도이다. 독일을 제외한 대부분의 나라에서는 낙태에 대해 3개월 이내의 경우 완전한 자유를 인정하고 그 후에 대해서도 정당사유를 광범하게 인정한다. 반면 독일에서는 기간에 관계없이 모든 낙태를 금지하고 정당화사유가 있을 때만 예외적으로 인정한다.

우리 형법은 낙태를 범죄로 규정하고 모자보건법에 의해 정당화사유를 인정하는 점에서 독일식이다. 그러나 후자는 전자를 유명무실하게 만들어 1년에 150만-200만 명이 낙태되는 세계 최고의 낙태율을 낳고 있는 것이 현실이다. 이는 법률에서 정당화사유를 애매하게 규정하고 정당화사유를 지킬 수 있는 확인의사와 시술의사의 분리나 위법의사에 대한 처벌규정이 없는 탓이다. 요컨대 모자보건법은 법규범적 효력이 없는 실정이다.

따라서 법형식은 독일식이나 실질적으로는 독일 이외의 다른 나라와 같다. 독일식 가치판단의 기준에서 보면 모자보건법은 분명히 위헌이다. 그러나 그것은 낙태를 광범하게 인정하는 현실에서 유명무실하므로 과연 위헌론을 주장함이 무슨 의미가 있는지 의심스럽다.

지금까지 설명한 것은 생명권과 관련되어 임산부의 자기결정권에 의한 중절과 모순되는 문제가 있다는 것이다. 생명권에는 그 밖에도 많은 문제가 있다. 생명권의 문제는 사형제도와도 관련된다. 그러나 우리나라 판례는 생명권은 인정하면서도 사형제도를 부인하지 않는다.[42] 사형제도를 인정한다고 하더라도 그것은 지극히 예외적인 '중대한' 범죄의 경우에만 인정되어야 한다. 특히 재산, 경제, 정치 등 폭력을 사용하지 않은 범죄는 그 대상이 될 수 없다는 것이 국제인권규약을 비롯한 국제적 상식이다. 그러나 한국 형사법에는 과도한 사형 범죄(형법과 특별형법에 규정된 것은 103개 규정을 넘는다)가 규정되어 있어서 문제다.

생명권

제2차 대전 후 각국 헌법과 세계인권선언 등에서 '인간의 존엄'이라는 개념이 도입된 이유는 개인이 국가에 의해 그 생명을 빼앗길 수 없고 생명을 희생해서는 안 된다는 반성에 있었다. B규약은 자유나 신체의 안전과 별도로 6조 1항에서 생명에 대한 고유한 권리를 보장하고 동 2항은 체약국에게 사형의 제한과 폐지를 의무지우고 있다. 또 18세 미만자에 대한 사형 선고를 금지하고 임신한 여성에 대한 사형집행도 금지한다.

반면 생명권은 우리 헌법에 명시되지는 않으나 헌법상의 인권으로 인정된다는 점에 이견은 있을 수 없다. 그러나 굳이 헌법상 근거를 찾는다면 '인간의 존엄과 가치'에서 찾아야 한다고 생각된다. 생명권은 사형제도 등이 관련되기는 하지만 생명권은 더욱 광범한 내용을 갖기 때문이다. 현행 헌법상으로도 생명권은 인정되지만 이를 명시할 필요가 있다.

생명권은 그 생명에 대한 침해배제권, 즉 국가에 대한 부작위청구권으로서 국가의 형벌권 등에 의해 자신의 생명을 박탈당하지 않을 권리를 가지므로 이에 반하는 사형제도는 위헌으로 보아야 한다. 또한 전쟁이나 군대를 위해 자기의 생명을 빼앗기거나 생명을 위협받지 않을 권리인 평화적 생존권도 그 내용으로 한다고 보아야 한다. 또 낙태와 관련되어 생명의 유지와 존속에 대한 자기결정권도 인정돼야 한다.

생명에 대한 보호청구권으로서 최저한도의 생존을 국가에 요구할 수 있는 권리, 생명 침해의 위험으로부터의 보호를 국가에 요구하는 권리, 이에 대응하는 국가의 생명보호의무도 인정해야 한다.

환경권

환경파괴

최근 입안된 '저탄소 녹색성장 정책'은 환경권을 무시하고 근시안적 개발주의에 입각한 것이다. 2008년 9월에 발표한 '기후변화 대응 종합 기본계획'에 의하면 향후 5년간 기후변화 대응 재원 31조 원 가운데 적응 대책에 쓰일 재원은 2%에 불과하고, '기후 친화 사업을 신성장 동력으로 육성'하는 것에 치중하기 때문이다. 그 정책은 또한 온실가스 배출권 거래제와 탄소세 도입 등을 검토 사항으로 보류하는 등 실질적인 환경대책이 되지 못하고 있다.

또 대운하사업은 촛불집회로 인해 2008년 후반에 일단 중단됐으나, 연말에 개시된 4대강 정비 사업은 그 전초라는 점에서 여전히 불씨를 안고 있다. 그동안 이러한 사업들에 대해 여러 비판이 제시됐으나 법치주의라는 측면에서 검토되지는 못했다. 그 사업은 요컨대 투기적 금융자본 및 건설자본이라는 민간자본에 의해 국토를 개조한다는 것으로서 논란의 중심인 경부운하는 물에 대한 인권을 침해한다는 점에서 반헌법적, 반인권적이었다. 물에 대한 인권은 우리 헌법에 구체적으로 규정되어 있지는 않으나 우리나라가 1991년에 비준하여 국내법이 된 국제인권규약에서 보장되며, 우리 헌법상으로도 그것이 보장된다는 해석이 가능하다. 즉 그러한 사업들에 의해 식수원이 오염되면 이는 국제인권규약 및 헌법에 위반된다. 또한 그러한 사업에 의해 발생할 수 있는 홍수와 재해는 재해로부터 국민의 생명과 안전을 지켜야 하는 국가의 헌법상 의무를 포기하는 것이다. 그러나 무엇보다도 중요한 점은 그것이 환경과 생태에 대한 인권을 근본적으로 침해하여 이러한 인권을 보장하기 위한 수많은 국제규약 및 국내법에 위배한다는 점이다.

특히 정부가 만병통치약으로 선전한 민간투자방식은 공기업 및 공적 자원의 민영화가 초래하는 폐해를 은폐하고 민영화 이상의 효과를 가져다주는 점에서 문제가 심각하고, 게다가 우리나라에는 민간투자와 사회기반시설 건설에 대한 국회의 통제권과 감독권조차 없어 더욱 심각하다. 1990년대 중반 이래 민간투자사업이 활성화되면서 그 최소운영수입을 보장한 것은 감사원의 지적[43]대로 세계 어느 나라에도 없는 것으로서 국가재정에 큰 부담으로 작용해

왔다. 대운하사업 등에 최소운영사업을 보장하지 않는 경우 그 이권은 주변부 개발에 대한 우선권이다. 가령 택지개발사업, 주택건설사업, 관광레저사업, 토지수용권 등이다. 그러나 이는 헌법상 보장되는 공용수용조항에 대한 중대한 위배다.

이러한 부수적 이권에 특히 목말라하는 지방 토호세력이 문제다. 지방자치단체는 물론 지방의회도 주민의 참여에 의한 지방자치의 강화이기커녕 주민 없는 단체만의 자치로 타락하고 지방 토건업자들의 이익단체로 전락했다는 비판이 있었다. 이러한 상황에서 주민투표는 물론 국민투표로 대운하사업 등을 결정하자는 주장도 대단히 위험하다. 즉 주민은 물론 국민이 충분한 정보도 없이, 지역과 사적 이익으로부터 자유롭지 못한 상황에서 단순 다수결로 결정하자는 주장은 이명박 정권의 집권 이상으로 위험하다. 여기서 우리는 민주주의가 무엇인가 라는 근본적인 문제에 부딪힌다. 대운하 건설을 선거공약으로 내세운 이명박 정권에 대한 국민 다수의 지지를 소수의 촛불시위로 저지한 것이 과연 정당한가 하는 문제다. 이에 대한 판단의 기준은 헌법상 보장된 보건과 환경에 대한 인권에서 찾을 수밖에 없고, 그런 헌법의 원리에서 정당한 주장을 할 수밖에 없지만 다수결에 대한 고민은 여전히 남는다.

이러한 위헌적 사업들이 특별법의 형식을 취하는 점도 문제다. 특별법은 일반법의 적용을 임시로 배제할 특별한 사정이 있는 경우 제한된 사안에 대해서만 규제하는 것인데, 우리나라에서 남발되는 특별법이란 규제완화와 기업 및 시장의 자유라는 미명 아래 국가법 체계를 파탄하는 위헌적인 절차간소화법으로 타락하거나,

종래 형사법의 적용범위를 더욱 확대하고 그 처벌수위를 더욱 높여 법의 보편성을 해체하며 법치주의를 그 뿌리에서부터 위협한 지 오래다.

환경권

인간의 물질생활인 의식주에서 경제적 가치가 큰 것이 주택이다. 주거환경만이 아니라 인간은 건강하고 쾌적한 환경에서 살 필요가 있다. 따라서 헌법 35조는 환경권을 규정한다.

헌법 35조 1항은 "모든 국민은 건강하고 쾌적한 환경에서 생활할 권리를 가진다"고 규정한다. 환경권이란 양호한 자연환경을 누릴 수 있는 인권을 말한다. 그 대상은 주로 주거지역, 직장, 학교나 통근로 및 통학로 등을 말하지만 지구온난화 방지와 같이 국제적인 환경문제와 관련될 수도 있다. 그러나 이는 국제법의 문제이지 국내 헌법의 문제는 아니다. 또한 환경권의 환경에는 자연환경은 포함되지만 문화유산과 같은 문화적 환경이나 공원, 도로, 교육, 의료와 같은 문화적 환경은 포함되지 않는다. 그러나 소음, 진동과 같은 생활환경은 포함된다.

환경권에는 종래의 자유권적 측면과 사회권적 측면이 함께 존재한다. 자유권적 측면은 환경파괴를 저지하는 권리이고, 사회권적 측면은 환경보전을 위해 국가의 적극적인 정책을 요구하는 권리이다. 자유권적 측면은 자연을 변화시키는 국가의 적극적인 개발행위에 맞서서 부작위청구를 할 수 있게 한다. 또 사회권적 측면은 그것을 어떻게 이해하느냐에 따라 차이가 있지만 구체적 권리로 보는 경우 입법자에게 환경권을 실현할 수 있는 구체적인 법제정 의무와 정책수행의무를 지우고 그런 의무를 불이행할 경우 위헌이 될 수 있다.

환경권을 구체화한 것이 환경법으로 기본법인 환경정책기본법을 위시하여 소음·진동규제법, 유해화학물질 관리법, 환경오염피해분쟁 조정법, 폐기물 관리법, 해양오염 방지법, 환경영향 평가법, 환경개선비용 부담법 등으로 이루어진다. 환경권은 정책에 의해서도 침해될 수 있다.

보건권

쇠고기 수입

헌법이 규정하는 인권의 근거인 '인간의 존엄과 가치'를 보장하고 행복한 생활을 누리기 위해서는 정신과 신체의 건강이 불가결하다. 그런데 건강은 각 개인의 조치만으로는 충분할 수 없다. 즉 적절한 의료시설, 의료대책, 질병예방과 치료조치, 의료보장제도, 약품판매제도, 건강한 보건환경이 있어야 가능하다.

미국 쇠고기 수입과 관련하여 건강권 내지 보건권 문제가 논의됐다. 정부는 먹을거리를 생산하는 나라의 안전기준을 정확하게 판단하고 그에 따른 적절한 조치를 취해야 할 의무를 지는데도, 광우병 발생국가인 미국에서 주저앉은 소를 도축해 식용으로 판매하는 것을 전면 금지하지 않는 등 헌법 36조에서 규정한 보건권, 특히 먹을거리의 안전이라는 인권을 침해했다는 것이다. 대운하사업도 안전한 식수를 이용할 헌법상의 인권을 침해할 수 있는 것이다.

또한 이명박 정권 출범과 함께 주장된 국민건강의료보험제도의 조합주의 경쟁체제화, 건강보험 당연지정제의 폐지 또는 완화에 의한 건강보험 대신 민간의료보험과 의료기관의 짝짓기, 영리법인 병원의 허용과 민간의료보험의 활성화, 외국인 환자에 대한 유인 알선행위의 허용 등은 단적으로 의료사유화라고 할 수 있다. 이는 국민의료비 급증을 초래하여 민생뿐만 아니라 기업경쟁력에도 부담이 되고, 의료제도를 빈민을 위한 국민건강보험 및 일반병원과 부자를 위한 민간의료보험 및 영리법원으로 양극화하여 보건의료 서비스에 대한 접근권 보장과 차별금지를 통한 건강권 보호를 침해하는 것이다.

보건권

헌법 36조 3항은 "모든 국민은 보건에 관하여 국가의 보호를 받는다"고 규정한다. 반면 A규약 12조는 이를 "모든 사람이 도달 가능한 최고 수준의 신체적·정신적 건강을 향유할 권리"로 규정하고 그 권리의 완전한 실현을 위한 조치로 "사산율과 유아사망율의 감소 및 어린이의 건강한 발육, 환경 및 산업위생의 모든 부분의 개선, 전염병, 풍토병, 직업병 및 기타 질병의 예방, 치료 및 통제, 질병 발생시 모든 사람에게 의료와 간호를 확보할 여건의 조성"을 규정한다.

이에 대한 법률로 국민건강증진법, 국민건강의료보험법, 의료법, 장기 등 이식에 관한 법률, 식품위생법, 공중위생관리법 등이 있으나 충분하다고는 할 수 없다.

사생활권

주민등록과 정보사회

우리나라에서 누구나 가지도록 강제되는 주민등록증은 다른 나라에서는 볼 수 없는 것이다. 다른 나라에서는 운전면허증이나 사회보장카드로 신분을 증명한다. 그러나 한국에서는 주민등록을 하지 않으면 법에 의해 처벌된다. 주민등록에는 신분 증명 외에 국가가 별도의 서비스를 제공하는 기능이 없다. 그럼에도 주민등록표상의 수록항목은 141가지나 돼 맹목적인 개인정보의 집적이라고 볼 수 있고, 그 무분별한 유통 등으로 많은 문제점을 가지고 있다. 주민등록번호가 노출되면 그 사람의 모든 정보를 파악할 수 있다. 게다가 국가정보원이나 경찰 등의 국가전산망은 더 많은 양의 개인정보를 추가하여 관리하고 있다. 이는 개인이 국가에 의해 감시되고 있다는 우려를 벗을 수 없을 정도다.

최근 '스마트카드'라는 이름으로 전자주민카드와 전자건강카드 도입이 시도되고 있는 것은 개인에 대한 국가의 통제력을 더욱 강화하는 조치로서 문제가 된다. 특히 전자시스템이나 카드가 크래킹 당할 경우 엄청난 피해와 사생활의 인권을 침해하는 경우가 얼마든지 생길 수 있다. 교육행정정보의 전산화도 마찬가지 문제를 안고 있다.

지문날인제도는 간첩이나 불순분자를 식별하고 색출한다는 명목으로 1968년 여당의 단독국회에서 일방적으로 통과된 것이다. 법률이 지문을 날인하게 한 것에 대해 헌법재판소는 합헌이라고 보았으나⁴⁴ 이 역시 사생활의 비밀과 자유를 침해하는 것으로서 위헌으로 보아야 한다.

사생활, 즉 프라이버시의 자유는 인터넷으로 상징되는 고도정보사회에서 특히 문제가 된다. 가령 스팸메일은 그것을 지우는 데 드는 시간과 노력, 메일사업자의 부담 등 비용과 정신건강에도 문제지만 사생활권을 침해한다는 데도 문제가 있다. 수신자의 통제권과 관련하여 옵트인 제도와 옵트아웃 제도가 있다. 옵트인은 이용자가 메일을 보내도 좋다고 허락한 경우에만 메일을 보낼 수 있는 것이고, 옵트아웃은 수신을 거부할 때까지 메일을 보낼 수 있는 제도다. 이용자에게는 옵트인이 유리하고, 메일 마케팅업자들에게는 옵트아웃이 유리하다. 우리나라에서는 본래 옵트인을 채택했으나 '전기통신망 이용촉진 및 개인정보보호 등에 관한 법률'에 의해 옵트아웃으로 바뀌었다.

사생활의 자유

헌법 17조는 "모든 국민은 사생활의 비밀과 자유를 침해받지 아니한다."고 규정한다. 이는 제10조의 행복추구권, 11조의 평등, 12-13조의 소위 신체의 자유, 경제적 자유에 포함되는 14조의 거주 이전의 자유, 15조의 직업의 자유, 16조의 주거의 자유 뒤에 규정되어 있으나 이는 타당하지 않다. 그것은 개인생활을 보장하는 권리로 경제적 자유에 포함될 수 있는 것이 아니라 기본적 인권의 하나로 보는 것이 타당하기 때문이다.

'사私생활'이란 무엇인가? 그것과 대립되는 생활의 다른 영역은 무엇인가? 예컨대 '공公생활'인가? 그 구별은 참으로 애매하다. 사람에 따라 판단이 다를 수 있으나 결국 사회의 관습이나 통념에 따라 그것이 문제되는 경우 재판에서 판단될 수밖에 없다. 그러나 국가가 사생활을 확정하는 것은 개인의 예측가능성을 훼손하고 자유롭게 살아가는 능력을 죽이는 결과가 될 수도 있으므로 신중할 필요가 있다.

예컨대 스스로 마시기 위해 술을 제조하는 것을 주세 확보나 주조업자의 보호를 이유로 하여 금지하는 법은 그 목적과 수단의 관련성이라고 하는 점에서 과연 합리적이라고 할 수 있는가? 또는 누가 혼자서 감상할 목적으로 외설물을 소지하는 것을 금지하는 법은 외설물이 도덕적 타락물이라고 하는 이유에서, 즉 소지자의 인격을 평등하게 인정하지 않는 것이므로 합리화될 수 없는 것이 아닌가?

또 '청소년의 성보호에 관한 법률'에서는 청소년의 성을 사는 행위를 한 자 등의 성명, 연령, 직업 등의 신상과 범죄사실의 요지를 공개할 수 있는 신상공개제도를 규정한 바 있고, 이에 대해 헌법재판소는 합헌으로 결정했으나[45] 이는 개인의 존엄과 인격적 가치를 침해하는 것이니 위험으로 보는 것이 옳다.

감시에 반대할 인권

사생활의 자유는 혼자 있을 권리로부터 자기정보의 통제권까지 넓혀졌다. 최근의 정보사회는 정보통신기술의 발달로 인해 감시의 확대를 낳고 인권 침해, 민주주의의 왜곡, 배제와 차별을 양산하여 이에 대한 반감시권이 사생활 인권의 새로운 차원으로 대두하고 있다. 가령 최근 많이 설치되고 있는 CCTV는 자신의 동의 없이 초상권을 침해하거나 사생활을 감시하는 것이므로 헌법에 위배된다. 경찰은 범죄를 줄여 사회질서를 유지하기 위해서 필요하다고 주장하지만 문제다.

특히 직장의 감시카메라에 대해 노동자는 동의하거나 거부할 권리를 갖는다. 따라서 노동자가 알 수 없는 상태에서 몰래 실시하는 감시나 사생활을 침해하는 감시는 즉시 중단돼야 한다. 사용자는 노동자가 동의한 목적과 방법에 의해서만 카메라를 사용할 수 있고 카메라의 모든 내용은 노동자에게 공개해야 한다. 전자우편이나 인터넷도 마찬가지다.

이처럼 감시에 반대할 자유는 특히 노동자의 직장 내에서 문제된다. 첫째, 노동자는 자신에 대한 정보가 수집, 기록, 저장되는 것에 대해 동의하거나 거부할 권리가 있다. 둘째, 사용자는 위험과 사고방지를 위해 불가피한 경우에만 노동자의 동의를 얻어 정보를 수집할 수 있다. 셋째, 사용자는 개인정보수집에 대한 정책의 실시를 노동자와 그 대표에게 투명하게 공개해야 하고 노동자와 그 대표가 참여할 수 있게 해야 한다. 넷째, 노동조합은 국제기준에 따라 감시문제를 단체협약에 반영해야 한다.

평등권

평등권

　헌법 11조는 "모든 국민은 법 앞에 평등하다"고 규정한다. 여기서 평등이란 법적 취급의 균일화라고 하는 의미의 상대적 평등을 말한다는 점에 이견이 없다. 그러나 과연 그런가? 여기서 우리는 인권을 자유권과 사회권으로 구분하는 경우, 전자는 당연히 상대적 평등이지만 후자는 어느 정도의 결과의 평등을 목표로 하는 것이라고 볼 수 있다. 또한 미국에서 발달한 적극적 차별시정행위 Affirmative Action는 기회의 평등을 실질적으로 확보하기 위한 방법으로 우리나라에서도 부분적으로 채택되고 있으며 앞으로 더욱 확대될 필요가 있다.

　헌법 11조는 성, 종교, 사회적 신분에 따른 차별을 금지한다. 그러나 국제인권규약에서 규정하는 인종과 민족, 피부색, 국적 및 신념에 따른 차별은 명시적으로 금지되지 않고 있다. 물론 헌법상의 차별 사유는 열거된 것에 불과하므로 그 어떤 차별도 불가하다고 해석된다. 따라서 인종이나 국적을 이유로 한 차별, 즉 외국인에 대한 차별도 인정될 수 없다. 따라서 이 점에서 우리나라의 관련 법률에는 위헌의 여지가 많다.

　정치영역에서 대표적인 것이 선거구간의 인구 편차이다. 1995년의 경우 그 편차는 6대 1까지 벌어졌다. 이에 대해 헌법재판소는 1995년에 4대 1의 기준을 제시했으나[46] 이는 당시 외국의 기준보다 현저히 높은 것이어서 2001년에는 3대 1의 기준이 제시했다.[47]

그러나 더욱 합당한 기준은 2대 1이다.

경제영역에서 토지초과이득세가 평등권 등의 위반으로 위헌이라고 판시되었으나[48] 의문이 있다(이에 대해서는 재산권에서 다시 설명한다). 조세문제로는 급여소득자가 사업소득자에 비해 조세 포촉률이 높은 점도 차별이라고 볼 수 있다. 또한 동일 사안에 대한 조례가 현저히 다른 경우에도 차별 문제가 생긴다.

사회영역으로는 가령 교사 채용에서 국공립 교육대학 등 졸업자를 우선하는 것이 위헌으로 판시되었다.[49] 그러나 존속살해에 대해 평등권 위배가 아니라고 하는 판시에는 의문이 있다.[50] 이는 그 가중정도가 사형 등이어서 가중하다는 점에서 불합리한 차별이라고 일본에서는 위헌 판결이 내려져 형법에서 삭제되었으나, 인간의 존엄과 가치에 어긋난다는 점, 효도라고 하는 특정 사상을 강제한다는 점 등으로도 문제될 수 있다. 또한 현행법에서 공무원 등의 노동단체권을 제한하는 것이나[51] 노동단체권의 행사에서 제3자의 개입을 금지하는 것[52]도 평등권 위배이나 헌법재판소는 합헌이라고 보는데 이는 부당하다.

평등권은 다른 인권과 관련해서도 가장 보편적으로 문제되는 것이다. 따라서 이러한 모든 문제를 구체화한 평등법의 제정이 요구된다. 현재 우리나라에서 가장 발달된 부분은 남녀평등(차별금지)법이다.

남녀평등법

위에서 본 헌법 11조 1항의 성차별 금지에 의해 여성의 평등권을 보장하고자 남녀평등법으로서 '남녀차별 금지 및 구제에 관한 법률', 여성발전기본법이 제정되어 있다. 특히 정치적 영역의 남녀평등을 위해 정당은 비례대표(전국구 선거) 국회의원 선거후보자 중 100분의 50 이상을 여성으로 추천하도록 되어 있고(정당법 제31조 4항), 그 밖에도 관련규정이 있다.

또한 헌법 32조 4항은 "여자의 근로는 특별한 보호를 받으며, 고용, 임금 및 근로조건에 있어서 부당한 차별을 받지 아니하며", 동 36조 1항은 "혼인과 가족생활"이 "양성의 평등을 기초로 성립하고 유지되어야 하며," 동 34조 3항은 "국가는 여자의 복지와 권익의 향상을 위해 노력해야 한다."고 규정하고 있다.

이를 위해 먼저 근로기준법에서는 남녀 근로자에게 균등한 대우 보장과 평등한 근로조건을 보장하고, 유해 위험 작업에 대한 여성 고용을 금지하며, 여성을 야간 휴일 근로에 종사하지 못하도록 규정하고, 모성보호를 위해 생리휴가와 유급출산휴가 및 수유시간을 보장하고 있다. 특히 남녀고용평등법에 의해 모집과 채용상의 평등, 동일노동 동일임금 원칙, 육아휴직 등을 보장하고 있다.

이와 관련하여 헌법재판소는 '제대군인 지원에 관한 법률'에 규정된 가산점 제도는 위헌이라고 판시했고,[53] 대법원은 정리해고 대상자를 선정하면서 사내부부 중 여직원만을 의원면직한 구조조정은 부당 해고로서 당연 무효라고 판시했다.[54]

또한 민법에서 친족의 범위를 부계와 모계 모두 8촌 이내로 정하고, 부부재산제를 인정하고 있다. 부부재산제란, 소속이 분명하지 않은 재산을 부부 공유로 추정하고, 가사로 인한 부담 채무는 부부 공동 책임으로 하며, 부부 공동생활에 대한 비용도 부부 공동의 책임으로 하고 있다. 나아가 이혼 시 면접교섭권과 재산분할 청구권을 인정하고, 직계 비속 간의 상속분을 남녀 동일하게 인정하고 있다.

민법의 동성동본금지원칙은 그 범위를 남계혈족에만 한정한다는 이유로 위헌이었다.[55] 또한 성별 차별에서 남녀 혼인연령의 차별이나 여성의 재혼금지기간(6개월)도 명백히 위헌이어서, 후자는 최근의 민법 개정으로 없어졌다. 종래 국적법이 부계 혈통주의를 규정한 것이 위헌이어서[56] 지금은 부모양계 혈통주의로 개정되었다. 또한 국가인권위원회는 공무원 채용시험에서 남녀의 응시연령을 다르게 하는 것은 평등권 침해라고 했다.

병역과 남녀평등

평등권과 관련해서 병역의 문제를 생각해볼 필요가 있다. 한국의 청년이라면 누구나 군대에 간다. 병역 의무를 면제받기 위해 여러 가지 수단이 행해진다는 것은 널리 알려져 있다. 그중에서도 가장 지능적인 것이 자녀의 병역 의무를 면하게 하고자 자녀를 외국에서 출산하여 자녀에게 이중국적을 취득하게 하는 것이다.

이를 막기 위해 2005년 국적법이 개정되어, 그런 경우 자녀가 병역 의무를 이행한 후에야 국적이탈 신고를 하도록 되었다. 그러자 그 개정법의 시행 직전에 1,692명이 국적 포기 신고를 하여 사회적인 비난이 쏟아졌고, 국적이탈자 부모의 신상을 공개하라는 요구도 있었다. 그러나 그것은 앞에서도 본 사생활의 영역이라는 이유에서 공개되어서는 안 되었다.

그 후 국적법 개정의 후속조치로, 병역 의무 면탈을 위해 국적을 포기한 경우 재외동포의 지위를 박탈하고 완전한 외국인으로 간주한다는 내용의 '재외동포의 출입국과 법적 지위에 관한 법률' 개정안이 국회에서 부결되자 이번에는 국회에 비난이 쏟아졌다. 위 두 법과 함께 병역 3법을 구성하는 고등교육법 개정안에는 재외공관원 등의 대학 입학 특례를 박탈하는 내용이 포함되었다.

그러나 '재외동포의 출입국과 법적 지위에 관한 법률' 개정안에는 문제가 많았다. 가령 국적이탈자가 미성년자인 경우, 특히 갓난아기인 경우, 이탈자들이 모두 병역 기피라는 목적을 가졌다고는 보기 어렵고, 만약 부모의 병역 기피 의사를 가지고 이탈자들의 의사를 추정한다면 이는 더욱더 문제가 된다. 또한 이에는 소급입법의 소지가 있는 등 다른 여러 가지 문제도 있었다.

병역과 관련된 또 다른 문제로는 병역을 필한 제대군인에 대한 가산점 문제가 있다. 곧 그들이 6급 이하의 공무원이나 공·사기업체의 채용시험에 응시하는 경우 각 과목별 필기시험 득점에 만점의 5%(2년 이상의 복무기간)나 3%(2년 미만의 복무기간)를 가산하도록 규정된 '제대군인 지원에 관한 법률'과 관련된 문제이다.

이에 대해 헌법재판소는, 헌법 39조 1항의 '국방의 의무'는 국가의 존속과 활동을 위해 불가결한 것이므로 그 의무를 이행했다고 해서 이를 '특별한 희생으로 보아 보상해야 한다'고 할 수 없고, 따라서 가산점 제도는 제대군인들에게 불필요한 혜택을 주는 것이므로 폐지되어야 한다는 이유로 위헌으로 결정했다.[57] 이어 2000년부터 가산점 제도가 폐지되었다.

그러나 헌법 39조 1항의 주체인 국민이 국방의 의무를 치렀다고 해서 보상을 요구할 수는 없다고 할 수 있으나, 제대군인의 경우 그것과 다른 39조 2항의 '병역의 의무'를 수행하는 것으로서 남성 청년에게만 부과되는 '특별한 희생으로 보아 보상해야 한다'고 봄이 옳다. 가령 군복무자들의 급여 수준을 최소한 최저임금 수준으로 높이는 방식으로 보상해야 하는 것이다.

문제는 이처럼 그 보상이 제대군인들의 '특별한 희생'으로부터 혜택을 누리는 전체 국민들이 부담해야 함이 당연한 것이거늘, 우연히 같은 시험을 치르게 된 비제대군인 수험생들에게만 그 부담을 떠넘겨 그들을 불리하게 했다고 하는 점에 있었다. 따라서 평등권에 위배되어 위헌이라고 볼 여지가 있었다. 그러나 현실적으로 다른 아무런 보상이 없는 제대군인들에 대한 유일한 혜택을 과연 '불필요한' 것이라고 볼 수 있을 것인가?

한편 헌법재판소는 국가유공자·상이군경 및 전몰군경의 유가족에 대한 10% 가산점 제도는 합헌이라고 했다.[58] 이는 헌법 32조 6항에 근거하는 것이지만, 앞에서 이해한 법리의 통일적 이해로는 무리가 있다.

가족권

인권보장은 개인 인권의 보장만으로는 충분하지 않고 그 개인이 속하는 가족의 인권을 보장해야 한다. 따라서 가족권은 기본적 인권의 하나라고 볼 수 있다. 우리 헌법은 인권의 실체적 규정의 마지막인 36조에서 가족권을 규정하나 이는 반드시 옳다고 볼 수 없다.

헌법 36조는 1항에서 "혼인과 가족생활은 개인의 존엄과 양성의 평등을 기초로 성립되고 유지되어야 하며, 국가는 이를 보장한다," 이어 2항에서 "국가는 모성의 보호를 위하여 노력해야 한다"고 규정한다. 혼인과 가족생활에서의 남녀평등을 규정한 이 조항은 인권의 실체규정인 10-36조의 마지막, 즉 사회권 마지막에 규정되어 있어서 사회권의 하나로 볼 수 있는 여지를 두고 있으나, 인권체계상 평등권을 규정한 10조 뒤에 규정됨이 옳다. 한편 36조 3항은 보건권에 대한 규정인데 이를 가족생활의 평등을 규정한 36조 1, 2항과 함께 규정함은 체계적인 것으로 볼 수 없다.

한편 B규약 23조는 1항에서 "가족은 사회의 자연적이며 기초적인 단위이고, 사회와 국가의 보호를 받을 권리를 가진다," 2항에서 "혼인 적령의 남녀가 혼인을 하고, 가족을 구성할 권리가 인정된다," 3항에서 "혼인은 양 당사자의 자유롭고 완전한 합의 없이는 성립되지 아니한다," 4항에서 "이 규약의 당사국은 혼인기간 중 및 혼인해소 시에 혼인에 대한 배우자의 권리 및 책임의 평등을 확보하기 위하여 적절한 조치를 취한다. 혼인해소의 경우에는 자녀에 대한 필요한 보호를 위한 조치를 취한다"고 규정하고 있다. 또 A규약 10조는 "사회의 자연적이고 기초적인 단위인 가족에 대하여는, 특히 가족의 성립을 위하여 그리고 가족이 부양 어린이의 양육과 교육에 책임을 맡고 있는 동안에는 가능한 한 광범위한 보호와 지원이 부여된다. 혼인은 혼인의사를 가진 양 당사자의 자유로운 동의 하에 성립된다."고 규정한다. 이상은 나의 번역인데, 정부공식 번역에서는 내가 '가족'으로 번역한 family를 '가정'으로 번역하고 있다.

헌법 36조 1항에 근거하여 민법에 4부 '친족'과 5부 '상속'이 규정되어 있고, 2항에 근거하여 건강가정기본법, '가정 폭력 방지 및 피해자 보호 등에 관한 법률' 등이 제정되어 있다.

이에 대한 사례로서는 부부의 평등 보장에 관해 소득세법의 부부소득합산과세가 위헌이라는 결정이 내려졌으나,[59] 그 밖에도 자녀합산과세도 문제이고, 민법상의 부부별산제에 대해서도 의문이 있다.

민법에서 '친족'은 부부관계(혼인과 이혼), 친자관계, 친족관계로 구성된다. 친자관계에 대해서는 앞장에서 설명했으니 생략하고, 나머지 둘만 설명한다. 먼저 혼인은 원칙적으로 법률혼, 즉 남녀 당사자의 자유로운 의사가 합치되고, 혼인신고를 하는 것을 뜻하나, 그러한 형식을 밟지 않은 사실혼도 있다. 그리고 이혼에는 합의이혼과 재판상 이혼이 있는데, 후자의 사유로는 배우자가 부정한 행위를 하는 등이 있다. 문제는 재판상 이혼사유에 배우자의 직계존속으로부터 심히 부당한 대우를 받거나 자기의 직계존속이 배우자로부터 심히 부당한 대우를 받는 등 우리나라 특유의 규정이 있다는 점이다.

이혼에는 여러 가지 문제가 따르나 특히 양육권자의 결정이 중요하다. 원칙적으로 이혼 부부의 협의에 의하나, 협의가 되지 않으면 법원이 개입하는데, 법원에서는 주로 어머니 쪽에 양육권을 인정한다. 그 경우 아버지 쪽은 당연히 양육비를 지급해야 한다.

우리나라의 친족관계는 외국에 비해 대단히 넓다. 즉 8촌 이내의 혈족과 4촌 이내의 인척(혼인에 의해 형성)과 배우자이다. 그리고 가의 주재자인 호주를 인정하는 호주제가 있다. 그 호주권의 승계가 부계 우선 혈통주의, 남성 우월의식, 그리고 가부장적 이데올로기와 남녀 차별 의식을 조장하며 개인의 존엄과 양성 평등 정신에 위배된다는 주장이 오랫동안 제기되어 최근 민법에서 철폐되었다.

민법 5부 '상속'은 가족법에 속하나, 그 성격은 다음 3장 '경제적 인권'에 속하는 '재산권'의 하나라고 볼 수도 있다. 사망으로 재산상의 권리 의무가 상속인에게 이전되는 것을 뜻하는 상속은 피상속인의 유언이 있으면 유류분(법정 상속분의 2분의 1에서 3분의 1)을 제외하고 유언에 따라 집행되고, 유언이 없으면 법정상속에 따라 진행된다. 법정 상속은 친족(4촌 이내의 방계혈족까지) 및 배우자(법률혼)을 대상으로, 직계비속(아들, 딸)과 배우자를 제1순위로 하여 균등하게 분할되나, 피상속인의 배우자에게는 직계존비속 상속분의 5할이 가산된다.

아동권

우리 헌법은 아동의 인권을 별도 조항으로 규정하고 있지 않고 헌법 32조에서 아동 노동에 관한 규정을 두고 있을 뿐이다. 반면 B규약 24조는 1항에서 "모든 어린이는 인종, 피부색, 성, 언어, 종교, 민족적 또는 사회적 출신, 재산 또는 출생에 관하여 어떠한 차별도 받지 아니하고 자신의 가족, 사회 및 국가에 대하여 미성년자로서의 지위로 인하여 요구되는 보호조치를 받을 권리를 가진다," 2항에서 "모든 어린이는 출생 후 즉시 등록되고 성명을 가진다," 3항은 "모든 어린이는 국적을 취득할 권리를 가진다"고 규정하고 있다.

평화권

우리 헌법은 평화에 관련된 많은 조항을 두고 있으나 평화적 인권에 관한 규정은 두고 있지 않다. 그러나 1980년대부터 국제기구에서 평화적 인권이 등장했다. 1984년 유엔총회에서 채택된 '인민들의 평화권 선언'이 그 효시였다. 그러나 이는 자결권과 마찬가지로 인민들의 집단적 권리로 규정됐지 개인적인 인권으로 규정된 것은 아니었다. 그리고 자결권과 달리 평화권은 아직 보편적으로 국제인권규범에 포함되지도 못하고 있다.

그러나 앞에서도 말했듯이 평화적 인권은 인권 보장의 최후 보루이기도 하다는 점에서 반인도적 범죄 등에 대한 처벌과 그런 범죄에 의해 피해를 입은 사람에 대한 구제는 적극적으로 검토할 필요가 있다.

문화권

우리 헌법 9조는 "국가는 전통문화의 계승·발전과 민족문화의 창달에 노력하여야 한다"고 규정하고 있다. 이는 1980년 헌법에서 처음 규정된 것으로 21세기는 문화가 국가를 이끈다고 하는 새로운 인식에 근거한 것이다. 이는 우리 헌법의 기본원리 중 하나이지만 이는 국가가 국민의 문화적 인권을 적극적으로 보장해야만 가능하다는 점에서 문화적 인권을 하나의 인권으로 보장한 것이고, 이에 상응하여 국가는 문화적 급부 의무를 부담한다고도 볼 수 있다.

이를 명백하게 규정한 것은 A규약 15조다. 그 1항이 규정하는 문화권에는 "문화생활에 참여할 권리, 과학의 진보 및 응용으로부터 이익을 향유할 권리, 자기가 저작한 모든 과학적, 문학적 또는 예술적 창작품으로부터 생기는 정신적, 물질적 이익의 보호로부터 이익을 받을 권리"가 포함된다. 이어 2, 3항은 이를 위해 국가가 "과학과 문화의 보존, 발전 및 보급에 필요한 제반조치"를 취하고 "과학적 연구와 창조적 활동에 필수불가결한 자유를 존중"해야 한다고 규정한다. 여기에 포함된 저작권의 보장은 우리 헌법의 경우 학문과 예술의 자유에서 보장된다.

물론 헌법 9조와 A규약 15조의 내용에는 차이가 있다. 전자는 전통문화와 민족문화를 말하고 있으나 후자는 문화 일반을 말하고 있기 때문이다. 그러나 문화권의 차원에서 전자에 국한될 필요는 없다.

그런데 문화권은 경제적 기본권의 하나인 종래의 사회권과 달리 단순히 경제적, 물질적 생활자원의 급부만으로는 달성될 수 없고 경제적 이윤 추구의 수단이 되지 않아야 실현될 수 있다. 따라서 문화시설의 확충이나 문화의 창작과 보급 등과 같은 국가예산의 투입도 중요하지만 문화주체가 활동할 수 있는 영역을 확대하여 건전한 문화풍토를 조성하는 국가의 노력이 필요하다. 그러나 이는 국가의 '간섭'이 아닌 '지원'이어야 한다.

4
정신적 인권과 법

정신적 인권의 틀

인간은 생각하고, 생각한 것을 말하고 써서 표현하는 존재이고, 타인과 의사를 나누며 대화하는 존재이다. 모든 정신활동은 인간의 존엄과 가치를 뒷받침하는 기본적인 조건이다. 동시에 그것은 국민의 의사에 기초하는 민주주의의 기반이다.

인간의 정신활동은 끝없이 이어지는 것이므로 어느 하나가 정지되어서도 안 된다. 즉 생각하는 것 자체만으로는 아무런 의미가 없고 그것은 바로 표현되어야 하는데 어느 경우에도 침해되어서는 안 된다.

정신적 인권은 양심의 자유(19조)를 내부의 핵심으로 하고 그 외부를 표현의 자유(21조)가 둘러싸는 구조를 갖는데, 그 특수영역으로 종교의 자유(20조)와 학문 및 예술의 자유(22조)를 보장하는 것으로 되어 있다. 따라서 20조와 22조는 19조와 21조의 자유의 특수한 영역이다. 그러므로 종교적, 학문적, 예술적 저작에 대한 발금

처분 등은 20조나 22조가 아니라 21조를 원용하면 충분히 구제될 수 있다. 그러나 종교단체나 학문단체(특히 대학)의 제도나 그 구성원의 보호라는 차원은 20조와 22조의 특수한 보호대상이 된다.

그러나 현행 헌법의 정신적 자유 조항 체계에는 문제가 많다. 무엇보다도 중요한 것은 양심의 자유와 함께 정신적 자유의 내부적 핵심인 사상의 자유가 규정돼 있지 않다. 따라서 앞으로 사상의 자유가 명시돼야 한다. 표현의 자유도 언론 출판 집회 결사의 자유로 규정되어 있으나 언론 출판의 자유와 집회 결사의 자유는 나누어 규정됨이 옳다. 그리고 이러한 일반적 조항 뒤에 종교의 자유와 학문 및 예술의 자유가 규정됨이 체계상 옳다.

인간의 정신활동으로는 종래 적극적인 측면만이 문제되었으나 이른바 정보화시대가 되면서 누구나 표현의 능동자이자 수동자라는 입장이 되었고, 또한 국가에 정보가 집중되고 보도기관이 거대화, 독점화되면서 시민의 '알 권리'가 새로운 정신적 인권으로 부각되었다. 그러나 우리 헌법의 정신적 인권에 무엇보다도 문제가 되는 것은 그것을 극단적으로 제한하고 있는 국가보안법이다. 국가보안법에 대해서는 뒤에서 다시 살펴보고, 여기서는 인터넷 사회라는 보다 일반적인 문제를 살펴보자.

현대 과학기술, 특히 정보통신기술—정보의 수집, 축적, 가공, 검색, 전달 등에 관련된 여러 기술—의 발전은 우리의 생활양식을 근본적으로 바꾸고, 사고와 행동에도 엄청난 영향을 미치며, 사회 구조 자체를 변화시키고 있다. 통신기술의 발전과 컴퓨터 기술의 발전이 결합하여 다종다양한 대량 정보를 초고속으로 처리하고 전달할 수 있게 되었다. 그것을 단적으로 상징하는 것이 인터넷의 보급이다. 이에 따라 정신적 인권뿐만 아니라 법 전체에 중대한 영향을 미치고 있다.

양심과 사상의 자유

일기 쓰기의 강요와 검사

누구나 초등학교 시절에 일기 쓰기를 강요당하고 일기를 검사받거나 평가받은 적이 있으리라. 이를 어려서부터 일기 쓰는 버릇을 키우게 하고 좋은 글을 쓰게 하기 위한 훈련의 하나라고 볼 수도 있겠다. 그러나 처음부터 남에게 읽히고 게다가 평가까지 받는 일기란, 원래 내면의 은밀한 기록인 일기의 본래 뜻에 맞지도 않고, 그런 강요에 의해 일기 쓰는 버릇을 갖게 된다고도 반드시 말하기 어려우며, 그런 것으로 훌륭한 글쓰기를 익히기도 어렵다고도 볼 수 있겠다.

일기 쓰기의 강요와 검사나 평가가 중고등학생이나 대학생, 나아가 성인에게도 강요된다면 이를 참을 사람은 거의 없으리라. 가령 국가가 '일기 법'을 만들어 그것을 강요한다면 우리는 당장 헌법이나 국제인권법에서 말하는 인권, 즉 사생활의 비밀의 자유(헌법 17조)와 양심의 자유(동 19조) 등에 위배된다고 할 수 있을 것이다.

그런데 그러한 인권은 초등학생에게는 인정되지 않는 것일까? 그렇지 않다. 초등학생뿐 아니라 어떤 나이의 국민에게도 인권은 동등하게 인정된다. 그래서 2005년 4월, 국가인권위원회는 일기 쓰기의 강요와 검사가 인권을 침해할 우려가 크다는 이유에서 교육인적자원부 장관에게 이를 개선하도록 의견을 냈다.

이와 비슷한 사례로 중고등학생에 대한 두발과 복장의 규제 문제가 있다. 2005년 6월, 국가인권위원회가 중고교의 두발 제한에 대해 인권 침해라고 했다. 과거에는 중고등학생뿐만 아니라 성인에게도 장발과 미니스커트가 규제되었다.

문제는 법률의 형식이 아니라 그 내용에 있다. 일기의 경우와 마찬가지로 가정의례도 헌법 17조 사생활의 비밀의 자유에 속하는 것이라고 봄이 옳다. 사생활에 대해서 국가 권력이 개입해서는 안 된다는 인권의 원칙과 관련되는 것이다.

그런데 일기 쓰기의 강요와 검사는 오랜 세월 지속되어 왔고, 2005년 4월 이후에도 지속되고 있는지 모른다. 이는 가정의례의 경우와 달리 법률로 강요된 것이 아니었고, 위헌 결정에 의해 그 법률이 폐지되지도 않았기 때문이다. '가정의례에 관한 법률'도 그 기원이 되는 박정희 정권시절부터 오랫동안 유지되었다. 그런데 청소년들은 이런 문제보다도 공부에 더 관심이 클 것이다. 어쩌면 일기 쓰기의 강요와 검사나 두발과 복장의 규제도 공부에 도움이 된다면 무방하다고 생각할지 모른다. 과연 그렇게 생각해도 되는 것일까?

양심과 사상의 자유

우리 헌법은 평등권에 이어 12조에서 신체의 자유를 규정하나 신체의 자유는 뒤에서 사법적 인권으로 설명하도록 하고, 여기서는 19조 양심의 자유부터 정신적 인권으로 설명하도록 한다.

그런데 양심良心이란 말은 한자어 자체로 뜻을 따지는 경우 '선량한 마음'이어서 문제가 있다. 왜냐하면 헌법에서 말하는 양심의 자유는 내심의 '불량한 마음'도 포함하기 때문이다. 헌법상 인권으로 보장되는 것은 마음의 자유라고 할 수 있다. 그런 점에서 이를 마음의 자유라고 말하는 것이 옳다.

그러나 국어사전에서도 양심이란 "선악, 정사正邪(옳고 그름), 시비是非, 곡직曲直을 판단하여 자기에게 명령하는 마음의 작용"이라고 풀이하고 양심의 자유라는 말이 제헌헌법 이래 굳어졌으니 이 책에서도 양심의 자유라는 말을 사용하도록 한다.

헌법상 양심이란 내면의 정신활동을 총칭하는 것이다. 양심을 '옳고 바른 것을 추구하는 윤리적 마음가짐'이라고 정의하고서 사상, 의견, 생각, 확신 등과 다르다고 보고 종교, 언론 출판, 학문 예술의 자유로 보장되고 있다고 하는 견해도 있으나, 이는 부당하다. 즉 종교, 언론 출판, 학문 예술의 자유는 각각 그 영역에서 내면의 정신활동을 규정하는 것이지 양심의 자유와 구별되는 것이 아니다. 꼭 구별하자면 양심의 자유는 일반원칙을 규정하고 나머지는 각각의 영역을 규정한 것에 불과하다.

문제는 우리 헌법에는 양심의 자유만이 규정되고 사상의 자유는 규정되어 있지 않은 점이다. 양심과 사상은 구별된다. 사상은 국어사전에서 "생각, 판단과 추리를 거쳐서 생긴 의식 내용, 통일 있는 판단의 체계, 사회와 인생에 대한 일정한 견해, 특히 정치적 사회적 견해"라고 풀이된다. 즉 양심이란 주로 도덕적 판단의 기초가 되는 윤리적 규범의식을 말하는 것이고, 사상이란 주로 개인의 정치적 판단의 기반이 되는 세계관적인 사고방식을 말하는 것이므로 구별된다.

이러한 사상의 자유를 명시적으로 보장하지 않은 우리 헌법은 입법례로서는 보기 드문 것이다. B규약 18조도 양심과 함께 사상의 자유를 인정한다.

양심의 자유보다도 사상의 자유를 보장하는 것이 정신적 자유 보장에 있어 더욱 중요한 일이다. 이는 인류 역사나 우리 역사에 나타난 사상 탄압이 여실히 보여주는 바다. 따라서 사상의 자유를 명시적으로 헌법에 규정할 필요가 있다. 특히 제헌헌법 이래 사상의 자유를 명시하지 않은 것은 그것을 보장하면 사회주의 사상을 갖는 사람들을 보호하게 된다는 우려 때문이었는지도 모르기 때문에 그런 필요는 더욱 크다.

이런 문제 때문에 학자들이나 헌법재판소는 양심의 자유에 사상의 자유도 포함된다고 해석해 왔다.[60] 헌재 2002.1.31, 2001헌바43. 또는 헌법 10조, 19조, 20조 1항, 22조 1항, 37조 1항을 근거로 사상의 자유를 인정하는 학자도 있다. 그런 식으로 사상의 자유를 인정함에는 이의가 없으나, 이를 명시적으로 규정할 필요가 있음은 물론이다.

양심과 사상을 가질 자유와 침묵의 자유

양심과 사상의 자유는 바로 양심과 사상을 가질 자유다. 양심과 사상을 가질 자유는 순수하게 마음 내면의 정신적 활동에 관한 것이므로 양심과 사상을 갖는 것 자체로는 타인에 대한 해악의 원인이 될 수 없는 절대적 자유이자 인권이다.

양심과 사상을 가질 자유는 어떤 양심과 사상을 갖는다고 해도 그 자체를 이유로 하여 국가가 불이익을 주어서는 안 된다는 것을 뜻한다. 즉 양심과 사상의 자유는 양심을 이유로 한 불이익취급을 금지한다. 그러한 불이익취급은 헌법 11조의 평등권에도 위배된다.

양심과 사상을 가질 자유는 특정한 양심과 사상을 국가가 강요하는 것을 금지한다. 따라서 양심과 사상을 가질 자유에 가장 근본적으로 문제되는 것은 국가보안법이다. 양심과 사상을 가질 자유는 국가만이 아니라 사인 간의 관계에서도 보장돼야 한다. 가령 특정한 사상경향을 갖는 기업이 아닌 한 노동자의 사상을 이유로 고용을 거부하는 경우에도 그것이 편견에 불과하기 때문에 사상의 자유를 침해한 것으로 보아야 한다. 학생운동을 한 경력이 있다는 이유로 채용을 거부한 경우에도 마찬가지다.

양심과 사상을 가질 자유만으로는 양심과 사상이 국가 등에 의해 침해될 우려가 있다. 따라서 침묵의 자유를 보장해야 한다. 침묵의 자유는 사상조사와 같이, 양심과 사상을 가짐을 표명하도록 함을 목적으로 한 국가의 행위를 금지하는 것이다. 그 전형적인 보기는 특정한 사상에 대한 사회적 차별이 존재하는 가운데, 국가기관이 그 차별에 참가하지 않아도 그 사상을 갖는 자에게 사회적 불이익을 부여하면 특정 사상의 소유자임이 명백하게 되는 행위를 국가가 강제하는 경우다.

사회주의자에게 전향을 강요하는 것은 사상의 고백을 강제하는 경우로서 위헌이다. 그러나 장기수에게 요구되는 준법서약서제도는 합헌으로 판시되어 의문이다.[61] 미결수용자에게 신문 구독을 금지하는 것도 양심의 자유를 침해하는 것이나, 역시 합헌으로 판시되어[62] 의문이다.

침묵의 자유를 양심 추지推知의 금지와 구별하는 견해가 있지만 의문이다. '추지'란 자신의 사상이나 양심을 말하고자 하지 않는 자에게 교우관계나 독서경향 등을 조사하거나 밀고 받아 사회주의자로 간주 당하는 것을 말한다. '침묵의 자유'는 언어에 의한 표명, '추지의 금지'는 행동에 의한 표명(예컨대 종교인을 식별하기 위한 십자가 밟기, 국기 밟기, 충성 서약의 강요 등)을 강제 당하지 않는 것이라고 구별하나, '추지의 금지'를 그렇게 이해해도 좋은지는 의문이다.

양심과 사상 형성의 자유

양심과 사상 형성의 자유는 국가를 포함한 외부로부터의 부당한 간섭이나 강제를 받지 않고 개인의 내면에서 양심과 사상을 형성하고 결정을 내리는 동시에 그것을 보유하고 유지하는 자유다. 양심과 사상은 그것이 자신의 판단에 의해 이루어진 이상 그 형성의 과정이나 방법이 외부의 선전이나 선동에 의해 영향을 받았거나, 약물이나 최면술 등에 의해 형성된 경우도 보호된다. 물론 외부 영향력이 판단이나 인식의 자율성을 왜곡시킬 정도이면 양심과 사상 형성의 자유가 침해된다고 할 수 있겠지만 그 판단 역시 개인의 양심과 사상에 의할 수밖에 없다.

인권에 대한 침해는 강제를 수반한 구체적인 권력발동에 의해 생겨난다. 양심과 사상을 갖는 자유의 경우 특정한 양심이나 사상을 가짐을 이유로 하여 법적 불이익을 주면 침해가 발생한다. 한편 국가가 정부언론을 조직적으로 운영하여 특정한 사고방식을 바람직한 것으로 제시하되 이를 국민에게 강제하는 조치를 취하지 않는 경우는, 헌법 20조 2항이 정하는 국가의 종교적 중립성이 19조에는 없기 때문에 19조에도 국가의 중립성을 인정해야 하는가 라는 문제와 관련된다. 다른 선택을 기대할 수 없을 정도로 국가가 일면적으로 특정 사고방식을 강요하면 개인의 자발적인 양심과 사상의 형성을 의도적으로 방해한 것으로 양심과 사상의 자유를 침해하는 것이 된다.

양심과 사상 형성의 자유는 특히 교육현장에서 문제된다. 다양한 지식의 올바른 교육이 아니라 잘못된 지식이나 일방적인 관념을 아이들에게 강요함은 금지돼야 한다.

양심과 사상에 반하는 행위강제의 금지

양심과 사상의 자유는 외부적 행위의 영역에서도 인정된다. 따라서 양심적 병역의무도 인정된다. 최근 우리나라 하급심에서는 양심의 자유가 입영을 거부할 수 있는 병역법상의 '정당한 사유'에 해당한다고 보고 양심적 병역 거부자에게 무죄를 선고했으나,[63] 2004년 대법원은 양심의 자유가 국방의 의무에 우선할 수 없다는 이유에서 유죄를 선고했다.[64] 이는 그 전부터의 판례였다.[65]

양심과 사상의 자유는 무엇보다 국가가 침해해서는 안 되는 것을 뜻하므로 국가가 사상에 대해 중립성을 지켜야 함이 필수적이다. 따라서 국기에 대한 경례나 국가의 제창을 강제해서는 안 된다. 또한 권력이 영상이나 음향을 대규모로 이용하여 국민에게 특정한 윤리적, 도덕적 가치판단을 강제하는 조직적, 계속적인 선전도 금지되어야 한다.

또한 양심의 자유는 양심에 어긋나는 행동을 강요당하지 않는 권리를 포함한다. 따라서 기사에 의한 명예훼손의 경우, 법원이 판결로서 사죄광고를 명령하는 것은 양심의 자유에 대한 침해라고 헌법재판소는 결정했다.[66]

또 사회주의자로서의 활동을 금지하는 것은 그것이 국가안전보장에 '명백하고 현존하는 위험'을 초래하는 경우에만 인정되므로 특히 국가보안법 7조와 같이 애매한 규정으로 양심의 자유를 침해하는 것은 명백히 위헌이다.

마지막으로 양심의 자유는 그것에 의해 발생할 수 있는 다른 법적 의무와의 충돌로부터 해방되는 자유를 포함한다. 예컨대 양심에 따른 병역과 군사비의 거부, 직무명령 거부, 계약 불이행 등의 문제이다. 이에 대해 헌법재판소는 전투경찰에 대한 시위진압명령은 양심의 자유를 침해하는 것이 아니라고 결정[67]했으나 의문이다.

언론 출판의 자유

표현의 자유

양심과 사상을 가진 개인은 생각의 결과를 표현하고자 한다. 표현이란 헌법의 용어는 아니지만 일반적으로 사용된다. B규약 19조에서는 표현의 자유라는 용어를 사용한다.

이에 관한 인권으로 헌법에서는 21조에서 언론 출판 집회 결사라는 행위, 그리고 22조에서 학문과 예술의 자유를 나열한다. 그중에서 우리 사회에 언제나 문제되는 것은 주로 언론이었다. 그래서 마치 언론의 자유가 표현권의 전부인 양 생각되는 경향이 우리 사회에는 있다. 게다가 언론이란 신문 방송 등 언론업의 자유로 오해되는 경향도 있다.

언론인이라는 직업이 있으나, 학문의 자유가 학자의 자유가 아니듯이 언론의 자유도 언론인의 것이 아니다. 언론이란 문자 그대로 '말로 논하는 것'이다. 말이란 언어만을 말하는 것도 아니라 생각을 표현하는 모든 행위를 말한다. 따라서 언론 출판 집회 결사의 자유 중에서 언론의 자유가 기본이다. 왜냐하면 나머지 출판 집회 결사 등은 그 표현 형식이 특별하게 한정되는 형식이기 때문이다.

왜 표현의 자유가 인정되어야 하느냐에 대해서는 '사상의 자유시장'을 보장하기 위해서라고 하는 견해가 전통적으로 주장되어 왔다. 그러나 표현권이 보장되어도 힘의 차이가 있는 표현자 사이에 자유 시장은 있을 수 없다는 비판이 당연히 제기될 수 있다.

이처럼 정치적 인권의 성격을 강조하는 견해는 표현권이 사회통합을 위한 여론 형성의 촉진수단이고 민주적 통치 질서의 전제조건이라고 한다. 그러나 여론 형성은 표현권 행사의 결과일 뿐이지 표현이 반드시 여론을 형성하는 요소가 된다고는 볼 수 없다. 도리어 여론이라는 이름으로 정치권력이나 언론권력이 멋대로 조작하는 것에 국민의 표현권이 쉽게 동화될 우려가 있다.

또한 표현의 자유는 민주적 정치과정의 유지를 위해서 당연히 요구되는 것이나, 그 점을 과도하게 강조하는 것은 역시 문제가 있다. 이러한 주장에 의하면 언론은 공공적 이해에 관련되는 사항을 특히 중시하는 경향으로 나아갈 수 있기 때문이다.

반면 표현의 자유를 객관적인 목적이 아니라 자기실현 내지 자율의 가치를 존중하는 입장으로 보게 되면 자율을 폭넓게 이해하여 성 표현 등, 정치적 및 사회적 목적과 직접 관련 없는 표현도 널리 보호하는 결론에 이르게 된다.

표현권에서 가장 본질적인 점은 그것이 개인의 자율과 그 인격적 발전을 보장한다는 점이다. 이는 두 가지 측면에서 이해된다.

첫째, '표현하는 자'라는 능동적 입장으로서 자율적 인간이라면 당연히 스스로 '생각하고' 그것을 표현하는 것이 불가결하다는 본질적 관계에 입각한다. 따라서 표현의 자유는 핵심적으로 어떤 사상을 가지느냐는 개인이 선택할 문제라고 하는, 인간이라면 누구에게나 인정되어야 할 본원적 평등의 이념에 근거한다. 예컨대 사회주의사상을 가진다는 것은 표현의 자유의 본질이므로 어떤 이유로든 제한될 수 없다. 사상에 문제가 있다는 이유로 억압함은 인간의 본원적 평등에 위반된다. 문제가 있는 표현에 대한 적절한 대항 수단은 억압이 아니라 더욱 다양하고 자유로운 표현의 장을 널리 보장하는 것이다.

둘째, '표현을 받는 자'라는 수동적 입장으로서 자율 및 인격적 발전은 정보의 수용을 근거로 삼는다. 즉 '알 권리'는 개인의 사상과 인격의 형성과 발전에 지극히 중요하다. 따라서 정부가 사상의 자유 시장에 개입하는 것 자체가 허용될 수 없다. 개인이 스스로 그 사상을 판단해야지 정부가 미리 판단해 줄 수 없다. 이 점에서도 사회주의사상의 금지란 있을 수 없다.

헌법 21조는 언론 출판 집회 결사의 자유를 함께 규정하고 있으나, 언론 출판의 자유는 개인적 자유인 반면, 집회 결사의 자유는 개인적이고 집단적인 자유라는 점에서 서로 구별된다. 그러나 그 어느 것이나 양심과 사상 등의 정신활동의 소산을 구체화하여 외부에 표현한다고 하는 공통의 성질과 기능을 가지며, 서로 밀접하게 관련된다는 점을 주의해야 한다. 따라서 그 넷을 함께 규정하는 것도 무방하다.

그러나 현대사회에서 집회 결사의 자유는 개인이 국가권력이나 사회권력에 대항해 그 권리와 자유를 확보하기 위한 유효한 수단이라고 하는 점, 특히 결사는 NGO에서 보듯이 사회적, 공공적 담당자라는 점, 친밀한 교류를 목적으로 하는 결사와 같이 구성원의 결사 내부에서의 활동 그 자체가 개인의 자율과 존엄에 관한 가치의 실현이 되는 점 등에서 그 역할과 기능이 강화되고 있어서 이를 언론 출판의 자유와 구별함이 타당하다.

언론 출판의 자유

언론 출판의 자유는 의사형성의 자유와 의사표현의 자유 그리고 보도의 자유를 포함한다. 의사의 표현은 실명이든 익명이든 무관하다. 또 보도매체를 이용하여 자기의 입장을 밝히고 여론형성에 기여할 수 있는 액세스권도 언론 출판의 자유에 포함된다.

의사표현의 자유에서 그 표현 및 전달의 형식에는 제한이 없다.

보도의 자유에는 언론기관 설립의 자유, 편집과 보도의 자유, 취재의 자유, 언론기관 내부의 자유가 포함된다. 언론기관 설립에 대해서는 '신문 등의 자유와 기능보장에 관한 법률'과 방송법이 있다.

언론 시설 등에 대한 제한에 대해 헌법 21조 3항은 "통신 방송의 시설 기준과 시문의 기능을 보장하기 위하여 필요한 사항은 법률로 정한다"고 규정하는데 이는 언론 출판사의 무분별한 난립 등을 막는다는 이유로 1980년 헌법에 신설됐고 이는 언론 출판의 자유를 제한한 '정기간행물 등록에 관한 법률'[68]의 근거규정으로 악용됐으므로 삭제함이 옳다.

알 권리

알 권리는 정부가 가진 정보의 공개를 요구할 수 있는 권리이나, 정보공개법 7조가 규정하는 비공개대상 정보의 범위가 너무나도 광범하여 사실상 비밀보호법이 되어버려 위헌의 여지가 있다.

보도의 자유와 관련하여 '신문 등의 자유와 기능 보장에 관한 법률', 방송법, '뉴스 통신 진흥에 관한 법률' 등의 언론법이 있다.

언론 출판의 자유에 대한 제한

표현의 자유를 제한하는 하나의 기준은 '명백하고 현존하는 위험의 원리'와 '명확성의 원칙'이다. '명백하고 현존하는 위험의 원리'란 선동의 경우 범죄행위를 실행하게 하는 결의를 낳거나 그 결의를 조장하는 것만이 아니라, 선동이 행해진 구체적 상황에서 중대한 위험이 존재함을 정부가 입증한 경우에만 인정한다는 것이다. 또한 '명확성의 원칙'이란 일반인이 판단할 수 없을 정도로 법령이 막연하게 규정되어서는 안 된다는 것이다.

위 두 원칙에 입각하여 헌법재판소는 국가보안법 7조 1항 및 5항의 소정 행위가 '국가의 존립 안전을 위태롭게 하거나 자유민주적 기본질서에 위해를 줄 경우'에만 적용해야 한다고 한정합헌결정을 했다.[69] 그러나 그 위해를 준 경우라고 하는 '국가의 존립 안전을 위태롭게 하거나 자유민주적 기본질서'라고 하는 개념 자체가 너무 애매하기 때문에 문제가 있다.

표현의 자유는 사전억제를 금지하는 것을 뜻한다. 따라서 초중고교의 교과서용 도서를 국정과 검인정한 것에 한하도록 한 교육법 규정은 명백히 위헌이다. 그럼에도 이를 합헌이라고 한 헌법재판소의 결정[70]은 부당하다. 이는 1996년 영화와 음반에 대한 공영윤리위원회의 사전 심사제도를 위헌이라고 한 것[71]과 맞지 않다.

1996년 판결은 무려 6년간 계류되어 온 〈오! 꿈의 나라〉를 둘러싼 영화 사전 심의 위헌 제청 사건에 대해 "심의 기관이 허가 절차를 통해 영화 상영 여부를 종국적으로 결정하는 것은 표현물에 대한 검열을 금지한 헌법에 위배된다"고 결정하여, 예고편을 포함해 영화를 상영 전에 공륜의 심의를 받도록 하고, 심의를 받지 않은 영화의 상영을 금지하며, 필요한 부분을 삭제하고 심의필을 결정할 수 있도록 한 영화 심의제도는 효력을 상실했다. 이는 1940년 조선영화령 제정과 함께 영화에 채워진 족쇄가 56년 만에 풀린 것이었다.

헌법재판소는 우선 "의사 표현의 자유는 헌법의 언론·출판의 자유에 속하고 의사 수단의 매개체는 어떤 형태건 제한이 없다"고 하고 검열을 "행정권이 주제가 되어 사상이나 의견 등이 발표되기 이전에 예방적 조치로 그 내용을 심사, 선별하여 발표를 사전에 억제하는 제도"로 규정하면서, "검열제가 허용될 경우 국민이 예술활동의 독창성과 창의성을 침해해 정신생활에 미치는 위험이 클 뿐만 아니라 행정기관이 집권자에게 불리한 내용의 표현을 사전에 억제함으로써 지배자에게 무해한 여론만 허용되는 결과를 초래할 염려가 있기 때문에 헌법에 직접 그 금지를 규정하고 있는 것"이라고 밝혔다.

타인의 권리 등 침해문제

헌법 21조 4항은 "언론 출판이 타인의 명예나 권리 또는 공중도덕이나 사회윤리를 침해하여서는 아니된다. 언론 출판이 타인의 명예나 권리를 침해한 때에는 피해자는 이에 대한 피해의 배상을 청구할 수 있다"고 규정한다. 이 조항은 1962년에 삽입된 것인데 그 추상적인 내용으로 인해 오남용이 우려되는 점에서 삭제함이 옳다. '타인의 명예와 권리'란 대부분 법률로 구체화되는 것이고, '공중도덕이나 사회윤리'란 지극히 가변적이고 불명확한 개념이어서 언론 출판의 자유를 침해할 가능성이 크기 때문이다. 입법례로서도 외국 헌법에서는 그런 조항을 볼 수 없다. 또한 이러한 조항이 없어도 37조 2항에 의해 공익을 위한 제한은 얼마든지 가능하다.

첫째, 언론 출판이 타인의 명예나 권리를 침해해서는 안 된다는 규정은 지극히 당연한 것이나, 문제는 예컨대 정치가에 대한 비판이 명예 등을 침해했다는 이유로 금지되면 정치적, 사회적으로 중요한 문제에 대한 자유로운 논의가 펼쳐질 수 없다고 하는 점이다. 이 문제를 논의하는 헌법학자가 없으나 사실은 그 두 가지 가치의 조정이 구체적으로 가장 중요한 문제이다. 여기서 공공성이 있는 정치적 사회적 중요문제에 대한 책임 있는 언론은 명예 등을 이유로 제약될 수 없다고 보아야 한다. 형법 310조도 '진실한 사실로서 오로지 공공의 이익에 관한 때'에 명예훼손죄의 위법성을 조각시키고 있다.

둘째, '공중도덕이나 사회윤리'와 관련되어 형법 243조의 음란문서에 관한 책임, 정기간행물법상의 책임, 국가보안법 7조의 책임 등이 문제된다. 음란문서에 대해 그것이 구체적인 위해의 방지 차원이 아니라 '공중도덕이나 사회윤리'를 이유로 한 것이라면 위헌의 문제가 있다.

음란

표현의 자유는 음란 또는 외설과도 관련된다. 몇 가지 사례를 들어보자. 1992년 연세대 교수 마광수는 〈즐거운 사라〉라는 소설로 인해 긴급 구속됐다. 현직 교수에 대한 긴급 구속도 이해하기 어려운 일이었지만 그에 대한 보석신청을 법원이 "국가적 사안이므로 국가정책을 약화시킬 우려가 있어 기각"한 것은 더욱 더 이해하기 어려운 일이었다. 이어 1995년에는 소설가 장정일이 〈네게 거짓말을 해봐〉라는 소설로 법정 구속됐다. 이를 영화화한 장선우 감독의 〈거짓말〉도 문제됐다. 마광수와 장정일은 각각 1995년, 2000년에 대법원에 의해 유죄판결을 받았다. 반면 장선우는 2001년 검찰에 의해 무혐의 결정을 받았다. 1995년에는 연극 〈미란다〉의 연출자는 여배우의 알몸 연기를 이유로 구속됐다. 1998년에는 이현세가 만화 〈천국의 신화〉의 음란성을 이유로 기소돼 1심에서 유죄판결을 받았으나 2심에서는 무죄를 선고받고 2003년 대법원에 의해 무죄판결을 받았다. 그 판결은 2002년 헌법재판소가 처벌근거인 미성년자보호법상의 "음란성 또는 잔인성을 조장할 우려가 있거나 미성년자에게 범죄충동을 일으킬 수 있게 하는 만화"라는 표현이 "지나치게 모호하여 죄형법정주의에 위반"이라고 결정해 그 효력이 상실된 결과에 불과했다.

대법원은 음란한 문서를 "일반 보통인의 성욕을 자극하여 성적 흥분을 유발하고 정상적인 성적 수치심을 해하여 성적 도의관념에 반하는 것"이라고 한다.[72] 그러나 그 개념은 대단히 모호하고 주관적인 판단에 불과하다.

외국의 음란 판례

음란에 대한 영국 최초의 판례인 1868년 영국의 '레지나 대 히클린'에서 확립된 히클린 테스트Hicklin Test라고 하는 기준은 "외설 혐의를 받은 내용의 취지가 그러한 부도덕한 영향에 그 정신이 노출되어 있고 또는 이런 류의 출판물을 입수할 수 있는 사람들을 타락시키고 부패시키느냐의 여부"였다. 이 기준은 문학을 도덕적 타당성으로만 판단하게 하고, 작품의 예술성을 도외시하고서 전후 문맥에 관계없이 따로 뽑아낸 특정 구절만으로 외설 판결을 내릴 수 있도록 했다는 점에서 비판되었으나 그 후 50년간 유럽과 미국에서 그대로 통용되었다.

50년이 지난 1917년, 미국에서 문학 작품은 전체적으로 이해되어야 한다는 판결이 나와 최초의 수정이 가해졌다. 그러나 그 후 4년 뒤인 1921년에도 조이스의 『율리시즈』는 외설로 판단되어 소각 처분되었고 1933년에는 재판을 받았다. '미국 대 율리시즈' 사건을 담당한 뉴욕 지방법원의 재판관은 한 달 동안 그 책을 읽고 외설혐의가 없다는 장문의 판결문을 읽어 내렸다. 그는 외설을 "성적 충동을 일으키거나 성적으로 불결하고 음탕한 생각을 하게끔 하는 것"이라고 정의하고 『율리시즈』에는 그런 부분이 없다고 말했다.

이 판결로 검열 문제는 매우 진보적으로 바뀌었다. 판결 자체도 더욱 진보하여 1957년 대법원은 "전체적으로 파악된 대상물의 전반적인 주제가 현행 규범에 비추어볼 때 보통 사람들에게 음탕한 흥미를 일으키게 하느냐의 여부"라는 기준을 채택했다. 그 기준에 의해 오랫동안 판금당한 D. H. 로렌스의 『채털리 부인의 사랑 Lady Chatterley's Lover』[73]이 1959년, 헨리 밀러의 『북회귀선 Tropic of Cancer』[74]이 1964년에 각각 해금되었다.

그러나 외설적 출판물의 범람으로 1960년대 대법원은 다소 후퇴하기 시작했고 마침내 1973년 〈밀러 대 캘리포니아 주 Miller vs. California〉 사건에서 "전체적으로 보아 지나치게 노골적으로 성행위를 묘사하여 성에 대한 음란한 흥미를 일으키고, 또 전체적으로 보아 상당한 정도의 문학적, 예술적, 과학적 가치가 없는 경우"를 외설로 규정했다.

영화 〈래리 플린트The People vs. Larry Flynt〉(1996년)는 〈허슬러〉라는 포르노 잡지를 간행한 플린트를 둘러싼 표현의 자유에 관한 재판의 이야기이다. 플린트는 "살인은 불법이다. 그러나 살인을 찍은 사진을 뉴스위크에 실으면 퓰리처상을 받는다. 섹스는 합법이지만 그걸 사진으로 찍어 잡지에 실으면 감옥에 간다. 어떤 게 더 유해한가?" "난 미국의 3등 시민이다. 내 권리가 보호받으면 다른 여러분의 권리는 자연히 보호받는 것이다." "내 죄는 나쁜 취향을 지닌 것밖에 없다."고 주장했다.

움베르토 에코는 포르노의 특징은 지저분하다는 것이 아니라 지겹다는 데 있다고 말했다. 누구나 공감하는 이야기이지만 포르노의 문제는 그런 지저분함이나 지겨움에 그치지 않는다. 1980년대에 와서 '포르노에 반대하는 여성들Women Against Porno'라는 단체가 "포르노는 섹스를 다루는 게 아니라 여성을 향한 폭력을 다루기 때문에 위험하다"고 주장하고 포르노에 대한 규제를 요구했다. 그리고 헌법상의 표현의 자유는 그것이 정치적으로 사회구성원 다수의 동의를 얻지 못하는 경우에는 보장될 수 없다고 주장했다.

그러나 자유주의자들은 포르노 통제가 제도화되면 차후 그것이 정치적 검열의 구실로 악용될 수 있음을 우려하여 그 통제에 반대하면서 위 단체가 '정치적인 표현'의 성격을 규정할 권리를 정부에 넘겨주었다고 비난했다. 게다가 위 단체는 여성, 아내, 어머니의 전통적 역할을 강조하는 신보수주의와 관련된다고도 비판받았다.

그런데 1990년대에 와서 동성애자를 중심으로 음란외설에 관한 법적 규제가 동성애를 억압할 가능성이 있다는 이유에서, 그리고 페미니스트들이 포르노가 여성의 욕망을 솔직하게 보여준다는 점에서 포르노 규제에 반대하고 나섰다. 나아가 성적 억압과 금기에 도전한다는 적극적인 기능이 포르노에 인정되기 시작했다.

전쟁 선전 등의 금지

B규약 20조에는 전쟁 선전 등의 금지 규정이 있으나 우리 헌법에는 없다. 규약의 내용은 "전쟁을 위한 어떤 선전도 법률에 의하여 금지된다. 차별, 정의 또는 폭력의 선동이 될 민족적, 인종적 또는 종교적 증오의 고취는 법률에 의하여 금지된다"는 것이다. 이는 앞에서 설명한 평화적 인권과도 관련된다.

이명박 정권과 표현권

이명박 정권과 표현 인권의 대립을 보여주는 더욱 심각한 사례는 2008년 말의 미네르바 구속이다. 10여 년 전 IMF 사태를 정부는 물론 학계도 전혀 예상하지 못해 국민들이 죽을 고생을 했던 탓으로, 10년 후 다시 닥친 제2의 IMF 같은 사태에 대해서는 '인터넷 경제대통령' 미네르바 덕분에 예상이라도 할 수 있어 천만다행이라고 생각했더니 그가 긴급체포 구속됐다. 제 집에서 조용히 글이나 쓰는 그를, 도주나 증거인멸 우려에 영장 발부시간이 없을 정도로 긴급하다고 긴급체포를 하고 구속한 것은 도대체 무엇 때문인가? 민주사법의 원칙인 불구속 수사를 해서는 안 될 사유가 어디 있는가? 도저히 이해할 수 없는 무리한 절차보다 더 심각한 문제는 소위 허위사실유포죄, 즉 거짓말죄라는 내용이다.

미네르바에 적용된 법조항은 전기통신기본법 제47조의 1항 "공익을 해할 목적으로 전기통신설비에 의하여 공연히 허위의 통신을 한 자는 5년 이하의 징역 또는 5천만원 이하의 벌금에 처한다"는 것이다. 이 조항은 1983년 전두환 정부 시절에 만들어졌다. 당시의 '전기통신설비'란 전화였다. '사적 통신'을 목적으로 하는 전화를 통해 '공익을 해할 목적으로', '공연히' 허위의 통신을 할 수 있다는 것이나, 이를 적발한다는 것이 있을 수 없는 것이어서 이 법조항은 그동안 사문화됐다. 이 조항은 1980년 광주민주화운동이 발생한 직후, 폭력으로 진압한 군사독재 정부가 사람들이 광주민주화항쟁의 진실을 전화로 전파하는 것을 통제하고자 만든 것이었다.

이처럼 자유민주주의 국가에서 허위사실 유포로 처벌하는 국가는 우리나라뿐이다. 즉 거짓말했다고 긴급체포해 감옥살이까지 시키는 나라는 이 세상에 대한민국뿐이다. 그것도 유신시대의 저 악명 높은 '유언비어죄'를 계승해 5공 때 만든 악법이 이제와 위력을 발휘하고 있으니 전전대통령이 25년 만에 처음으로 감격했을지 모른다. 물론 그처럼 25만 원밖에 재산이 없다는 거짓말을 하는 것이 아니라 공익을 해치는 경우라고 하지만 이야말로 이현령비현령 아닌가?

그러나 문제는, 정말 중요한 문제는 미네르바가 그들처럼 거짓말을 하지 않았다는 사실이다. 도리어 그가 말한 것처럼 대기업에 달러를 팔라고 강요한 대통령을 비롯해 정부는 환율조작에 깊이 개입했다. 즉 정부는 미네르바가 했다고 덮어씌운 거짓말과 똑같은 짓을 했다. 미네르바와 달리 정부가 거짓말을 한 것이다. 그런 거짓말로 국민을 속이고 심지어 잡아가두기까지 하는 정부야말로 거짓말죄로 긴급체포해야 할 범인이다.

정부가 공익 침해라고 주장하는 것, 즉 미네르바가 경제를 망쳤다고 주장하는 것은 뻔하고 뻔뻔한 거짓말이다. 경제를 망친 것은 도리어 정부다. '인터넷 경제대통령'이 아니라 '경제대통령'이 경제를 망쳤다. 경제위기인데도 외환위기인데도 절대 아니라고 악을 쓰다가 며칠 안 돼 벌써 위기를 넘겼다는 둥, 도대체 앞뒤가 맞지 않는 헛소리만 쏟아내며 국민을 혼란의 극단에 몰아넣은 정부가 경제를 망친 것이지 미네르바의 글 탓이 아니다. 도리어 그의 글은 정부가 경제를 망치고 있으니 국민에게 조심하라고 경고한 것에 불과했다. 그처럼 정부의 경제 실책을 예측한 뒤, 그의 말처럼 경제가 정말 나빠진 경우, 경제를 망친 허위사실 유포자라고 그를 구속한다면, 이제 대한민국에서 누가 경제에 대해 글을 쓰겠는가? 점쟁이들도 불길한 점괘를 본 경우 절대로 발설해서는 안 된다. 또다시 IMF 사태 같은 것이 터질 것 같아도 어떤 말도 해서는 안 된다. 정부가 하는 말만 무조건 옳다고 해야 한다. 그렇지 않으면 누구든 거짓말죄로 잡혀가지 않는가?

그런데 정부는 그런 거짓말죄도 모자라니 사이버모욕죄까지 신설하자고 야단이고, 미네르바 구속을 기화로 더욱더 법석을 떨고 있다. 그러나 의견과 감정의 표현으로 상대방을 모욕했다고 처벌하는 나라 역시 세상에 한국뿐이다(일본과 독일에 법은 있지만 예전에 사문화됐다). 한술 더 떠서 사이버모욕죄는 더욱더 쉽고도 무겁게 처벌하자는 것이다. 고소가 있어야 하는 모욕죄와 달리 고소 없이도 처벌할 수 있게 해 더욱 많은 미네르바 희생자를 만들 수 있고, 그 전에 모두 두려워서 인터넷에 글을 올리지 않게 될 것이다. 외국에서는 정부가 국민에게 모욕을 당해도 아무 말도 할 수 없지만, 지난해 농림부장관이 MBC PD수첩을 명예훼손으로 고소한 것처럼 대한민국에서는 모욕이나 명예훼손 고소가 정부의 특권처럼 됐다. 게다가 대한민국에서는 진실을 밝히는 경우에도 명예훼손으로 처벌된다. 이처럼 허위가 아닌 진실 표현까지 처벌하는 나라도 세상에 대한민국뿐이다. 일본에도 그런 법이 있지만 유명무실하고, 명예훼손은 민사로 문제될 뿐이지만 한국에서는 대부분 형사처벌된다. 특히 권력자가 검경찰을 동원해 비판자를 제압하기 위해 남용해 왔다. 권력이 비판적 국민에 대해 명예훼손이나 모욕 등을 이유로 형사는 물론 민사책임도 물어서는 안 된다는 것이 민주주의의 원칙인데 대한민국에서는 거꾸로 허위사실유포죄에 사이버모욕죄 등으로 국민을 정부에 대한 적대세력으로 본다. 인터넷에 글을 실으려면 본인확인정보를 등록해야 하는 유일한 나라가 한국인 것도 인터넷에 글을 올리는 행위 자체를 범죄 혐의가 있는 것으로 보기 때문이다. 그럼에도 정부가 다시 인터넷 실명제를 확대하여 포털 사업자에 대한 처벌을 강화하려는 것이나, 국정원이 인터넷 메신저 내용과 전자우편 등을 감청하여 사이버 통제력을 강화하려는 것도 표현의 자유를 더욱 철저히 완벽하게 규제하기 위한 법만능주의, 권력만능주의, 국가만능주의, 권위만능주의의 전형이다.

그렇게 국민의 입을 완전히 막고, 마스크 시위까지 처벌하고, 재벌 언론의 독점을 허용하며, 4대강을 파괴하면 과연 다음 선거에서 압승하고, 마침내 영원무궁토록 집권할 수 있을 것인가?

미네르바 문제만이 아니라 2008년을 뒤흔든 온라인 민주주의에 대한 이명박 정권의 대응은 '정보통신망 이용촉진 및 정보보호 등에 관한 법률'(이하 망법이라고 함)의 활용이었다. 이에 따라 방송통신위원회는 해당 게시물에 대해 삭제 여부를 심의했고, 포털을 통해 게시물과 링크를 삭제토록 조치했으며, 인터넷 실명제를 이용해 게시물 작성자를 촛불시위 등의 배후세력이라는 명분으로 검찰에 고발했다. 망법은 3단계로 인터넷을 통제한다. 첫째 방송통신위원회의 직접적 규제, 둘째 정보통신서비스제공자(ISP, 이하 ISP라고 함)의 자기 검열 강제, 셋째 정보통신서비스이용자(이하 이용자라고 함)에 대한 직접적인 심리적 압박책인 익명성 박탈조치이다. 이러한 인터넷에 대한 3중 통제는 세계적으로 유례가 없는 가장 강력한 법이다. 특히 둘째와 셋째는 대한민국에만 있다. 외국에는 위헌을 이유로 도저히 상상조차 할 수 없는 조치이기 때문이다. 게다가 한국에서는 '명예훼손'이나 '업무방해'와 같은 지극히 추상적인 기준으로 권력에 비판적인 표현물을 억제한다.

첫째와 관련되어 외국에서는 사후심의라고 해도 '검열'에 해당된다는 이유로 금지되고, 오로지 지상파 방송처럼 희소가치가 있는 경우에만, 또는 아동포르노나 음란물 퇴치를 위해서만 행정심의가 허용되는 것과는 너무나 다르다. 즉 외국에서는 '무규제'에서 '최소규제'나 '적정규제' 정도인 것에 비해 우리나라에서는 너무나

극심한 과잉규제를 하고 있고, 행정기관의 심의에 의해 헌법상 보장된 표현의 자유가 침해된다는 점이다. 특히 셋째와 관련되는 익명성 박탈문제는 익명성의 역기능을 문제 삼은 것이지만 익명성에는 순기능도 있다는 점을 무시할 수 없다. 미국 연방대법원의 판례가 주장하듯이 익명성이란 다수의 폭력으로부터의 보호막이자 헌법적 보호대상이다. 그러나 한국에서는 익명성이 보장되지 않는다.

이런 현실에서 한나라당이 정보통신망법 개정안에 사이버모욕죄를 도입하여 쉽고도 무겁게 처벌하고(형법상 모욕죄는 친고죄인 것을 제3자가 고소해도 처벌하게 개정) 인터넷 실명제를 확대하여 포털사업자에 대한 처벌을 강화하려는 것은 표현의 자유를 더욱더 제한하려는 것이다.

표현의 자유와 한계

'미네르바'라는 필명의 인터넷 논객이 온라인상에 허위사실을 퍼뜨렸다는 혐의로 구속된 지 100여 일 만에 법원의 무죄 판결로 자유를 되찾았다. 법원은 무죄로 보는 이유를 "구체적 표현방식에서 과장되거나 정제되지 않은 서술이 있다 하더라도 전적으로 '허위의 사실'이라고 인식하면서 글을 게재했다고 보기 어렵고 '공익을 해할 목적'이 있었던 것으로 보기 어렵기" 때문이라고 했다. 이에 대해 검찰은 재판부가 증거 선택을 잘못 해서 사실관계를 오인한 만큼 즉시 항소하겠다고 했다. 이처럼 재판은 아직 끝나지 않았지만 어느 주간지에서 "미네르바 무죄는 검찰의 승리"라고 했듯이 독방에서 보낸 100여 일은 그 논객에게 이미 엄청난 형벌이었으며 인터넷에 함부로 글을 올리다가는 큰코다친다는 권력의 메시지는 국민에게 충분히 전달됐다. 즉 표현의 자유란 한국에서 아직도 사치라고 보는 권력의 의도는 충분히 반영됐다는 것이다. 법원과 검찰의 입장을 표현의 자유에 대한 논의의 대립으로 보기는 어렵지만 그러한 대립이 있는 것은 분명히 사실이고, 미네르바 재판이 그 대립의 일단을 보여줌도 사실이다. 이를 소재로 삼아 표현의 자유와 한계에 대한 검토를 해보고자 한다.

표현의 자유를 아무리 강조한다고 해도 그것이 어떤 한계도 없는 절대적 권리라고 주장하는 것은 우리 헌법 해석상 맞지 않다. 문제는 그 한계의 근거와 형식 문제다. 이에 대해서는 종래 명확성의 원칙, 우월적 지위 이론, 이익형량의 이론, 명백하고 현존하는 위험 원칙, 유형별 판단원칙 등 여러 주장이 제기되어 왔다. 그중, 명확성의 원칙은 불분명한 법률조항으로 표현의 자유를 제한할 수 없고, 해당 법률조항의 내용이 막연하다면 무효라고 보는 것이다. '미네르바'의 경우 적용된 법조항인 전기통신기본법 제47조의 1항은 "공익을 해할 목적으로 전기통신설비에 의하여 공연히 허위의 통신을 한 자는 5년 이하의 징역 또는 5천만원 이하의 벌금에 처한다"는 것이다. 이 조항은 1983년, 광주민주화운동이 발생한 직후, 그 운동을 폭력으로 진압한 군사독재 정부가 사람들이 광주민주화항쟁을 전화로 전파하는 것을 통제하고자 만들어졌다. 당시의 '전기통신설비'란 전화였다. '사적 통신'을 목적으로 하는 전화를 통해 '공익을 해할 목적으로', '공연히' 허위의 통신을 할 수 있다는 것이나, 이를 적발한다는 것이 있을 수 없는 일이어서 이 법조항은 그동안 사문화됐다. 자유민주주의 국가에서 허위사실 유포로 처벌하는 국가는 우리나라뿐이고 그것도 유신시대의 악명 높은 '유언비어죄'를 계승해 5공 때 만든 악법이 이제와 비로소 위력을 발휘하고 있는 것이지만, 문제는 해당 법률조항이 불분명하고 막연하여 명확성의 원칙에 반한다는 점이다.

명확성 원칙 외에 우월적 지위 이론, 이익형량의 이론, 유형별 판단원칙 등은 일반이론으로 '미네르바' 사안에 적용할 수 없다고 해도, 표현의 자유 제한에 대한 가장 고전적인 이론인 명백하고 현존하는 위험 원칙에 비추어 살펴볼 점이 없지 않다.

'미네르바'는 2008년 3월부터 2009년 1월 구속되기 전까지 아고라에 280여 편의 글을 올렸으나, 그중 문제된 것은 단 2편이었다. 즉 2008년 7월 "정부가 환전 업무를 8월 1일부로 중단하게 됐다"는 것과, 12월 "정부가 주요 7대 금융기관 및 수출입 관련 주요 기업에 달러 매수를 금지하라는 내용의 긴급공문을 보냈다"는 것이었다. 그러나 7월의 글은 미네르바가 유명하기 전에 쓴 글이어서 검찰이 강조한 "허위사실을 유포해 공익을 해한 효과"가 거의 없었고, 12월의 글도 정부가 공문이 아니라 전화로 달러 매수금지를 요청한 사실이 있었으며, 당사자가 곧바로 사과한 뒤 글을 삭제했다. 그럼에도 '미네르바'를 기소한 검찰은 다른 어느 나라에서는 불법이기커녕 표현의 자유로 인정되는 불매운동을 비롯하여 표현의 자유를 억압하는 기소를 남용하고 있다. 불매운동 사안은 '명백하고 현존하는 위험 원칙'을 가장 잘 보여주고 있다.

여기서 말하는 불매운동은 촛불시위 과정에서 벌어진 광고중단 운동, 즉 광고주에게 광고행위를 근거로 불매의사를 밝히는 전화를 거는 것이 위법한 2차 불매운동에 해당한다는 이유에서 2008년 8월, 관련자들이 구속된 것을 말한다. 그 뒤 검찰은 2차 불매운동이 아니라 항의전화를 조직적이고 집중적으로 하여 업무방해를 했기 때문이라고 주장했으나, 구속된 누리꾼 2명은 광고주들에게 항의전화를 한 것이 아니라 광고주들의 리스트를 다음 카페나 구글에 게재하고 누리꾼들에게 항의전화를 독려하는 글을 올린 것에 불과했다. 구속자들은 특정인들에게 돈이나 지위를 이용하여 항의전화를 하도록 유인하지도 않았고 '광고주들에게 광고를 철회하지 않으면 그 회사 제품을 구매하지 않겠다고 전화로 통보하는 행위'의 타당성을 '주장'하였을 뿐이었다. 광고주 목록은 광고가 실린 일간신문들에 공개된 것인데 이것을 인터넷에 다시 게재한 것이 범죄라면 그 광고를 몇십 만부씩 찍어 광고주들의 이름과 연락처를 전 국민에게 통보하는 일간신문 스스로도 범죄를 저지르고 있는 것으로 보지 않을 수 없다.

이러한 행위는 우리 헌법 제124조의 소비자보호운동에 해당하는 것으로서 문제가 될 수 없고, 또 '명백하고 현존하는 위험'이라는 현행 헌법의 표현의 자유 원칙 아래 처벌은 불가하다. 표현의 자유 보호기준으로 널리 받아들여지는 기준인 '명백하고 현존하는 위험'의 원칙은 미국 연방대법원이 1차 세계대전 때 징집 불복을 선동하는 전단을 배포한 것에 대해 실제로 대규모 징집거부 사태가 발생할 명백하고 현존하는 위험이 있어야만 선동행위 처벌이 헌법적으로 가능하다고 판시한 데서 온 것이다. 이 원칙은 특정 행위가 타당하다는 '주장'과 그 행위의 '교사'를 구별하고 '즉각적인 위법행위의 교사'에 대한 처벌만이 헌법상 가능하다는 원칙으로 발전했다. 그러나 광고중단 운동의 경우 그러한 '명백하고 현존하는 위험'이 전혀 없다.

특히 인터넷은 그 특성상 경직된 법적용보다는 유연한 자율규제를, 국가통제보다는 국가 비개입을 우선할 필요가 있다.

집회와 결사의 자유

집회의 자유

매스컴의 발달에 의해 표현의 송신자와 수신자가 분열된 현대에는 시민 스스로 표현활동의 주체가 되는 것이 대단히 중요하다. 일반 시민이 자신의 주장을 널리 전하는 수단으로서는 가두연설, 전단지 살포, 옥외광고 외에 참가자를 모아 행하는 집회나 시위가 있다.

집회란 다수인이 일정한 장소에서 공동목적을 가지고 회합하는 일시적 결합체를 말한다. 대법원은 다수인이란 3인 이상을 말하고, 집회에는 시위도 포함된다고 보았다.[75] 이를 구체적으로 규정하는 '집회 및 시위에 관한 법률'에는 사전신고의무(6, 7조), 야간집회 및 시위와 교통소통에 방해가 되는 집회 및 시위의 금지(10, 12조), 옥외집회의 시간과 장소의 제한(10-11조), 집회 시위 장소의 경찰관의 자유로운 출입(17조) 등 명백히 위헌인 규정들이 포함되어 있으나 헌법재판소는 합헌으로 보고 있어서 문제다.[76] 또한 도로교통법상의 집단행동 규제도 위헌이다.

집회와 시위에 대한 또 하나의 중요한 문제는 그것을 행할 장소가 필요하다는 점과 관련된다. 현대사회에서 소속이 없는 토지나 건물은 없으므로 어디에서 집회나 시위를 해도 토지 및 건물의 관리권과 충돌한다는 문제가 발생하기 마련이다. 집단행동은 그 메시지를 유효하게 전하기 위해 사람이 많이 다니는 도로나 공원을 사용하지 않을 수 없고 집단행동이 도로의 원활한 교통을 방해하거나 휴식을 위한 공원을 방해하는 정도는 커지고 있다. 따라서 장소의 본래의 이용을 방해하는 것을 이유로 하여 표현활동이 금지되거나 일정한 견해를 표명하는 표현활동에 대해 차별적으로 인정하는 사례가 빈번하게 발생한다. 표현활동을 위한 장소와 시설의 사용허가를 관리자의 자의에 맡긴다면 시민의 자유로운 표현활동은 그 실질적인 행사의 조건을 상실하게 된다. 따라서 도로나 공원과 같은 공공장소에 대한 규제는 철저히 제한돼야 한다.

결사의 자유

결사의 자유에는 결사의 목적과 관계없이 모든 결사가 인정된다. 따라서 정당, 종교적 결사, 예술단체, 노동조합, 정당, 회사도 결사의 자유의 보장대상이나 정당은 헌법 8조, 종교적 결사는 헌법 20조, 예술단체는 헌법 22조, 노동조합은 헌법 33조에 의해 가중된 보호를 받는다. 그러나 결사의 자유가 갖는 표현의 자유라는 측면에 비추어 그 표현목적이나 정신활동에 한정하여, 오로지 경제적 실현을 목적으로 하는 경제적 결사(회사)는 영업의 자유나 재산권의 보장대상으로 보고 결사의 자유 보장대상에서 제외함이 옳다. 이는 특히 표현목적이나 정신활동에 한정된 결사의 경우 그것에 대한 정책적 제약은 있을 수 없으나, 경제적 결사의 경우에는 정책적 제약이 있을 수 있다고 하는 점에서 구별된다.

결사의 자유에는 개인의 경우, 적극적 자유와 소극적 자유가 있다. 적극적 결사의 자유란 개인이 단체를 결성하고, 단체에 가입하며, 단체의 구성원으로 활동하는 것에 대해 공권력에 의한 간섭을 받지 않는 것을 말한다. 그리고 소극적 결사의 자유란 개인이 단체를 결성하지 않고 단체에의 가입을 강제당하지 않으며 단체로부터 탈퇴하는 것에 대해 공권력에 의한 간섭을 받지 않는 것을 말한다. 또한 결사의 자유에는 단체의 경우, 단체가 단체로서의 의사를 형성하고 그 실현을 위해 활동하는 것에 대해 공권력에 의한 간섭을 받지 않는 것도 포함된다.

적극적 자유의 문제로서는 '사회단체의 신고에 관한 법률'과 국가보안법이 관련된다. '사회단체의 신고에 관한 법률'은 결사의 신고제와 신고증 교부제에 의해 결사권을 제한하는 위헌 법률로 1997년 폐지되었다. 한편 국가보안법은 '반국가단체'를 처벌한다. 북한을 제외한 반국가단체에 대한 처벌은 결사권과 모순된다. 한국은 국제인권규약의 비준 시 결사의 자유를 유보했으나 헌법상 문제는 여전히 남아 있다. 독일에도 이런 류의 결사금지법이 있다. 그러나 그 금지의 형량이 1년 이하에 그친다는 점에서 한국의 국가보안법과는 비교가 안 된다. 게다가 그 사례는 대부분 신나치적 결사를 대상으로 한 것들이다.

또한 소극적 결사의 자유와 관련된 문제로서는 공법상의 결사강제가 있다. 이에 따른 직업단체의 강제설립 및 가입은 그 직업이 고도의 전문기술성과 공공성을 유지하기 위한 조치로서 필요하고, 그 단체의 목적 및 활동범위가 직업종사자의 직업윤리 확보와 사무의 개선 및 진보를 도모하는 것에 엄격하게 한정된 경우에만 인정돼야 한다. 그리고 구성원이 별도로 직업단체를 설립하고 가입하는 것은 결사의 자유에 의해 당연히 인정되어야 한다.

또한 결사의 자유에 의해 단체가 구성된 경우, 단체가 모든 구성원이 지지하지 않는 정치적, 사상적인 주의, 주장을 표명하거나 정당에 정치헌금을 하는 때, 그 단체는 구성원의 소극적 결사권을 침해하는 것이 되므로 그러한 주장이나 헌금은 그것에 찬동하는 구성원에 의한 서명이나 기부에 근거해서 행해져야지 다수결로 결정할 문제가 아니다.

정당과 선거법

헌법 8조는 정당 설립의 자유와 복수정당제를 보장하고 정당의 요건과 보호를 규정한다. 이는 헌법 1장 '총강'에 규정되나 헌법체계상 결사권의 하나로 설명함이 타당하다. 정당은 그 목적과 활동이 민주적 기본질서에 위배되어서는 안 된다(헌법 8조 4항).

선거법은 국회의원 선거에 있어서, 지역선거구에서 5명 이상의 당선자를 냈거나 유효투표 총수의 5% 이상을 득표한 정당에게만 전국구 의석배분에 참여하게 하고 있다. 이를 기회균등에 어긋나지 않는다고 보는 견해가 있으나, 이는 선거에 참여하는 정당의 권리를 부당하게 제한하는 것이므로 위헌이다.

노동단체권

노동단체권과 노동단체법

우리 헌법에서 노동단체권은 33조에 규정된다. 자유권과 사회권이라는 인권 구분에서 사회권에 속하는 것이었기 때문이다. 그러나 이는 연혁적인 이유에 불과하고 우리 헌법에서는 1948년 헌법에서부터 자유권과 사회권이 함께 규정된 차원에서는 특별히 구분할 의미가 없다. 도리어 B규약 22조와 같이 결사의 자유의 하나로 규정함이 논리적이다. 물론 A규약에서는 8조로 다시 규정하고 있다.

A, B 규약과 우리 헌법의 내용상 가장 큰 차이점은 전자는 공무원의 노동단체권을 군대와 경찰및 국가행정부의 구성원에 대해서만 제한한다는 점이다. 여기서 국가행정부 구성원이라 함은 members of the administration of the State의 번역인데, 공식번역에는 '행정관리'로 돼 있으나 이는 잘못이다. 이에 대해 ILO 151호 조약에서는 공무원 중에서 "그 임무가 정책결정이나 관리에 관련돼 있다고 생각되는 높은 지위에 있는 사람 또는 그 의무가 고도로 기밀적 성격을 갖는 사람"으로 돼 있음을 주의해야 한다.

헌법 33조의 노동단체권은 단결권, 단체교섭권, 단체행동권으로 구성된다. 이를 흔히 노동3권 또는 노동기본권이라고 하나 그렇게 부르면 헌법 32조의 노동권과 구별하기가 쉽지 않다.

단결이란 결사와 같은 말이다. 즉 단결권이란 노동자의 결사권을 뜻한다. 이를 헌법 21조의 결사의 자유와 구별하여 단결권이라고 한 것에는 특별한 법적 이유가 없다. 이 단결체를 '노동조합 및 노동관계조정법'(이하 노동조합법이라고 함)에서는 노동조합이라고 한다. 그런데 노동조합법에서는 노동조합의 설립요건을 엄격히 규정하여 그것이 헌법 33조의 단결권 규정과 일치하느냐에 대해 의문이 있다. 따라서 노동조합이 아닌 헌법상의 단결체가 있을 수 있다.

단결체는 타인(단체 포함)과 교섭을 할 수 있다. 다른 타인과도 당연히 교섭할 수 있으나 사용자와 교섭함이 가장 중요하다. 그것을 헌법상 특별히 단체교섭이라고 한다. 그리고 단결체는 사용자와의 교섭이 결렬되면 그와의 관계를 단절할 수 있다. 그러한 단절은 단결체를 구성하는 노동자에게는 퇴직을 의미하게 된다. 그러나 고용으로 생존해야 하는 노동자에게 단절은 있을 수 없다. 따라서 사용자와 단절해도 생존으로서의 고용은 계속 보장받을 필요가 있다. 즉 단절을 이유로 근로자가 해고되어 생존을 위협당해서는 안 된다. 여기서 인권으로서의 단체행동권이 특별히 보장된다.

헌법이 정한 인권 가운데 노동단체권만큼 특수한 것이 없다. 여기서 특수하다는 것은 인권 가운데 특정 국민을 대상으로 한 인권이 이것밖에 없는데도, 즉 노동자밖에 없는데도, 그래서 헌법은 노동자의 인권을 특별히 보장한 것인데도, 인권처럼 제한받고 금지되는 것이 없는 것도 한국의 특수성이다.

노동단체권의 주체는 노동자이다. 노동자란 임금에 의해 생활하는 자이다. 그는 경우에 따라 실업을 당할 수도 있지만 그 경우에도 노동자임에는 틀림이 없다. 따라서 실업자를 노동조합의 조직 대상에서 제외해서는 안 된다. 이를 위배하는 노동조합법은 명백히 위헌이다.

문제가 된 사립학교 교사도 당연히 노동자이다. 따라서 사립학교 교사의 노동단체권을 금지한 종래의 사립학교법은 명백히 위헌이었고, 이를 합헌이라고 한 헌법재판소[77]도 명백히 위헌이었다. 지금은 사립학교 교원과 공무원인 공립학교 교원도 '교원의 노동조합 설립 및 운영 등에 관한 법률'에 의해 노동조합을 만들 수 있다. 그러나 단체행동권은 금지돼(8조) 문제다.

교원 외의 다른 공무원도 당연히 노동자이다. 헌법 33조 2항이 "공무원인 근로자는"이라고 규정한 것도 바로 그런 취지이다. 그런데 동항은 이어 "법률이 정하는 자에 한하여" 노동단체권을 가진다고 규정한다.

국가공무원법과 지방공무원법은 그런 공무원을 '단순 노무 종사자'로 규정하는데 그 수는 극히 적다. 따라서 대부분의 공무원은 노동단체권을 금지당하고 있다. 대부분의 공무원에 대한 노동단체권의 금지가 합헌인가에 대해 헌법재판소는 입법형성권의 범위를 벗어난 것이 아니고 평등권에도 위반하지 않아 합헌이라고 하나[78] 부당하다. 여하튼 2004년 '공무원의 노동조합 설립 및 운영 등에 관한 법률'이 제정되었으나 여전히 문제가 많다. 또 헌법재판소가 공무원도 아닌 공단의 단체교섭권을 제한하는 것을 합헌이라고 해서[79] 문제다.

여기서 우리는 정치적 다원주의를 고려할 필요가 있다. 공무원도 민주사회의 이익집단 중 하나이고 다른 이익집단과 똑같이 행위한다. 따라서 공무원의 노동단체권을 입법으로 제약함은 이익집단의 경쟁 속에서 특정 이익집단의 무기만을 불공정하게 박탈하는 것이 된다. 공무원을 '국민 전체에 대한 봉사자'(헌법 7조 1항)라고 함은 정치적 결정에서 그런 것이지 공무원의 생활에 관한 것이 아니다.

물론 공무원이 이익단체로서 기능하는 경우 국민생활에 중대한 영향을 미치는 서비스를 '인질'로 삼아 정치과정에 영향력을 행사하고자 하는 경우에는 공정한 경쟁조건을 회복시키기 위해 어느 정도 제약이 불가피해진다. 이는 노동단체권의 행사에서 순수한 정치파업이 헌법 33조의 보호대상이 될 수 없는 것과 같은 논리이다. 사실 공무가 무엇인지에 대한 구분도 민영화가 지속됨에 따라 불분명해지고 있다. 국제인권규약를 비롯한 국제인권법 차원에서 예외가 인정되는 경우는 군대와 경찰에 대해서 뿐이나, 공무원 노동조합법은 공무원의 범위를 6급 이하로 한정하고 있다(6조). 또한 공무원의 정치행위와 단체행동권은 금지되어(4, 11조) 문제가 있다. 나아가 헌법 33조 3항은 주요 방위산업체에 종사하는 노동자의 단체행동을 금지해서 문제다.

반면 ILO는 군인과 경찰에 대해 단체교섭권을 인정하지 않는 경우에도 이는 엄격하게 적용돼야 하고, '국가의 명의로 권한 행사를 하는' 공무원에게는 단체행동권이 제한될 수 있지만 그 제한을 받는 공무원의 범위는 가능한 한 명백하고 좁게 정의돼야 한다고 본다. 캐나다, 프랑스, 노르웨이, 스웨덴, 이탈리아 등에서는 공무원의 단체행동권이 인정된다.

노동단체권의 제한

한국의 노동단체법에는 노동단체권을 제한하는 많은 규정이 있다. 종래의 3자개입금지규정은 헌법재판소에 의해 합헌으로 판단됐으나[80] 지금은 완화됐을 뿐 문제는 여전히 남아 있다. 또 기업 차원에서 복수노조를 인정하지 않은 것, 노동조합 전임자의 임금지급 금지, 실업자가 노동조합에 가입하지 못하게 한 것 등은 단결권 침해다.

또 직권중재규정(노동조합법 62조 3호)도 2006년 폐지됐으나 그 전에는 단체행동권을 제한하는 것이었다. 그럼에도 헌법재판소는 합헌이라고 했다.[81] 또 단체행동을 형법상 업무방해죄로 처벌하는 것도 합헌이라고 보았으나[82] 이는 ILO에 의해 시정이 요구된 바 있다. 그 밖에도 단체행동과 관련된 제한 규정이 많다.

종교의 자유와 정교분리

1973년 경남의 모 여고에서 국기에 대한 경례를 거부한 학생들을 제적했다. 제적당한 학생들은 국기에 대한 경례의 강요가 우상숭배를 거부하는 자신들의 종교적 신념에 위배돼 종교의 자유를 침해당했다고 주장했다. 그러나 1, 2심은 물론 대법원도 이를 부정했다. 대법원은 그 제적처분이 종교적 신념을 대상으로 삼은 것이 아니라, "나라의 상징인 국기의 존엄성에 대한 경례를 우상 숭배로 단정하고 그 경례를 거부한 원고들의 행위 자체를 처분 대상으로 삼은 것이므로" 종교의 자유가 침해됐다고 볼 수 없다고 했다. 즉 '내면적 신앙'을 침해한 것이 아니라 '외적 활동'을 처벌한 것이기에 정당하다고 본 것이었다. 그리고 종교의 자유도 학칙 내에서 인정된다고 보았다.[83] 반면 미국에서는 1943년부터 국기에 대한 경례와 충성선서를 강제하는 법은 위헌이라고 선언했다.

위 두 가지 사례를 어떻게 볼 것인가? 먼저 헌법을 살펴보고 판단해보자. 헌법 20조는 종교의 자유를 보장하고 정교분리의 원칙을 규정한다. 종교가 무엇이냐에 대해서는 여러 가지 논의가 있으나 가능한 한 넓게 해석함이 옳다. 특히 정통이냐 이단이냐 하는 것은 해당 종교 내부의 교리 문제일 뿐이므로 정통이든 이단이든 사회나 개인에게 해악을 끼치지 않는 이상 모두 종교로 인정해야 한다.

종교의 자유는 내심의 신앙만이 아니라 종교적 행위를 할 자유, 같은 신앙을 갖는 자가 모여 종교적 행위를 하는 자유도 포함한다. 내심의 신앙에는 어떤 제한도 있을 수 없다. 종교적 행위의 자유에는 신앙고백의 자유, 종교적 의식과 집회의 자유, 종교의 전파와 교육의 자유, 종교적 결사의 자유 등이 포함된다.

종교적 행위의 자유에 범인은닉행위가 포함되는가에 대해서는 그것이 진지한 종교적 신념에서 행한 것이라면 범인은닉죄에 해당되지 않는다고 보아야 한다.[84]

종교 전파의 자유에는 다른 종교를 비판하거나 부정하는 행위도 포함되고 다른 종교를 믿는 사람을 설득하거나 교육하여 개종시키는 행위의 자유도 포함된다.[85] 그러나 종교전파의 행위가 타인의 평온한 삶이나 사회질서를 침해하는 경우에는 제한된다.[86]

종교교육을 위해 사립학교를 설립하여 자발적으로 입학한 학생을 상대로 특정 종교를 교육함은 인정된다.[87] 그러나 사립학교라고 해도 강제로 배정되어 입학한 경우에 특정 종교를 교육함은 학생의 종교의 자유, 사상과 양심의 자유, 사생활의 자유를 침해하는 것이 된다. 종교학교에 입학하는 것을 원하지 않는 학생을 종교학교에 강제로 배정함도 마찬가지다. 그 경우 부모가 원했다고 해도 마찬가지다.

종교적 결사의 자유에는 종교단체나 종교법인을 결성하고 설립하거나 해체하는 자유, 개인이 그러한 종교단체나 종교법인에 참가 또는 가입하거나 탈퇴하는 것을 강제당하지 않는 자유, 종교단체에 가입했다는 이유로 차별 등의 불이익을 받지 않는 것, 종교단체의 내부의사의 결정 및 그 의사에 근거한 활동에 대해 원칙적으로 공권력의 규제를 받지 않는 것도 포함된다.

헌법 20조 2항의 정교분리 규정의 성격에 대해 제도적 보장으로 볼 것인가 아닌가에 대한 논쟁이 있으나 이는 그다지 의미가 없다. 문제는 국가와 정교의 결부가 어떤 경우에 어느 정도까지 인정되는가 하는 것이다.

이상 헌법 조항에 의하면 위 대법원 판례에는 문제가 많다고 보지 않을 수 없다.

4 정신적 인권과 법

학문과 예술의 자유

우리 헌법은 22조에서 학문과 예술의 자유를 보장한다. 이는 앞에서도 말했듯이 양심과 표현의 자유의 특수한 측면이다. 학문의 자유에는 연구의 자유, 학술활동의 자유(교수의 자유, 연구결과발표의 자유, 학술적 집회와 결사의 자유), 대학의 자유(인사의 자치, 관리와 재정의 자치, 학사의 자치)가 포함된다.

헌법 22조는 학문연구인 진리탐구와 발표의 자유를 국가가 보장해야 한다는 것을 중요한 내용으로 함에도 현행법에서는 형법이나 국가보안법 등을 이유로 연구의 자유를 제한하는 것을 합헌이라고 보는 경향[88]이 있으나 이는 앞에서도 설명했듯이 문제다. 이는 헌법 19조와 21조의 일반적 정신적 자유에 의해서도 이미 보장되는 것이다. 연구가 내심에 그치는 경우에도 헌법 19조에 의해 절대적 자유로써 보장돼야 하고, 외부적 행위로써 연구결과를 발표하는 경우에도 21조에 의한 것과 같은 한계에 복종해야 한다. 따라서 22조는 주로 연구교육기관, 특히 대학의 문제가 된다. 그리고 그 내용은 연구교육의 본래 업무의 수행에 대해 대학의 설치자 및 관리권자로부터 지휘감독을 받지 않고 행할 자유, 그리고 징계나 해고권으로부터의 자유가 중요한 쟁점이 된다.

이와 관련하여 최근 자연과학의 첨단영역에서 연구자 내면의 활동에 그치지 않고 실험이나 임상 등을 통해 외부에 작용을 미치고, 나아가 인간과 자연에 대한 불가역적인 파괴적 작용을 초래할 위험이 있는 행위에 대해 이를 연구의 자유라는 성역에 둘 수 없고,

형벌을 포함한 규제가 필요하다는 인식이 높아지고 있다. 가령 원자력기술, 유전자공학, 생식의료와 장기이식 등의 경우다.

이러한 영역에서는 순수한 지식과 외부조작인 기술이 밀접하게 연관된다. 이는 대학을 비롯한 연구교육기관의 연구자만이 아니라 민간 기업이나 전적으로 개인적인 입장의 연구자도 당사자가 될 수 있는 문제이다. 따라서 그 규제주체에는 연구교육기관만이 아니라 일반적 주체인 국가도 포함된다. 여기서 연구자의 윤리적 자기규제를 바랄 수 없는 위험성 높은 영역에서는 연구교육기관이나 전문학회의 가이드라인에 근거한 규제, 또는 필요최소한으로 국가법 및 국제법에 의한 규제가 필요하게 된다. 그 경우 연구의 자유에 대항해야 할 헌법적 가치(개인의 존엄과 가치, 생명의 권리, 자기결정, 사생활의 자유 등)를 명확하게 하고 개별적 규제방식을 형평적으로 정해야 한다.

또 하나의 문제는 최근 교원 신분보장의 불안정화의 문제다. 즉 종래 대학교원은 종신고용이 원칙이었으나, 최근에는 임기를 정한 계약제가 일반화되어 있음이 헌법 22조에 위반하는 것이 아니냐 하는 의문을 낳고 있다. 이러한 계약제는 단기집중형의 프로젝트 등에 엄격하게 제한할 필요가 있고 그 외의 경우에는 임기제를 재임가능이나 임기가 없는 종신임용으로 연결할 수 있도록 하고, 그 재임이나 종신부여의 심사도 합리적인 룰에 따라야 한다.

또 하나의 문제는 교수의 자유가 대학에서만 보장되고 초중고교 교사에게는 인정되지 않는가 하는 문제가 있다. 헌법재판소는 이를 긍정하고 있으나[89] 찬성할 수 없다.

예술의 자유에도 예술창작의 자유, 예술표현의 자유, 예술적 집회 및 결사의 자유가 포함된다. 특히 창작의 자유와 관련되어 발생하는 음란의 문제에 대해서는 앞에서 설명했다.

교육권

교육을 받을 인권

교육은 인간의 성장과 발달 과정에 불가결한 것이다. 학습의 요구를 충족하기 위한 우수한 교육이 있어야 독립한 인격으로, 인간으로서의 존엄과 가치를 갖는 인간으로 성장하고 발달할 수 있기 때문이다. 이러한 교육은 삶의 모든 시기에 필요하다. 따라서 생명이나 건강과 함께 가장 본원적인 인권이다.

현행 헌법은 자유권으로 인식된 사법적 인권, 정신적 인권, 경제적 인권, 정치적 인권에 이어 사회권으로 분류된 인권들의 첫 조항으로 31조에 교육권을 두고 있다. 그러나 교육권에는 그런 의미의 사회권만이 아니라 자유권의 요소가 함께 포함되어 있을 뿐만 아니라 자유권 중에서도 정신적 인권의 요소가 강하다. 즉 아동의 인간적 성장과 발달의 권리인 학습권이라는 점이 그 본질이다. 따라서 나는 이 책에서 교육권을 정신적 인권의 하나로 둔다.

헌법 31조 1항에서 모든 국민이 교육을 받을 인권이 보장된다. 즉 "모든 국민은 능력에 따라 균등하게 교육을 받을 권리를 가진다." 헌법에서는 그 교육의 목표에 대해 규정하지 않으나 A규약 13조는 "교육이 인격과 인격의 존엄성에 대한 의식이 완전히 발전되는 방향으로 나아가야 하며, 교육이 인권과 기본적 자유를 더욱 존중하여야 한다", "교육에 의해 모든 사람이 자유사회에 효율적으로 참여하며, 민족 간에 있어서나 모든 인종적, 종족적 또는 종교적 집단 간에 있어서 이해, 관용 및 친선을 증진시키고, 평화유지를 위한 국제연합의 활동을 증진시킬 수 있도록 하는 것"이라고 규정한다. 즉 교육의 목표가 인권과 참여 및 평화라는 기본원리를 규정한 것이다.

'교육을 받을 권리'를 교육권이라고 할 때 그 주체는 모든 국민이다. 평생교육이 강조되는 최근에는 국민이 태어나서 죽을 때까지 주체가 되겠지만, 그래도 여전히 학생으로 교육을 받는 시기가 가장 중요하다. 따라서 교육권의 주체는 일반적으로 학생인 국민이자, 청소년인 국민이다.

교육권은 먼저 자유권적 성격을 갖는다. 이는 어떤 방해도 받지 않고 교육을 받을 자유(교육시설에 접근하는 자유), 합리적인 이유 없이 정학이나 퇴학을 당하지 않을 자유, 취학이나 출석을 거부할 수 있는 자유, 전체주의 교육 등 현저히 부적합한 내용의 교육을 받지 않을 자유 등을 포함한다. 교육권의 자유권적 성격에 부모나 교사 및 국가의 '교육의 자유'도 포함되는가? 교육권과 교육의 자유가 밀접하게 관련됨은 분명하지만, 교육의 자유를 교육권에 당연히 포함된 것이라고 볼 수는 없고, 부모의 교육권이나 교사의 교육권은 다른 헌법 조항(헌법 10조의 행복추구권, 헌법 22조의 학문의 자유, 헌법 36조의 가족권, 헌법 37조 1항 등)을 근거한 자유권으로 봄이 타당하다.[90] 그러나 국가의 교육권은 인정될 수 없다.

이는 교육의 내용과 방법에 대해 부모나 교사와 같은 국민이 결정권을 갖는가, 아니면 국가가 교육의 내용과 방법에 대해 개입할 수 있는가의 문제다. 즉 국민의 교육권이냐 국가의 교육권이냐 하는 문제인데 헌법상 국가의 교육권은 인정될 수 없다고 보아야 교육권의 자유권적 성격의 이해와 일치한다.

이는 교육권을 사회권적 성격도 갖는 것으로 연결된다. 즉 교육조건의 정비와 충실을 국가에 요구할 수 있는 권리이다. 이는 국가의 권한이 교육조건의 정비와 충실에 한정돼야 함을 뜻한다. 이를 소위 프로그램으로 보는 견해가 일반적[91]이나 원래는 구체적 권리로 보아야 한다. 그렇게 보아야 헌법 31조 3항의 무상의무교육 조항이 국가의 조건정비 의무의 내용을 헌법상 명시한 것으로 이해할 수 있다. 교육권을 프로그램으로 본다면 헌법에 무상교육조항을 둘 수 없다.

교육의 기회균등

헌법은 위에서 보았듯이 "모든 국민은 능력에 따라 균등하게 교육을 받을 권리를 가진다"고 규정한다. 즉 교육권은 평등(균등)해야 하지만 '능력'에 따라 균등하게 교육을 받을 권리를 가진다. 그런데 그 '능력'이라는 것을, 어떤 시점에서 시험 등의 방법으로 측정된 능력의 정도를 선천적이고 고정적인 것으로 보아 능력을 충분히 개화하고 발달시키는 것을 배제하는 것이어서는 안 된다. 따라서 심신장애아의 장애 정도가 심할수록 더욱더 두터운 권리보장이 요구된다.

반면 그 '능력'을 이유로 하여 의무교육단계로부터 능력별 학급 편성이나 지도를 합리화해서는 안 된다. 헌법은 교육이 개인의 존엄과 가치에 입각하는 것이고, 모든 아동의 성장과 발달의 권리가 균등하게 보장돼야 함을 규범적으로 요청하는 것이기 때문이다. 능력별 교육이란 능력 판단의 자의성, 그리고 능력에 따른 교육의 기술적 곤란으로 인해 아동의 선별과 서열화를 강요하는 결과를 초래한다. 따라서 그런 교육은 적어도 의무교육단계에서는 허용될 수 없다고 봄이 헌법해석에 맞다.

또 '능력'이란 말은 국민, 특히 학생 각자의 정신적·육체적 능력을 말하는 것이지, 부모가 갖는 재산 등의 능력을 뜻하지 않는다. 따라서 가정적이거나 경제적인 사정 등을 이유로 한 차별은 금지된다. 그러나 현실에서는 부모의 능력이 청소년의 정신적·육체적 능력을 형성하는 데 매우 중요하고, 사실 부모의 능력에 의해 자녀의 교육 수준도 결정되어 균등하게 교육을 받을 권리가 침해되고 있다는 점을 누구나 알고 있다. 그래서 소위 일류 대학에는 입학을 위한 과외수업 등과 같은 경제적 뒷받침이 없는 한 입학하기 힘든 현실이다.

이러한 현실이 옳지 않다는 것도 누구나 알고 있다. 그렇다면 그것을 고칠 수 있는 방법은 무엇인가? 과외수업을 근절하기 위한 여러 방안이 그래서 나온다. 또한 유럽에서 대학까지 무상으로 하는 것처럼 우리도 그런 제도를 채택할 필요가 있고, 그것이 현실적으로 불가능하다고 해도 경제적 이유로 교육 받지 못하는 것을 막기 위해 여러 가지 장학제도를 강구할 필요가 있다.

그러나 헌법 31조 2, 3항에서는 '적어도 초등교육과 법률이 정하는 교육'인 '의무교육은 무상으로 한다'고 하여 교육권을 최저한으로 보장하는 것에 그치고 있다. 게다가 현재 초등학교와 중학교 교육이 의무교육으로 되어 있지만, 중학교 교육의 경우 완전한 무상교육이 아니다. 이를 위헌으로 볼 수도 있겠으나, 헌법재판소는 위헌이 아니라고 하여[92] 문제이다. 앞으로는 당연히 중학교 교육도 완전 무상이 되어야 한다. 또 A규약이 규정하듯이 고등학교나 대학교도 점진적인 무상으로 나아가야 한다.

이처럼 헌법에서는 평등이 '능력'에 따른다고 규정하나, 헌법에 따라 제정된 교육에 대한 기본법인 교육기본법에서는 '능력과 적성에 따라' 교육을 받을 권리를 규정하고 있다(제3조). 그러나 이 '능력과 적성'은 의무교육에는 해당되지 않기 때문에, 의무교육은 '능력과 적성'에 관계없이 모든 국민에게 허용되어야 한다.

이처럼 의무교육은 누구나 받는 것이지만, 그 이상은 입학시험을 쳐서 합격자만 입학하도록 되어 있다. 이에 대해 헌법에서 정한 평등권(제11조)에 어긋나는 것이 아닌가 라는 의문을 가질 수 있다. 그러나 헌법에서 말하는 평등이란 절대적 평등이 아니라 상대적 평등을 말하는 것이고, 앞에서 보았듯이 교육은 개인의 '능력과 적성'에 의하는 것이라고 헌법과 교육기본법에서 명시하고 있으므로 상대적 평등의 원칙에 어긋난다고 할 수 없다.

무상급식은 인권이다

이명박 대통령은 최근 무상급식을 사회주의적인 것이라고 하며 반대했다. 차기의 유력한 여권 대권후보라는 경기도지사도 마찬가지였다. 한때 노동운동을 했다는 그는 지난 교육감 선거 때 김상곤 후보의 무상급식 주장을 저급한 포퓰리즘이라고 비난했고 김상곤 경기도교육감의 취임 후에도 무상급식에 줄기차게 반대해 왔다. 교육과학기술부도 계속 반대해 왔고 서울시 연간예산 20조 원 중에 무상교육 예산은 단 1원도 없다. 대구 울산 인천에도 한 푼도 없다. 그런데 그런 주장과 정책에 의하면 의무교육도, 교과서 무상지급도 사회주의적인 것이 된다. 사회주의라고 본 무상급식 주장자들이나 서울 대구 울산 인천과 달리 200억 원대의 무상급식예산을 두고 있는 다른 지역자치단체장이나 교육감도 사회주의자가 된다. 그런데 서울시장 선거에 나선 여당 의원을 비롯한 몇몇 의원들은 단계적으로 무상급식을 확대하겠다고 주장한다.

이명박 정권은 세종시를 사회주의적인 것이라고 비판하며 바꾸어야 한다고 하지는 않았으나 무상급식에 대해서는 불과 며칠 전만 해도 사회주의적인 것이라고 반대했다가 이제는 180도 바꾸어 선거공약으로 삼고 있으니 참으로 가관이다. 하기야 이것도 이명박 정권의 신념도 내용도 실체도 없는 천박한 실용주의를 비롯한 얄팍한 기회주의 정책에서 나온 것이니 더 이상 따져볼 것도 없다. 선거에 득이 된다면 사회주의고 뭐고 그들에게는 관계없는 것이다. 그들은 국민들도 그렇다고 믿기에 그런 식으로 태도를 멋대로 바꾸는 것 같다.

그러나 이는 우리 헌법이 보장하는 무상교육의 내용을 수업료 무상으로 볼 것인가 무상급식을 포함한 취학필수비용의 무상으로 볼 것인가의 문제를 색깔론으로 부당하게 변질시킨 것에 불과하다. 수업료만을 무상으로 보는 견해는 현행 교육기본법에서 그렇게 정했다는 것을 근거로 할 뿐 이를 명시하지 않은 헌법의 해석에 반드시 합당한 것이라고 볼 수 없다. 헌법에서 정한 무상교육의 내용은 얼마든지 그 내용이 확대될 수 있는 것이고 취학에 필요한 비용을 어느 정도로 인정할 것인가 하는 문제는 정책의 문제에 불과하다. 따라서 무상교육을 수업료 무상으로 보는 견해도 수업료 무상은 최소한의 것에 불과하므로 무상의 범위를 더욱 확대하는 것이 바람직하고 특히 수업료 외의 비용 때문에 교육권이 침해되는 경우에는 위헌으로 본다.

현재 유상급식으로 인해 급식을 받지 못하는 아동이 생기고 있고 이로 인해 의무교육의 문제점이 드러나고 있는 현실에서 무상급식을 정책적으로 확대하는 것은 헌법에 당연히 합치되는 것이어서 위헌이 아님은 물론 특히 사회주의적인 것이라고는 도저히 볼 수 없다. 그러니 이명박 대통령 등이 무상급식을 마치 북한에서나 하는 나쁜 짓이라고 보아 사회주의적인 것이라고 반대함은 헌법에 따른 정책적 의무를 게을리한 의무 위반일 뿐 아니라 이를 색깔론으로 합리화하는 것은 무식하고 위험한 생각의 소치에 불과하다.

대통령이 그렇게도 좋아하는 자본주의 원조인 미국 영국 일본에서도 공립학교는 무상급식을 하고 사립학교에서만 수익자 부담을 병행하되 상당수 무상이나 감면 혜택을 받아 사실 무상급식에 가깝다. 최근 가장 이상적인 교육을 실시한다고 국제적인 평가를 받고 있는 핀란드나 스웨덴에서는 의무교육 차원에서 완전한 무상급식을 실시한 지 오래다. 반면 우리 헌법은 그 어느 나라 헌법보다도 의무교육을 무상으로 명시하니 무상급식이 헌법에 맞다. 그런 헌법 규정을 두고 있지 않은 미국에서도 50%에 이르는 무상급식비율이 우리나라는 16%에 불과해 우리 헌법의 존재를 무색하게 한다. 16%라는 것도 서울을 비롯한 대도시가 아닌 지방에서 무상급식을 실시한 탓이다. 지방에서는 지방 농산물의 소비를 통한 농업진흥이라는 정책과 무상급식이 맞물려 있다.

그러나 이제는 인권의 차원에서 무상급식을 당연한 것으로 보아야 한다. 대통령이 이를 부정하며 거론한 북유럽은 영미 일본과 다르지 않다. 그러니 북유럽이 사회주의적이라면 영미도 사회주의라고 해야 한다. 그렇게 친하다는 오바마 대통령에게 전화를 걸어 사회주의적인 무상급식을 해서는 안 된다고 충고해야 할지도 모른다. 그런 대통령에게는 대부분 사회주의자들로 보일 G20의 지도자들도 신성한 순수교조 토건재벌 자본주의 나라인 대한민국에 불러서는 안 될지도 모른다.

교육의 내용

헌법 31조 4항은 "교육의 자주성, 전문성, 정치적 중립성 및 대학의 자율성은 법률이 정하는 바에 의하여 보장된다"고 규정하고 있다. 교육의 인권 문제에서 핵심은 헌법 31조 4항이 규정하는 교육의 '자주성·전문성·정치적 중립성'에 있다고 해도 과언이 아니다. 이는 대학의 '자율성'과 구분되어 있으나, '자주성'과 '자율성'의 차이는 불분명하다. 여하튼 교육의 '자주성' '자율성'이란 교육의 '자유'와 '자치'를 말한다.

즉 '자주성' '자율성'이란, 앞에서 말한 학생들의 '능력과 적성'에 가장 알맞은 교육을 부여할 수 있도록, 자녀가 다닐 학교를 선택하고, 학교 이외의 교육시설에서도 배우는 자유를 부모에게 인정하며, 학생 스스로도 그런 자유를 행사하는 것을 뜻한다. 나아가 교육을 하는 학교와 교사가 어떤 간섭도 받지 않고 '교육의 자주성, 전문성, 정치적 중립성'을 확보하는 것을 말한다.

학부모의 학교선택권과 관련하여 그것을 제한하는 학구제가 위헌이 아닌가 라는 의문을 가질 수 있다. 그러나 헌법재판소가 판단하듯이 이는 과열된 입시경쟁으로 인한 부작용을 방지하기 위한 것으로서 학교선택권의 본질적 내용을 침해하거나 과도하게 제한한 것이라고 볼 수는 없다.[93] 내신제[94]나 학생생활기록부[95]도 헌법재판소의 판단과 같이 위헌으로 볼 수는 없다.

여기서 특히 교육을 담당하는 교원의 권리가 헌법 31조 4항의 '교육의 자주성, 전문성, 정치적 중립성'와 관련된다. 구체적으로 그것은 교육 과정의 편성권, 교재의 채택과 선정권, 교육방법의 결정권, 평가권, 징계권 등을 포함한다. 그 모든 권리는 교사에게 있다.

그러나 '자주성'은 학생, 학부모, 학교, 특히 교사의 절대적인 '자주성'을 말하는 것은 아니고, 헌법상 "법률이 정하는 바에 의하여 보장된다". 즉 주권자인 국민에게 적절한 지식과 판단력을 익히게 할 필요가 있으므로, 국가로서도 아이들에게 가르칠 교육 내용의 최소한을 결정하고 그 내용을 '법률'로 정한다는 것이다.

그런데 아이들의 '능력과 적성'이 다르고, 성장이나 발육 그리고, 흥미의 대상도 서로 다르므로 학년에 따른 교육의 도달목표는 최소한에 그쳐야 하고, 그야말로 '능력과 적성에 따라' 교육을 하도록 법률로 정해야 한다. 따라서 교육의 내용이나 방법을 획일적으로 정하는 것은 교육의 '자주성'을 해치는 것이 된다.

국가가 획일적으로 교육 내용을 정하는 국정 교과서 제도는 교육의 '자주성'에 어긋나는 것인데도 헌법재판소는 이를 합헌이라고 보아 문제이다.[96] 외국에서는 국정 교과서란 존재하지 않고 다양한 교과서를 학교에서 선택하도록 하고 있다. 즉 외국에서는 초중고교나 대학에서의 교육 방법이 기본적으로 서로 다르지 않다. 우리도 그렇게 바뀌어야 한다.

반면 우리나라에서는 보통 대학의 '교수의 자유'와 대학 미만 학교의 '교육의 자유'가 다르다고 보는 경향이 있다. 이는 대학의 학문과 그 이하 학교에서 가르치는 지식이 다르다는 전제에서 출발한다. 그러나 이러한 주장은 '학문'을 '지식'보다도 높은 가치에 둔 허구에 불과하다고 할 수 있다. 설령 초등교육이라고 해도 교사가 공권력에 의해 특정한 의견만을 가르치는 것이 강제될 수 없고, 특히 사제간의 직접적인 인격적 접촉을 통하여 그 개성에 적합한 교육을 해야 한다는 본질적 요청에 비추어 교사에게도 교육의 자유 재량이 충분히 인정되어야 한다.

물론 초등학교 학생에게는 강의 내용을 비판하는 능력이 없고 교사의 영향력이 강하며 아동이 학교나 교사를 선택할 여지가 없기 때문에 초등학교 교사에게 완전한 강의의 자유가 있다고 할 수는 없을지 모르나, 중고등학교의 경우라면 그 정도는 더욱 높아질 수 있다. 따라서 교사의 교육의 자유는 어떤 학교에서든 가능한 한 충분히 인정되어야 한다. 교사의 교육을 비판하는 능력이 점차 높아지는 중고등학교에서는 교사와 학생의 사이에서 교육 내용이 검토될 수 있어야 한다. 이를 국가가 규제해서는 안 된다.

여하튼 헌법 31조 1항에 근거하여 국가에 대해 교육제도를 충실하게 하여 적절한 교육을 받을 수 있도록 정비할 의무가 부과된다. 그래서 헌법 31조 5항은 "국가는 평생교육을 진흥해야 한다"고 한 뒤 동 6항은 "학교 교육 및 평생교육을 포함한 교육 제도와 그 운용, 교육 재정 및 교원의 지위에 관한 기본적인 사항은 법률로 정한다"고 규정하고 있다. 그 법률이 앞에서 말한 교육기본법을 위시한 것들로서 이를 교육법이라고 부른다.

학생의 인권과 의무

학생도 헌법에서 말하는 국민이고 당연히 헌법에 정한 모든 기본적 인권의 주체이므로, 사생활의 자유나 양심의 자유를 당연히 갖는다. 그러나 선거권이나 피선거권처럼 나이의 제한이 있는 경우에는 그 나이에 이르기까지 인권 행사는 유예된다. 헌법에서 정한 여러 인권 중에서도 위에서 말한 제31조의 교육권이 가장 중요한 학생의 인권임은 물론이고, 여기에는 학교 교육과정에 대한 학생의 자유 선택권이나 학생 자치 활동권도 당연히 포함된다. 그리고 학생의 의무도 있다. 즉 학생에게는 학칙 준수, 교원의 교육과 연구방해의 금지, 학내 질서의 유지 등의 의무가 있다.

그러한 의무를 위반하면 징계가 가해진다. 가령 중·고교 학생들의 어떤 서클이 교내에서 집회를 했는데 그것이 학칙에 위반된다는 이유로 어떤 처분을 받는 경우이다. 대학에서도 이런 문제는 생기지만, 특히 중·고교에서는 여러 가지 이유로 학칙 위반이라는 사태가 발생하고 있다. 가령 두발과 복장 또는 종교와 관련되어서도 발생하고 있다.

이에 대해서 서클활동이 장래의 사회생활을 학습하는 기회로 교육적 의미를 갖는 것이니 그것을 이유로 한 징계처분은 부당하다고 주장할 수도 있고, 따라서 그런 학칙 규정은 부당하므로 없애야 한다고 주장할 수도 있다. 반면 서클활동은 공부를 해야 하는 학생에게는 부적당하고, 학칙 규정은 부적당한 활동을 규제하여 학교생활의 질서를 세우기 위해 필요하다고 주장할 수도 있다.

또한 학칙은 교장을 위시한 학교 당국에서 자의적으로 만든 것이니 그 성립에서부터 부당하고, 학생들에게 적용되는 학칙은 학생들이 뽑은 대표인 학생회에서 만들어야 하며, 그래야 학생들을 자발적으로 복종하게 하는 규범성과 강제력을 갖게 된다는 주장도 있을 수 있다. 반면 학칙은 국민의 대표인 국회가 만든 교육기본법 등에 근거하여 제정되는 것이므로 법으로서 정당하다는 주장도 있을 수 있다.

이러한 여러 주장의 옳고 그름을 따지기란 쉽지 않다. 그래서 일기 쓰기 강요의 사례에서 보았듯이, 모든 법의 근본인 인권을 중심으로 논의할 필요가 있다. 우선 헌법은 집회의 자유를 언론·출판·결사의 자유와 함께 보장한다(21조)는 점을 생각해보자. 그렇다면 위 학칙은 설령 교육기본법에 의해 제정되었다고 해도 그 상위법인 헌법에 위반되는 것이 된다. 교육기본법에 의해 제정된 초·중등교육법에도 "학생의 자치활동은 장려·보호"된다고 규정한다(17조).

그런데 같은 조항에 "그 조직 및 운영에 관한 기본적인 사항은 학칙으로 정한다"고 되어 있다(17조). 학칙에서 자치활동을 사전 허가제로 규정하는 것이 보통인데, 학칙 자체가 위법한 것이 되는 것인가? 이에 대해 일본의 재판에서는 학교의 교육적 필요성과 관리의 목적성에 비추어 학교가 학칙을 정하는 자체는 학교의 재량권에 속한다고 보았다. 반면 학칙 위반을 이유로 하여 퇴학 처분을 내리는 것에 대해서는 적법하다고 본 사례도 있지만 대체로 과도한 것이라는 이유에서 위법하다고 본 사례가 많다. 우리나라 법원에서는 아직 이에 대한 판단이 없으나, 종래의 경향을 보면 대체로 일본과 유사한 방향으로 갈 것으로 짐작된다.

여기서 우리는 일본에서도 헌법에 집회의 자유가 규정되어 있는데, 왜 학칙의 사전 허가제가 그 헌법에 위반된다고 판단하지 않고, 이를 허용하는 학칙의 제정권이 학교측에 있음을 인정하는지 의문을 가질 수 있다. 그러나 이에 대해서는 교육이란 학생의 심신을 전면적으로 발달하게 하기 위해 학생과 교사와 학부모가 자율적으로 꾸려야 하는 것이므로 법이 거기에 가능한 한 개입하지 않는 것이 옳고, 질서는 자치적으로 규제됨이 옳다고 볼 수도 있다.

반면 아무리 자치적으로 규정한다고 해도 헌법의 원칙에 어긋나서는 안 되는 것이 아니냐 하는 반론도 있을 수 있다. 이에 대해 헌법은 국가와 개인 사이의 관계를 규제하는 것이지 개인과 개인 사이의 관계를 규제하는 것이 아니라는 반론도 있을 수 있다. 이러한 반론은 끝없이 이어질 수 있다.

여하튼 우리 교육기본법에서는 "학생은 학교의 규칙을 준수하여야 하고 … 학내의 질서를 문란하게 하여서는 안 된다"고 규정하고 있다(12조 3항). 그것이 옳다는 점에서 대해서는 누구도 이의를 제기할 수 없다. 그런데 여기에 그 학칙을 어떻게 만드는 것인가에 대한 규정은 없으므로 학교의 자치에 맡겨져 있다고 볼 수 있다.

여기서 문제는 그 자치를 어떻게 할 것인가 하는 문제가 되는데, 우리나라에서는 대체로 학교측에서 학칙 제정권을 비롯한 자치의 결정권을 가지고 있다. 대부분의 민주주의 나라에서는 학교 구성원 전원이 참여하여 학칙을 제정하나, 우리나라에서는 반드시 그렇지 않아 문제이다. 물론 우리나라에도 최근 학생회에서 두발 규제 등의 기준을 결정하게 하는 학교가 조금씩 생기고는 있다. 문제는 앞으로 학생들이 그러한 학칙 제정에 대한 참여권을 가질 필요가 있다고 하는 점이다.

헌법은 그 밖에도 많은 인권을 보장한다. 가령 헌법은 행복추구권, 신체의 자유, 표현의 자유를 보장하므로 두발이나 복장에 대해 규제하는 학칙은 헌법의 인권 보장에 위반하는 것이 될 수도 있다(10조, 21조). 또한 종교의 자유를 헌법이 보장하므로(20조) 특정한 종교를 학생에게 강요하는 것도 헌법 위반이 될 수도 있다. 이에 대해 국기에 대한 경례를 우상숭배라 하여 거부한 학칙위반 학생에 대한 제적 처분은 정당하다고 한 판례가 있으나[97] 역시 의문이다.

학생 체벌, 왕따, 학교사고

청소년에게 학교는 항상 즐거운 곳이 아니다. 학교에 가고 싶지 않은 아이들도 있고, 가고 싶어도 갈 수 없는 아이들도 있다. 학교에서 교사에게 맞아본 적이 없는가? 친구들에게 왕따를 당해 본 적이 없는가? 학교에서 사고를 당한 적이 없는가? 이러한 것들은 학생의 인권에 대한 침해가 아닌가?

학교측에는 교육상 필요한 경우 징계를 할 수 있으나, 그 방법의 하나인 체벌이 가능한가에 대해서는 여전히 논쟁 중이다. 이른바 스승이 사랑으로 드는 매로서 교육에 필요하다는 주장도 있고, 그렇다고 해도 감정적으로 행해지기 쉽고 그것도 일종의 폭력이니 금지되어야 한다는 주장도 있다.

외국에서는 대부분 체벌을 법으로 금지하지만, 우리나라에는 아직 그런 법이 없다. 물론 체벌에 의해 부상을 입거나 사망하는 경우, 학생과 부모가 민법의 불법행위책임(750조)이나, 국공립학교인 경우 국가의 배상책임, 또는 재학계약상의 안전배려의무 위반을 이유로 하여 교사와 학교측(국가, 지방공공단체, 학교법인)을 상대로 손해배상을 청구할 수 있고, 특히 사망에 이른 경우에는 교사가 형법상의 실형에 처해질 수도 있다.

체벌처럼 신체적 가해는 아니지만 정신적 가해로서 왕따라는 것이 있다. 왕따는 그 원인이 여러 가지 이유로 설명되지만 학생의 다양성과 개성을 존중하지 않는 학교교육 자체에서 비롯된다고 보는 견해도 있다. 여하튼 왕따에 의한 피해의 경우에도 그 가해자의 보호자나 학교측의 관리책임을 묻는 재판이 가능히다.

최근 학교사고도 증가하고 있다. 수업 중이나 과외활동에서도 사고는 일어나고, 특히 학교급식을 원인으로 한 식중독이 심각하게 문제되고 있다. 교사는 학생을 안전하게 보호하고 교육할 의무를 지기 때문에 만약 사고가 발생하면 체벌의 경우와 마찬가지로 법적 책임을 져야 한다.

청소년의 공부와 인권

지금까지 일기의 사례를 가지고 청소년에게 관심이 있을 인권과 법의 문제를 살펴보았는데, 역시 가장 중요한 청소년의 관심은 공부이리라. 요즘 외국에서는 한국 사람을 보면 '빨리 빨리'란 말부터 한다는 이야기가 있다. 그래서 이제 한국은 외국에서 '코리아'가 아니라 '빨리 빨리'이고, 한국인은 세상에서 가장 '바쁜' 민족으로 비춰지는지도 모르겠다. 그런 한국인 중에서 가장 '바쁜' 사람들은 청소년이리라. 입시지옥이니 취업전쟁이라는 말이 나올 정도로 엄청난 경쟁사회가 바로 우리의 학교이고 사회이기 때문이다.

최근 직장사회에서는 근로기준법의 법정 노동시간인 1일 8시간 1주 40시간제(49조), 즉 주휴 2일제가 확대되고 있으나, 학생들은 반대로 잠자는 시간 1일 8시간(보다 짧겠지만) 외에는 전부 공부시간이라고 해도 과언이 아니다. 최근 학교에서도 주휴 2일제가 조금씩 행해지고 있으나, 대부분의 학생들은 2일 주휴라고 해도 역시 학교 밖 공부에서 해방되는 것이 아니리라.

한편 근로기준법에서 소년(만 15세 이상 18세 미만)의 법정 노동시간은 1일 7시간, 1주 40시간이다(67조). 이는 18세 이상 노동자의 법정 근로시간이 1주 48시간에서 주휴 2일제에 의해 1주 40시간으로 줄어진 것임을 기준으로 삼아 볼 때, 1일 7시간으로 1주 5일을 근무하면 1주 35시간을 무시한 것으로 문제가 있지만, 여하튼 노동의 경우에도 1일 7시간인데 공부는 그 두 배인 1일 14시간 이상이니 청소년들에게 너무나도 가혹한 것이라고 할 수 있다. 외국과 비교하면 더욱더 가혹하다. 대부분의 외국에서는 초중고교 수업은 오전으로 끝나고 주휴 2일제는 완전하게 실시된다.

18세 이상 청소년은 대부분 대학생인데, 우리나라 대학생들이 중고 시절에 비해서는 공부를 많이 하지 않는다고도 하지만, 여전히 취업준비를 위해 대학시절은 물론 대학 졸업 후에도 취업이 되기 전까지는 중고 시절만큼 열심히 공부해야 취직이 가능하다. 그래서 우리 청소년에게는 공부가 가장 중요하다고 해도 과언이 아니리라.

공부는 개인의 자유이므로 그것을 법으로 규제할 필요는 없고, 규제할 수도 없다. 그러나 우리나라와 같은 공부 '지옥'에서는 법 규제를 통해 아이들을 보호할 필요가 있다고 할 정도로 문제는 심각하다. 입시가 끝나면 자살 학생이 속출했고, 특히 2001년에는 19세 소녀가 과외비를 안 주는 어머니를 살해한 사건도 발생했다.

이러한 심각한 문제를 야기하는 과외를 규제하는 법이 없는 것이 아니다. '학원의 설립·운영 및 과외교습에 관한 법률'이라는 것이 있다. 이 법은 과거의 '학원의 설립·운영에 관한 법률'을 1995년에 개정한 것인데, 과거의 그것은 모든 과외교섭을 금지하는 조항(3조)을 두었다. 그러나 2000년 헌법재판소가 이를 위헌이라고 하여[98] 지금은 삭제되었다.

위헌이라고 한 이유는, 모든 과외교섭을 금지한 법률의 규정이 최소의 침해에 그쳐야 한다는 인권 제한의 원칙을 어겼다는 점이었다. 이는 인권의 원칙으로서 매우 중요한 점이나, 문제는 그 결과 과외교섭이 전면적으로 인정되었다는 점이다. 이러한 결정이 과외교섭과는 무관한 수많은 우리의 부모와 청소년들을 실망시켰음에 틀림없다.

이처럼 헌법에 의해서도 정당성을 인정받은 탓인지, 우리의 과도한 입시 열풍은 사라지지 않고 있다. 각 가정에서는 자녀들이 TV를 보거나 게임을 하지 않고 되도록 오래 공부하라고 지시하는 것이 보통이고, 이에 불응하면 부모는 징계를 가하기도 한다. 이러한 지시나 징계는 부모의 당연한 권리로 민법에서 인정된다.

공부만이 인생의 전부가 아니고, 공무를 잘한다고 해서 반드시 인생의 승리자가 되는 것도 아니라는 말을 되뇌일 필요도 없이, 지금처럼 과도한 우리의 공부에는 문제가 많다. 그 문제의 해결은 법이 아니라 개인의 양식과 사회적 상식의 변화로 가능한 것이므로 법보다 더 중요한 것이 그런 양식과 상식임을 주의할 필요가 있다. 즉 지금 청소년인 사람들이 부모가 되었을 때 그렇게 하지 않겠다고 하는 의식과 태도의 변화가 필요하다.

또한 어떻게 공부할 것인가 하는 것도 개인의 자유이므로 그것을 법으로 정할 수도 없다. 나아가 부모나 교사, 교수가 어떻게 공부를 시킬 것인가 하는 것도 부모와 학교의 자유이므로 그것을 법으로 정할 수도 없다. 그러나 원칙은 있다. 그것이 헌법에서 정한 교육을 받을 인권이다.

청소년의 가정·사회생활과 법

사실 청소년에게는 학교생활보다 더욱 중요한 것이 가정생활이다. 가정생활은 그야말로 가장 개인적인 것이고 은밀한 부분이므로 이에 대해 법이 관여하는 것은 바람직하지 못하다. 그러나 가정생활에 대한 법이 전혀 없는 것은 아니다.

우선 민법에서 "미성년자인 자子는 부모의 친권에 복종한다"(909조)고 하고 부모인 "친권자는 자를 보호하고 교양할 권리의무가 있다"(913조)고 규정한다. 그리고 친권자에게는 자녀를 "보호 또는 교양하기 위하여 필요한 징계"를 할 권리가 인정된다(915조). 그러나 친권은 남용이 되면 친권 상실의 원인이 되고(924조) 그것이 극심한 경우 형사법에 의해 아동학대 등을 이유로 처벌된다.

아동학대는 다른 나라에서도 심각한 문제여서, 가령 미국에서는 아동학대를 발견한 교사나 의사에 대해 관청에 통보할 의무를 부과하여 대처하고 있고, 한국에서도 '아동복지법', '가정폭력 방지 및 피해자 보호 등에 관한 법률', '가정폭력 범죄의 처벌 등에 관한 특별법' 등이 제정되어 있으나, 청소년의 보호로써 충분히 기능하지는 못하고 있다.

또한 민법에서는 20세 미만의 자를 미성년자라고 한다(민법 4조). 20세가 되는 날은 20년째의 생일이다. 단 남자 만 18세, 여자 만 16세에 이르면 혼인할 수 있고, 그 혼인 시에는 성년자로 본다(동 807, 826조). 그러나 실제로 그런 경우는 드물 것이다.

미성년자를 보호하기 위해 그가 경제적인 거래를 하는 경우 그 법정대리인인 친권자의 동의를 요구한다(동 5조). 미성년자인 대학생이 아르바이트를 하는 경우에도 마찬가지이다. 흔히 아르바이트는 정식 노동이 아니고 임시 노동이라는 이유에서 근로기준법 등 노동법의 규제를 받지 않는다고 하나, 이는 잘못된 상식이다.

근로기준법에서는 친권자가 미성년자 대신 근로계약을 체결할 수 없다고 규정하나(65조), 이는 부모의 동의가 필요 없다는 것이 아니다. 단 만 15세 이상이어야 고용될 수 있고, 앞에서 보았듯이 만 18세 미만자의 근로시간은 1일 7시간, 1주 42시간까지이며, 합의 연장의 경우에도 1일 1시간, 1주 6시간까지만 가능하다(동 62, 67조). 만 18세 이상의 대학생에게는 성년에 대한 근로시간을 포함한 모든 근로기준법 규정이 적용된다.

그러나 친권자의 동의를 요구함은 미성년자를 보호하기 위한 것이므로 미성년자가 증여를 받거나 빌린 돈을 갚지 않게 되는 경우와 같이, 미성년자가 "권리만을 얻거나 의무만을 면하는 행위"에는 친권자의 동의를 받을 필요가 없다(민법 5조 단서). 또한 부모에게 받은 학비를 학교에 내거나 생활비로 사용하는 경우에도 일일이 동의를 받을 필요가 없고, 아르바이트로 받은 돈을 자유롭게 사용하는 경우에도 마찬가지다(동 6조). 그런 경우에는 미성년자를 특별히 보호할 필요가 없기 때문이다.

한편 친권자의 동의가 필요한 경우 동의를 받지 않고 계약을 체결했으면 미성년자나 그 친권자는 그 계약을 취소할 수 있다(동 7조). 취소란 그 계약을 처음부터 효력이 없는 것으로 만드는 것이다

(동 121조). 즉 친권자의 동의가 필요한 경우 동의를 받지 않고 계약을 체결했어도 일단은 유효하나, 취소를 하게 되면 처음부터 무효가 된다는 것이다.

한편 원기 왕성한 아이들이 사고를 치는 경우가 있다. 그것을 방지할 의무는 당연히 친권자에게 주어지나, 그 법적 책임을 어디까지 질 것인가가 문제된다. 민법에 의하면 고의나 과실로 타인의 권리를 침해하면 그 손해를 배상해야 하나(750조), 이는 그 침해자가 자기 행위의 결과에 대한 판단능력(책임능력)을 가질 것을 전제로 한다. 법원에서는 보통 12세 나이에 그런 능력을 갖는다고 보기 때문에 중학생 정도라면 이에 해당한다. 그 이하의 경우라면 친권자가 배상을 해야 한다(민법 755조).

그렇다면 책임능력을 갖는 중학생이 사고를 친 경우 친권자에게 책임이 없는가? 중학생 이하의 아이에게 책임능력이 없는 경우 친권자가 책임을 진다면, 반대로 아이에게 책임능력이 있다면 친권자에게 책임은 없다고 볼 수도 있다. 그러나 책임능력이 있다고 해도 배상능력은 없는 것이 보통이므로 친권자가 배상함이 옳다고 생각할 수도 있으나, 이는 도덕적 차원의 판단으로서는 옳아도 법적으로는 반드시 그렇지 않다.

이에 대해 법원에서는 감독의무자의 의무 위반과, 아이의 불법행위에 의해 생긴 결과 사이에 상당한 인과관계가 인정되어야 친권자가 불법행위 책임을 진다고 본다. 이는 민법의 개인 책임의 원칙에 벗어나 친권자에게 책임을 전가한다는 비난을 받을 가능성도 있으나, 아이의 사고에 대해서는 부모가 책임을 져야 한다는 일반적인 상식에 근거한 것으로 타당하다고 할 수 있다.

문제는 그 사고가 범죄인 경우이다. 범죄를 저지른 혐의가 있으면 법원에 기소되어 재판을 받게 되나, 20세 미만의 소년범인 경우 먼저 법원의 소년부나 가정법원에 보내어져 조사관의 조사를 거친 뒤에 법원이 심판을 할 것인가 아닌가를 결정하게 되고, 유죄가 결정되면 소년교도소나 소년원에 수감되지만 그것이 전과가 되지는 않는다. 20세 이상인 경우에는 물론 사법절차가 적용된다. 단 만 14세 미만자는 형사상 처벌되지 않는다.

청소년의 보호

대부분의 청소년들은 부모 밑에서 자란다. 그러나 예외적으로 부모가 없는 이른바 소년소녀 가장의 경우도 있다. 또는 부모가 있어도 이른바 극빈 가정인 경우도 있다. 이러한 경우 등의 보호를 위해 헌법 제34조에 사회보장권이 규정되어 있고, 그 내용은 사회보장기본법, 국민건강보험법, 군인보험법, 국민연금법, 고용보험법, 국민기초생활보장법 등에 의해 규정되고 있다.

특히 헌법 34조 4항은 "국가는 … 청소년의 복지향상을 위한 정책을 실시할 의무를 진다"고 규정하고 있고, 그 구체적 법률로 청소년기본법, 청소년보호법, 청소년복지지원법, 청소년활동진흥법, 청년실업해소특별법, '청소년의 성보호에 관한 법률', 아동복지법, '장애인·노인·임산부 등의 편의 증진 보장에 관한 법률'이 제정되어 있다.

가령 청소년 보호법은 만 19세 미만자를 유해환경으로부터 보호하기 위해 담배나 술의 판매 금지, 선량한 풍속을 해칠 염려가 있는 장소의 출입 규제, 성도덕 등 풍기를 문란하게 하는 행위의 규제, 음란한 도서나 음반류의 소지, 제작, 판매, 대여, 관람 등을 금지하고 있다.

또한 '청소년의 성보호에 관한 법률'은 청소년을 성적 유희의 대상으로 하는 사람에 대한 신원공시를 규정하고 있다. 최근 시민단체 등은 사진까지 공개하자고 주장하기도 했으나, 이는 당사자는 물론 그 가족에까지 영향을 미칠 수 있다는 이유에서 법에 규정되지 않았다. 이는 헌법 17조에 규정된 사생활의 비밀과 자유에 위배될 수 있기 때문이다. 헌법재판소는 신원공시를 합헌이라고 보았다.[99]

그 밖에도 '정보통신망 이용 촉진 및 정보 보호 등에 관한 법률'에서는 청소년에게 유해한 매체물을 광고하는 내용을 전송하거나 공개적으로 전시할 수 없고, 청소년 유해 정보의 확산을 방지하기 위해 청소년 보호 책임자를 두도록 규정하고 있으나, 앞부분에 대해서는 헌법재판소에서 위헌임이 확인되었다.[100]

대학생과 법

지금까지 이야기한 것은 대체로 대학생이 되기 이전 청소년의 경우이다. 대학생이 되기 전에는 대체로 부모가 아이를 대신하여 법문제를 처리하지만 대학생이 되면 법과 대면할 기회가 늘어난다. 그중 하나가 가령 교수의 강의 방법이나 내용에 문제가 있다고 생각하는 경우, 학생은 계약 위반의 불이행을 이유로 손해배상을 청구할 수 있는가 하는 것이다.

이는 위에서도 언급한 대학의 자유, 즉 학문의 자유와 관련된다. 헌법 22조는 학문과 예술의 자유를 규정하나, 예술의 자유는 물론 학문의 자유를 인정하는 헌법은 흔하지 않다. 즉 그것은 독일 헌법의 전통에 따른 것에 불과하고 미국, 영국, 프랑스 등의 헌법에는 존재하지 않는다. 그러나 헌법에 규정이 없다고 해서 그것이 인권이 아니라는 말은 아니다.

학문과 예술의 자유란 반드시 학자나 예술가만의 자유를 말하는 것은 아니지만 대체로 그렇다고 볼 때 그것이 직업선택의 자유나 재산권에 포함되는 영업의 자유, 양심의 자유, 언론 출판의 자유 등과 별도로 규정되어야 할 이유가 무엇인지, 또한 어떤 차이가 인정되어야 하는지 반드시 명확하지 않다.

또한 학문의 자유로 보통 대학의 학문 연구의 자유, 학술활동의 자유(교수의 자유, 연구결과 발표의 자유, 연구를 위한 집회 결사의 자유), 학문기관의 자유(대학의 자유) 등이 설명되나, 그것이 반드시 대학의 것만이라고 할 수는 없다. 대학을 학문의 중심으로 본다는 것이 상식이라고 해도 헌법상 엄연히 국민으로 규정된 학문의 자유의 주체를 교수나 대학에 한정시킬 이유는 전혀 없다. 더욱이 오늘날 학문이 대학에서만 이루어진다고 볼 수 있는 근거도 전혀 없다.

여하튼 학문과 예술의 자유는 국가권력에 의한 간섭을 배제하고 자유로운 학문과 예술의 활동을 보장함에 의해 그 발달을 기대하는 것이고, 그것이 특히 대학에서 강한 의미를 갖는 것은 부정할 수 없으며, 따라서 대학의 자치가 인정되고 그것을 법적으로 판단하는 것은 문제가 된다. 대학의 교육에 대해 법으로 강제하고, 그 학문의 자유를 제3자인 법원이 감시한다는 것은 부당하고, 그 교육의 내용에 대해서는 판단능력을 갖는다고 기대되는 학생의 평가나 교수회에 의해 자기 점검을 하는 것으로 충분하다고 볼 수 있다. 따라서 앞서 제기된 문제, 즉 교수의 강의 방법이나 내용에 문제가 있다고 해도 학생은 계약 위반의 불이행을 이유로 손해배상을 청구할 수 없고, 이는 학생의 평가나 교수회에 의해 자치적으로 해결되어야 하는 문제로 보는 것이 옳다.

5
정치적 인권과 법

정치적 인권의 틀

정치적 인권이란 종래 참정권이라고 부른 것으로 이는 공권력의 행사방법을 결정하고 그것을 행사하는 과정에 참가하는 국민의 인권을 말한다. 정치적 인권의 보장과 확충은 국가권력을 민주적으로 통제하기 위해 불가결한 것이다.

이를 협의로 보면 주로 정치과정에 참가하는 것을 목적으로 하여 공적으로 제도화된 권리행사로 선거권, 공무담임권, 국민투표권(통일정책에 대한 헌법 72조, 헌법개정에 대한 130조 2항) 및 청원권 등의 행정적 인권이 있다. 한편 광의로는 협의의 인권에 더하여, 정치과정 참가에 한정하지 않고 보장되지만 정치과정에 참가하는 경우 중요한 기능을 갖는 인권행사(평등권, 표현의 자유를 비롯한 정신적 인권, 선거활동이나 투표를 하기 위한 신체의 자유, 재판을 받을 권리 등)도 포함한다. 이에 대해서는 다른 곳에서 설명하고 여기서는 협의의 정치적 인권만을 설명하도록 한다.

정치적 인권은 헌법의 주권원리와 대표제원리 등과 관련되는 점에서 다른 인권과 구별된다. 첫째, 주권원리는 흔히 국민주권론과 인민주권론으로 설명된다. 국민주권론은 주권자인 국민을 국적보유자의 추상적 집단으로 본다. 따라서 국민은 자연인과 같이 구체적 의사를 가지고 표명하는 존재가 아니고, 권력은 헌법이 정한 국민의 위임을 받은 대표에 의해 행사된다. 반면 인민주권론은 주권자인 인민을 실재하는 국적보유자 내지 그 총체로 본다. 따라서 인민 자신이 의사를 가지고 표명하며 권력을 대표에게 위임하지 않고 스스로 행사할 수도 있고, 위임할 수도 있다. 이는 특히 외국인 참정권과 관련된다. 우리는 헌법의 인권이 국적보유자인 국민에 의해 행사됨을 상식으로 알고 있지만, 인민주권에 입각한 1793년 프랑스 헌법은 일정 조건을 갖춘 외국인 남성에게도 시민권을 보장하고 최근 유럽에서도 그런 경향이 나타나고 있다. 이는 정치공동체와 밀접한 관련을 갖는 자인 시민을 주권자집단에 포함시키는 것을 뜻한다.

둘째, 대표제원리에는 여러 가지 주장이 있으나, 종래의 순수대표제는 더 이상 유지될 수 없고 그 대표제에는 제한이 가해질 수 있다고 봄이 옳다. 주권자의 의사가 대표에 대해 사실상 구속력을 갖는다고 보아도 이는 헌법에 위배되지 않는다. 따라서 대표의 소환도 헌법상 가능하다. 또 의회의 구성이 유권자의 의사를 가능한 반영해야 한다는 입장에서 보면 선거제도는 국민여론에 가장 가까운 결과에 이르러야 한다. 따라서 저소득자에게 사실상 입후보를 단념하게 하는 고액의 공탁금제도는 대표를 경제적인 강자에게만 허용하는 것으로 부당하다. 또 투표율과 의석의 괴리를 낳는 소선거구제도 부당하다.

선거권

선거권

민주주의에는 직접민주주의와 간접민주주의가 있다. 지금 우리나라가 기본적으로 취하는 방식은 간접민주주의, 즉 대의민주주의다. 이를 위해 선거권과 피선거권이 인권으로 보장되고 있다. 반면 아래에서 설명하는 국민투표제는 직접민주주의의 일종이다.

선거는 의회민주주의를 실현하기 위한 불가결한 수단이다. 따라서 대부분의 나라는 보통선거에 근거한 의회를 두고 대통령제를 취하는 경우 선거에 의해 뽑힌 대통령을 국정의 수반으로 둔다.

선거의 기본원칙은 보통, 평등, 직접, 비밀, 자유선거이다.

첫째, 보통선거의 원칙과 관련되어 지나친 고액의 기탁금은 입후보자의 평등권, 피선거권자와 유권자의 후보선택의 자유를 침해하여 위헌이다.[101] 재외국민에 대해 선거권을 부인한 것과 해외거주자에게 부재자투표제도를 인정하지 아니한 것도 위헌이다.[102] 이는 종래 합헌으로 본 것을 바꾼 것이다.

둘째, 평등선거의 원칙은 성년에 이른 국민이 차별받지 않고 1인 1표를 갖는 것을 요청한다. 이러한 수적 평등을 전제로 한다면 복수선거(특정 범주의 선거인에게 복수의 투표권을 부여하는 제도)의 금지는 분명하다. 선거구 인구불평등문제에 대해 헌법재판소는 1995년에 4대 1의 기준을 제시했으나[103] 이는 당시 외국의 기준보다 현저히 높은 것이어서 2001년에는 3대 1의 기준이 제시했다.[104] 그러나 더욱 합당한 기준은 2대 1이다.

셋째, 직접선거와 관련되어 지역선거구에서 얻은 득표율로 비례대표의석을 할당하는 것은 평등선거원칙과 직접선거원칙에 위반된다.[105]

넷째, 비밀투표와 관련되어 출구조사는 위헌이 아니다.

다섯째, 자유선거는 입후보의 자유, 선거행동의 자유, 선거운동의 자유 등을 포함한다. 이에 대해서는 아래에서 다시 살펴본다.

선거권 제한과 관련되어 여러 가지 문제가 있다. 연령별 제한으로는 선거권은 만 19세에 주어진다. 종전의 20세 기준에 대해 위헌 시비가 있었으나 헌법재판소는 합헌으로 보았다.[106] 공무담임권 연령이 18세이고, 18-19세 연령층의 국민이 스스로 정치적 판단을 할 최소한의 능력이 있다고 보는 한 하향조정이 바람직했으나, 18세로 인하함이 타당하고 이를 헌법에 명시할 필요가 있다.

선거권의 기타 제한사유로서 금치산자, 수형자, 전과자 등을 인정하는 공직선거법 18조는 위헌이다. 전과자는 형사처벌을 마친 자이므로 어떤 이유로도 차별될 수 없고, 수형자는 현재 수형 중이지만 형사처벌과 정치능력이 연관될 수 없으며, 재산법상 능력이 부인되는 금치산자라고 해서 그 정치적 판단이 부정될 이유가 없기 때문이다. 금치산자는 물론 선거 이전의 일정 기간 거주를 요건으로 하는 선거법 규정도 당연히 위헌이다. 외국인의 선거권을 무조건 제한함도 위헌이다.

선거운동의 제한

　선거운동의 자유에 대해 공직선거법에는 제한이 많은데 그 대부분은 위헌이다. 가령 공직선거법 93조는 선거일 전 180일 동안 후보자들에 대한 '글'을 통한 비판 또는 지지를 총체적으로 금지하고 있다. 규제의 근거는 '금력, 권력, 폭력, 학연, 지연, 혈연'에 의한 '과열'선거의 예방이라고 한다. 그러나 '금력'은 선거자금 규제로, '권력'은 공무원의 공무상 중립성에 대한 감시로, '폭력'은 형법으로 막으면 된다. 국민들이 후보자들에 대한 비판을 할 수 없으면 기존의 사회질서상의 우위, 즉 '학연, 지연 및 혈연'을 가진 자들에게 도리어 유리하다. 특히 법원과 선관위는 93조가 인터넷 게시판이나 유사한 의사소통(예를 들어 트위터)에도 똑같이 적용되도록 해석하고 있는데 이는 더욱 위헌적이다.

　첫째 벽보·현수막·출판 등은 모두 의사소통의 양에 비례하여 돈이 들어 이를 통한 후보 지지·비판을 규제하는 것은 금권선거 예방이라는 목적과 최소한의 관련성이 있다. 그러나 인터넷 댓글 및 트위터 등은 돈이 많다고 해서 경쟁자를 압도할 수 있는 매체가 아니다. 알바 고용 등을 통한 우위 점유도 가능하긴 하지만 이용자의 자발적 접속에 의지하는 인터넷 소통의 특성상 그 효과는 오프라인 매체에 비하면 훨씬 제한적이다. 93조가 인터넷에 적용되는 것은 금권선거 예방과는 더욱 상관없는 것이 되며 별도의 선거자금 규제가 있는 상황에서 더욱 과잉한 것이 된다. 선관위는 한발 물러서서 트위터에 대해서는 후보 지지·반대 글을 규제하지 않고 '선거운동'에 이르는지를 검토하여 판단하겠다고 하지만, 선거운동의 정의(법 58조) 자체도 너무 광범위해서 축소해석이라 보기도 어렵다.

둘째, 법 59조 제3항은 후보자가 인터넷을 통해 선거운동을 하는 것은 언제라도 허용하고 있다. 어떤 후보가 선거운동을 하면서 자신에 대한 비판글을 올리겠는가. 온-오프라인을 통틀어 후보 비판은 불가능하니 선거 전체가 '직업정치인들, 그들만의 잔치'가 되어 버린다. 후보 자신들의 홍보는 허용하면서 이들에 대한 비판은 금지하는 것은 지지·비판을 모두 금지하는 것보다 훨씬 더 공정한 선거를 저해한다. 또 온라인만 보면 후보를 지지하는 글만 가득한 '이상한 나라'가 되어 버리는데, 의사소통의 혁명이라던 인터넷이 우리나라에서는 법적으로 피폐화되는 또 하나의 사례이다. 온라인에서는 실명제 실시로 당국에 신원을 공개하지 않으면 글을 올릴 수 없다. 온라인에서는 임시조치제도로 남이 싫다고 하는 글은 사라져 간다. 온라인상의 신상정보나 이메일이 손쉽게 당국에 유출됨은 물론 이용자는 유출 사실조차 모르게 된다.

물론 우리나라 누리꾼들도 유권자들도 그렇게 쉽게 죽지는 않을 것이다. 그러나 이들이 잔치에 초대되는가 문밖에서 서성이는가는 선진과 후진의 차이이다. 가뜩이나 오프라인에서는 정부 비판 성향의 연예인, 예술가, 영화, 극장, 학교, 교과서의 '돈줄 끊기'가 매카시즘처럼 진행되고 있는 판에 그나마 '돈 없어도 뭔가 될 것 같았던' 인터넷과 선거마저 더욱 깊숙한 철창에 가둬버리면 무슨 문화가, 무슨 민주주의가 꽃필 것인가?

그 밖에도 사전운동의 금지(59조), 호별방문의 금지(106조), 선전

벽보, 인쇄물, 신문·방송광고, 방송연설의 제한(64, 66, 69, 70, 71조), 여론 조사 공표 금지(108조), 당원집회의 제한(141조), 선거사무소 수의 제한(61조), 기탁금과 후보자 추천(56, 48조), 기부행위 금지(112, 113조) 등에 위헌의 여지가 있다.

첫째, 공직선거법은 선거 운동기간을 정하고 그 이전의 운동을 사전선거운동으로 금지한다. 이를 헌법재판소는 합헌으로 보지만[107] 국민주권원리에서 볼 때 국민이 언제나 정치에 관심을 가지고 적극적으로 정치활동에 참가하는 것은 국민의 정치적 인권에 해당하는 것이므로 문제다. 이는 특히 새로이 입후보하는 자에게는 불리하게 작용할 수 있다.

둘째, 호별방문금지는 서양에서 볼 수 없는 한국과 일본만의 독특한 제도다. 이에 대해 공직선거법은 전면적으로 금지하지는 않고 관혼상제의 의식이 거행되는 장소 등에서 제한적으로 인정하고 있으나, 여전히 위헌의 소지가 있다.

셋째, 서명운동의 금지 등에 대해서도 위헌의 여지가 있다.

넷째, 여론조사의 공포금지에 대해서도 정치적 인권과 알 권리를 침해하는 것으로서 위헌이나, 헌법재판소는 합헌으로 본다.[108]

다섯째, 인터넷을 이용한 선거운동의 제한도 당연히 위헌이다.

공무담임권

헌법 25조는 공무담임권을 규정한다. 여기서 공무란 헌법 7조의 공무원보다 그 범위가 훨씬 넓다. 즉 선거로 뽑히는 대통령이나 국회의원 등도 공무로 포함한다. 한편 공무담임권에서 공무의 대부분은 그런 피선거자만이 아니라 사실은 7조의 공무원, 즉 피선거되지 않는 전문 공무원이다. 따라서 그들은 여기서 말하는 정치적 인권 또는 참정권의 대상이 아니다. 그러한 공무원의 공무담임권은 참정권이 아니라 직업선택권이라고 보아야 한다.

성년자라고 해도 공무담임권(헌법 25조)을 갖기 위해서는 국회의원의 경우 25세, 대통령의 경우 40세에 이르러야 한다. 피선거권에 대해서도 '공직선거 및 선거부정방지법'은 금치산자, 금고 이상의 형이 실효되지 아니한 전과자, 법원의 판결 또는 다른 법률에 의해 피선거권이 정지되거나 상실된 자에 대한 결격사유를 정하고 있는데 선거권의 경우와 마찬가지로 위헌이다.

국민투표권

국민투표권은 그 자체가 헌법에 규정된 것이 아니라 헌법 72조와 103조 2항의 국민투표제도에 의해 인정되는 인권이다.

청원권

종래 청원권은 정치적 인권으로 다루어졌지만, 국가배상청구권과 손실보상청구권은 청구권으로 다루어졌다. 그러나 청구권이라는 개념은 다른 인권에서도 인정되는 것이므로 특별히 구분될 가치가 없다. 또 이는 재판청구권과 함께 다루어졌으나 재판청구권은 아래의 사법적 인권에서 설명하도록 한다. 한편 국가배상청구권은 사법적 인권으로, 손실보상청구권은 재산권과 함께 설명하도록 한다.

청원권에 대해 헌법 26조는 "모든 국민은 법률이 정하는 바에 의하여 국가기관에 문서로 청원할 권리를 가진다. 국가는 청원에 대하여 심사할 의무를 진다"고 규정한다. 이에 대한 법률로 청원법 등이 있다.

행정적 인권과 행정법

헌법 66조는 "행정권은 대통령을 수반으로 하는 정부에 속한다"고 규정한다. 행정권의 조직과 작용 및 작용에 대한 권리 구제에 관한 법을 행정법이라고 한다. 여기서 국민의 인권과 관련되는 것이 행정구제법이다.

행정구제법이란 행정작용으로 인하여 국민의 권리나 이익이 침해당했을 때, 행정기관이나 법원에 원상회복, 손해 전보, 행정작용의 취소 및 변경 등을 청구하는 것을 말한다. 이에는 사전적 구제 수단인 청문이나 각종 민원 처리가 있고, 사후적 구제수단으로서는 행정쟁송제도와 행정상 손해 전보제도가 있다.

행정쟁송제도에는 행정심판과 행정소송이 있다. 행정소송은 사법제도이나 행정심판은 사법절차보다 간편하고 행정기관의 전문성을 활용할 수 있다는 장점이 있다. 이는 행정기관이 시행하는 각종 관급 공사 내용을 공개하라는 시민단체의 요구에 대해 행정심판위원회가 그 요구를 수용한 사례에서 볼 수 있다.

지방자치와 인권

이 책의 프롤로그에서 나는 자유, 자치, 자연을 지향한다고 했다. 그 자치의 중요한 부분이 지방자치임은 두말할 필요가 없다. 그러나 지금 우리의 지방자치는 참으로 기형이다. 입법권과 사법권을 중앙정부가 독점하여 246개의 지방정부는 중앙정부가 결정한 정책을 실천하는 말단 집행기관으로 전락했다. 게다가 국민이 내는 세금의 80%를 중앙정부가 차지하고 나머지 20%만 지방정부에게 주어진다. 따라서 지방자치는 지방정부의 독자성을 인정하는 방향으로 바꾸어야 한다. 먼저 현행 헌법에 없는 주민의 지방정부 참여를 구체적으로 보장해야 한다. 다음 지방정부의 기능을 대폭 강화해야 한다. 헌법 117조 1항은 지방정부의 기능을 "주민의 복리에 관한 사항"으로 규정하는데 이를 "주민이 처리할 수 있는 모든 공공사무"로 확대해야 한다.

그리고 이를 지방정부가 독자적으로 처리하기 위한 다양한 정치형태를 갖추도록 해야 한다. 미국, 영국, 독일에서처럼 지방정부의 구성을 지방주민의 의사에 의해 결정하도록 해야 한다. 즉 지방헌법의 선택권을 지방주민에게 인권의 차원에서 보장해야 한다. 특히 지방사무를 지방의회가 입법할 수 있는 입법권을 독자적으로 보장해야 한다. 무엇보다도 지방정부의 독자적 재정권을 보장해야 한다.

> # 6
>
> 경제적 인권과 법

경제적 인권의 틀

인간은 누구나 생존의 물질적 토대인 재산을 갖는다. 그리고 대부분의 사람들이 재산을 형성하게 되는 계기는 직장생활이다. 직장을 갖기 위해서 여기저기 이전하고 거주한다. 이를 보장하기 위해 우리 헌법은 23조에서 재산권, 14조에서 거주·이전의 자유, 15조에서 직업선택의 자유를 규정한다. 이를 일반적 경제권이라고도 할 수 있다.

그러나 직장생활은 그러한 자유의 보장만으로 충분하게 보장되지 못한다. 예컨대 직장을 갖지 못한 실업자가 얼마든지 생길 수 있고, 직장을 가져도 저임금 장시간 노동에 시달릴 수 있다. 이는 헌법 10조에서 말하는 '인간으로서의 존엄과 가치'에 어긋나는 경우까지 이를 수 있다. 따라서 헌법은 32조에서 노동권을 규정하고 있다.

또한 직장생활을 언제나 할 수 있는 것은 아니다. 늙고 병들거나 다치면 직장생활은 불가능하다. 이 경우에는 더욱더 헌법 10조에서 말하는 '인간으로서의 존엄과 가치'에 어긋날 수 있다. 따라서 헌법은 34조에서 사회보장권을 규정한다.

종래 헌법 32조의 노동권과 34조의 사회보장권 및 35조의 환경권은 33조의 노동단체권 및 36조의 가족권과 함께 사회권으로 설명되어 왔다. 이 책에서는 33조를 정신적 인권에 속하는 결사의 자유의 하나로 보았으므로 여기서는 제외하고, 36조도 기본적 인권으로 설명했으니 역시 제외한다. 그리고 32조 노동권과 34조 사회보장권은 여기서 경제적 인권으로 다루도록 하겠다.

거주·이전권

철거민의 인권

용산을 비롯한 철거민에게 강제로 철거당하지 않는 인권이 있는가? 이에 대해 A규약 11조 1항은 "이 규약의 당사국은 모든 사람이 적당한 식량, 의복 및 주택을 포함하여 자기 자신과 가정을 위한 적당한 생활수준을 누릴 권리와 생활조건을 지속적으로 개선할 권리를 가지는 것을 인정한다"고 규정하고 있다. 이는 헌법에서 보장하는 거주·이전의 자유와 달리 국가에 대해 일정한 행위를 청구하는 권리로 이해되고 있다.

이 규정에 대해 국제사회권규약위원회는 1991년 "주거에 대한 권리는 단순히 머리 위에 지붕이 있을 뿐인 피난소"가 아니라 "안전, 평화 및 존엄을 가지고 어떤 장소에 사는 권리"라고 보고 "점유의 종류에 관계없이 모든 사람은 강제퇴거로부터 법적으로 보호받는 일정한 점유의 보증을 받는다"고 보았다. 여기서 말하는 점유에는 "토지나 재산의 점유를 포함한 비공식의 정주"가 포함된다. 또 동 위원회는 1997년, 강제퇴거를 정당화하기 위해서는 고도의 정당화사유, 적정한 절차적 보호(영향을 받는 사람들과의 참된 협의, 충분하고 합리적인 사전 통지 등), 대체적인 주거의 확보라는 세 요건이 필요하다고 보았다.

따라서 이러한 원칙에 비춰본다면 철거민에 대한 강제철거는 적어도 A규약에 위배된다. 그러나 우리나라 헌법재판소나 대법원은 국내법과 같은 효력을 갖는 A규약을 무시할 가능성이 높다. 그리고 이하에서 설명하는 헌법상의 거주·이전의 자유에 근거하여 A규약에서 말하는 인권은 없다고 볼 가능성이 높다. 이는 국내법과 동일한 효력을 갖는 A규약을 무시함과 동시에 시대에 뒤떨어진 견해라고 보지 않을 수 없다.

거주·이전의 자유

헌법 14조는 "모든 국민은 거주·이전의 자유를 가진다"고 규정한다. 거주·이전의 인권은 15조 직업선택의 인권의 전제로서 과거 신분제사회의 그 구속을 폐지한 결과 생긴 것이므로 경제적 인권으로서의 측면을 갖지만, 이는 스스로 살 곳을 선택하고 다른 곳의 사람들과 의견을 나누기 위한 조건도 보장하는 것이므로 신체에 대한 인권 및 정신적 인권의 측면도 갖는다. 특히 신분제가 사라진 지금은 경제적 인권이라기보다도 신체적 또는 정신적 자유라는 측면이 더욱 강조된다.

또한 거주·이전의 자유를 실질적으로 보장하기 위해서는 국가에 의한 적극적 보장이 필요하므로 사회권적 요소도 갖는다. 즉 사회권규약 2조 1항이 규정하는 '적절한 주거의 권리'가 그것이다. 가령 지역적, 신체적, 경제적 조건에서 생기는 교통수단에 대한 접근의 격차를 시정할 필요가 있다. 또 신체적 이유에 의해 이동을 제한받는 사람이 원활하고 안전하게 교통시설을 이용할 수 있게 하기 위한 정책도 필요하다.

이처럼 거주·이전의 인권은 매우 중요한 인권이므로 그 제한은 엄격하게 판단될 필요가 있다. 거주·이전권을 제한하는 사례로는 주민등록법, 그리고 출입국관리법에 의한 외국인등록제도에 의한 주소의 신고강제가 있다.

또 형사피고인의 주거 제한(형사소송법 101조 1항) 등 형사절차상의 여러 가지 제한이 있다. 그러나 형벌과 달리 수사에서 공판까지의 신체 구속은 도망이나 증거인멸의 우려가 있는 경우에 제한돼야 한다. 그런 우려가 없음에도 신체를 구속함은 거주·이전권의 부당한 침해가 된다. 따라서 영장발급을 신중하게 해야 한다.

또한 민법상 부부의 동거의무(826조 1항)나 자녀의 거소지정권(914조)에 의한 제한도 있다. 이는 헌법 36조에 의해 당연히 인정되는 것이지만, 그것이 부부나 자녀의 인권을 침해하는 경우에는 공권력에 의한 해소도 가능하다.

전염병환자나 마약류 환자, 결핵환자, 정신병자 등에 대한 강제입원 등도 본인의 보호와 사회위생상 필요한 제한이지만 신체의 자유를 부당하게 침해하지 않도록 세심한 주의가 필요하다.

이주의 자유

거주·이전권에는 외국에 이주하는 인권도 포함된다. 이는 해외여행의 자유를 말한다. 그러나 현실에는 많은 제약이 있다. 가령 여권법 2조는 해외여행 시에는 여권의 소지를 의무를 정하고, 입국심사관으로부터 출국의 확인을 받도록 규정하고 있다. 또한 여권법 8조 1항 5호는 여권 발급 제한 사유의 하나로 "대한민국의 이익이나 공공의 안전을 현저히 해할 상당한 이유가 있다고 인정되는 자"를 규정한다. 이 규정은 매우 애매하여 해석상 어려움을 초래하기 때문에 인권을 침해할 수 있는 것인지 의심스러우므로 위헌으로 보아야 한다. 설령 이를 합헌이라고 본다고 해도 그러한 '해'가 발생할 상당한 개연성이 객관적으로 존재함을 입증해야 한다. 즉 '명백하고 현존하는 위험'이 있어야 한다.

외국인에게도 출국의 자유는 인정되지만 입국의 자유는 제한된다.

국적이탈의 자유

거주·이전권에는 국적변경의 자유도 포함된다. 이를 탈세나 병역기피의 목적으로 하는 경우 허용할 수 없다고 보는 견해가 있으나 불필요하고 부당한 논의이다. 그 변경의 이유가 무엇인지는 개인이 판단할 문제이지 헌법이나 국가가 관여할 문제가 아니기 때문이다. 설령 그러한 목적이 도덕적으로 비난받을 수 있다 해도 그 목적을 묻는 것 자체가 불가능하므로 무익한 논의이다. 국적법 14

조에서도 국적이탈 신고 시 그 효력이 발생한다고 규정하고 있다. 탈세는 당연히 금지되나, 병역기피의 경우에는 만약 병역필자만에게 이탈을 허용하는 법리로 연결된다면 중대한 인권 침해가 될 수도 있다.

국적법은 무국적이 되는 것을 전제로 한 국적이탈의 절차를 규정하고 있지 않아 무국적의 자유는 인정되지 않는다. 무국적을 선택함은 본인에게 여러 가지 불이익을 초래할 위험성이 높지만 그럼에도 무국적을 선택하는 자유를 부인함은 부당하다. 특히 국적에 의해 병역이나 납세의 의무가 생기므로 무국적이 본인에게 반드시 불리하다고 할 수도 없다. 따라서 무국적의 자유를 부인할 수 없다.

또 국적법은 이중국적이나 다중국적의 자유도 인정하지 않고 국적을 선택할 것을 요구하고 있다. 그러나 국적이탈을 강요하고, 일정 시기까지 어느 국적을 선택하도록 강요함은 국적이탈의 자유를 보장하는 헌법 14조에 위반된다. 이중 및 다중 국적을 부정하는 근거로 국가권력의 공백과 중복문제가 거론되지만, 이는 각종 조약(국적법 저촉조약, 무국적자 지위조약, 각종의 조세조약 등)에 의해 해결될 수 있는 문제다. OECD가맹국 중에서 이중국적을 인정하지 않는 것은 한국과 일본을 포함한 5개국에 불과하다.

외국인의 추방

우리 헌법에는 외국인의 추방에 관한 규정이 없으나 B규약 13조는 법률에 근거한 외국인 추방을 인정하면서 그 경우의 인권보호에 관한 규정을 두고 있다. 즉 "국가안보상 불가피하게 달리 요구되는 경우를 제외하고는 자기의 추방에 반대하는 이유를 제시할 수 있고 또한 권한 있는 당국 또는 동 당국에 의하여 특별히 지명된 자에 의하여 자기의 사안이 심사되는 것이 인정되며, 또한 이를 위하여 당국 또는 다른 사람이 그를 대리하는 것이 인정된다."

직업선택권

직업선택의 자유

헌법 15조는 "모든 국민은 직업선택의 자유를 가진다"고 규정한다. 이는 자기가 종사할 직업을 결정하고 그 직업을 행할 자유까지 포함한다. 이는 자기가 영위하는 직업을 선택하는 자유를 뜻하지 않고, 자기가 고용되는 직업을 선택하는 자유를 포함한다. 왜냐하면 직업선택의 자유를 자기가 영위하는 직업을 선택하는 자유에 한정하면 이는 경영능력(자산)이 있는 자의 자유와 같은 것이 되어 헌법상 '모든 국민'에게 그것을 보장하는 의미가 없어지기 때문이다. 따라서 직업선택의 자유는 단순히 경제적 인권이라고만 볼 수 없고 각자가 자신이 갖는 능력과 개성을 충분히 발휘하는 인격적 가치와 불가분의 관계를 갖는 보편적 인권으로 보아야 한다.

직업선택의 자유에 영업의 자유가 포함된다고 보는 견해[109]가 있으나, 모든 직업이 영리적이지 않고, 영리활동으로 성립되도록 국가가 배려해야 할 의무를 지지도 않으며, 공공복지를 이유로 어떤 직업은 영리활동으로 인정되지 않을 수도 있다. 또한 영업의 자유에는 직업선택의 자유만으로 설명될 수 없고, 재산권의 행사에 해당되는 개별적인 영업활동의 자유(예컨대 물건을 사고파는 자유)라는 부분도 있으므로 영업의 자유는 15조와 23조의 재산권 양자에서 나온다고 봄이 옳다.

직업선택의 자유는 헌법 32조의 노동권과 직결된다. 직업이 영업이 아니라 고용된 직업인 경우에는 영업의 자유와는 전혀 무관한 것이 되고, 경우에 따라서는 영업의 자유와 대립될 수도 있다. 그런 점에서 직업선택의 자유에 영업의 자유가 포함된다고 볼 수 없다.

헌법재판소는 직업을 '생활의 기본적 수요를 충족시키기 위한 계속적인 소득활동'이라 하고 그 종류나 성질은 중요하지 않다고 하나[110] 직업선택권은 직업의 종류나 성질에 따라 당연히 제한될 수 있다. 예컨대 성매매업은 금지되고 의사나 약사와 같이 일정한 자격이 요구되기도 하며 음식점 등과 같이 허가를 요구하는 경우도 있다.

직업선택권의 제한

영리적인 성격을 갖는 직업선택권을 비롯한 경제적 인권은 정신적 인권 등에 비하여 그 규제의 정도가 더욱 클 수 있다. 이러한 규제를 보통은 '경제활동의 제한'이라고 하지만 예컨대 독과점규제법과 같이 '경제활동의 촉진'이 될 수도 있다. 즉 국가규제에 의해 적극적으로 촉진되는 인권인 것이다.

가령 공중목욕탕의 거리 제한에 대해 우리 대법원은 위헌이라고 판시했으나,[111] 똑같은 사례에 대해 일본에서는 합헌판결이 내려졌다.[112] 즉 한국에서는 정신적 인권에 적용되는 것과 같은 가장 엄격한 심사기준이 적용되어 엄격하게 판단되었으나, 일본에서는 전혀 엄격하지 않게 판단된 것이었다.

대법원이 근거로 삼은 '명백하고 현존하는 위험'이란 주로 정신적 인권의 제한과 관련되어 논의되는 것으로 구체적으로 지금 발생하고 있는 위험을 전제한다. 따라서 공중목욕탕의 거리 제한이 위험을 초래하고 있다는 증거가 있어야 합리화된다는 것이다. 반면 일본에서는 공중목욕탕 업자의 경영 곤란으로 인한 전업이나 폐업의 방지, 건전하고 안정된 경영의 확보, 국민의 보건복지의 유지 등을 이유로 하여 합헌으로 보았다.

이를 사법의 적극주의냐 소극주의냐로 논의할 수도 있고, 한국과 일본의 목욕탕 사정이 다르다고도 논할 수 있으나, 기본적으로는 어느 쪽이 영업의 자유의 폭을 넓게 보느냐에 따른 것이라고도 할 수 있다. 비유하자면 일본에서는 공중목욕탕의 '공중'의 의미가 강조된 반면, 한국에서는 그것이 그다지 강조되지 않은 차이라고 할 수 있다. 결과적으로 일본에서는 공중목욕탕이 골고루 설치되나, 한국에서는 장사가 잘 되는 일정 지역에 집중될 수도 있다. 반면 일본의 판결은 기존업자의 기득권을 옹호한 것이라는 비판도 가능하다.

공중목욕탕에 대한 위헌 판결과 달리 유료직업소개소의 허가제는 위헌이 아니라는 판결이 내려진 점에 대해서도 여러 가지 설명이 가능하나, 여기서 본질적 문제로 논의할 필요가 있다고 생각되는 것은 정치적 다원주의라는 것이다. 즉 민주적 정치과정이란 다양한 이익집단이 자신에게 유리한 정책결정을 얻기 위해 투쟁하고 타협하는 과정인데, 그 결과가 '공공복지'이므로 법원은 그런 활동이 투명하고 공정하게 행해지도록 환경을 정비할 필요가 있다.

경제적 자유를 규제하는 법률은 특정 시장에 대한 참가제한이나 가격통제와 같이 경쟁을 제한하는 것이다. 공중목욕탕의 경우 이익단체인 업계가 '공중'을 위하여 요구한 것을 보호하기 위하여 법이 제정된 것이 명백하고, 따라서 그것이 '공공복지'임에 틀림없다. 그렇다면 여기에 '명백하고 현존하는 위험'이라는 법리가 개입될 여지가 없다. 따라서 이 경우에는 법원이 본래부터 개입할 여지가 없다.

판례의 모순

헌법재판소는 위에서 본 공중목욕탕의 규제는 위헌이라고 했으면서도 주세법에서 탁주의 공급구역을 제한하는 것이나[113] 약사법에서 의료기관의 시설안 또는 구내의 약국 개설을 금지하는 것[114]은 합헌이라고 했다. 또한 변호사의 개업지 제한은 위헌이나,[115] 한약업사의 영업지 제한은 합헌[116]이라고 했다.

이상은 영업장소의 제한에 관한 것이나, 영업내용의 제한에서도 모순된 판단이 나타난다. 가령 주점의 업주에게 19세 미만의 청소년에게 술을 파는 것을 금지한 것은 합헌이나[117] 당구장 업주가 당구장 출입문에 18세 미만자의 출입금지를 표시하게 한 것은 위헌[118]이라고 했다.

거의 동일하게 보이는 사례에서 위헌과 합헌이라는 판단이 갈리는 것을 우리는 어떻게 이해해야 하는가? 가령 위에서 본 사례에서 같은 영업지 제한에서 변호사의 경우는 위헌이고 한약업사의 경우는 합헌이라는 판단을 모순이라고 볼 수 있는 것이 아닐까?

또한 헌법재판소는 대학 및 이와 유사한 교육기관의 정화구역 안에 당구장 영업을 금지하는 것이나[119] 학교정화구역 안에서 극장시설 및 영업을 금지하는 것은 위헌이라고 했다.[120] 반면 유료직업소개소의 허가제는 유료직업소개의 공공성 때문에 합헌[121]이라고 했다. 그러나 교육기관의 정화구역에서 당구장이나 극장 영업을 하는 것도 공공적으로 문제될 수 있는 것이 아닐까?

또 헌법재판소는 법률로 시각장애인에 한해서만 안마사의 자격을 인정한 것을 위헌[122]이라고 보았다가 판례를 변경하여 합헌[123]이라고 했다. 이를 보면 앞에서 위헌이나 합헌으로 결정된 사례들도 앞으로 얼마든지 변할 수 있는 것이라고 볼 수 있다.

문제는 이러한 모순된 판단들을 피할 수 있는 원칙이 무엇이냐 하는 것이다. 우리나라 독일에서 채택하는 그 원칙은 단계이론이라는 것이다. 이는 직업수행의 자유(가령 영업의 장소나 방법의 제한)의 단계에서는 제한을 완화하고 직업선택의 자유(공공성 등의 이유)의 단계에서는 제한을 엄격하게 인정한다는 것이다. 이는 이론적으로 타당하나, 실무의 판단에서는 앞에서 본 것처럼 모순된 판단을 초래하기 때문에 문제다. 따라서 그 이론의 타당성이 의심될 수 있고 결국 구체적인 판단에서는 모순이 초래된다.

재산권

재산권과 노동권

재산권의 보장은 다른 나라의 헌법 역사에서 가장 중요한 것의 하나였으나, 국제인권규약에는 재산권이 규정되어 있지 않다. 그렇다고 하여 재산권이 인권이 아니라고 보기는 어렵다. 국제인권규약의 전신인 세계인권선언에는 재산권이 규정되어 있다.

우리 헌법도 재산권의 내용과 한계는 법률로 정한다(23조 1항)고 규정한다. 이는 다른 어떤 인권도 그 내용과 한계를 법률로 정한다고 한 것이 없는 것과 비교된다. 또한 "재산권의 행사는 공공복리에 적합하도록 하여야 한다"(동 2항)고 규정하는데, 개별적 인권에서 이러한 공공복리에 의한 제한을 명백히 규정한 경우도 없다. 그이유는 그것이 제한된 재화를 대상으로 한 것이므로 다른 어떤 인권보다도 상당 정도로 제한될 수밖에 없다고 하는 점에 있다. 그러나 이러한 제한규정은 헌법 37조 2항에 의한 일반적 제한으로 충분하므로 별도로 규정될 의미는 없다.

특히 재산권은 노동자의 인권과 관련되어 문제된다. 인권의 역사를 보면 예컨대 1789년 프랑스 인권선언에서 재산권은 절대적인 것으로 규정되었으나, 그러한 절대적 보장에 따른 빈부갈등 등의 사회적 모순에 의해 1919년의 바이마르 헌법 등에 재산권을 제한하고 노동자의 인권을 보장하는 규정을 두게 되었다.

우리 헌법은 바이마르 헌법과 같은 구조를 갖고 있는데, 이는 현대헌법의 보편적 형태와 아울러 우리 역사로부터 경험한 것을 반영한 것이라고도 보아야 한다. 적어도 현대법을 경험한 일제 이후에 우리는 헌법이라는 것을 갖지 못하고 일제에 의한 민·형법 등을 최초로 경험했다. 그것이 서양 현대법의 것이냐에 대해서는 여러 가지 논의가 가능하나, 적어도 재산권을 어느 정도 보장한 민법 등이 우리에게도 경험되었다는 것은 사실이고 일제 강점기 하에서 빈부갈등이 존재했던 점도 사실이다. 우리 헌법은 그러한 역사적 경험으로부터 1948년 제헌헌법에서 노동자의 인권을 제한된 재산권과 함께 규정했다.

그런데 우리 헌법은 다른 나라의 헌법에서는 보기 어려운 형식으로, 9장에서 '경제'라는 장을 따로 두고 있다. 즉 국가가 '경제에 관한 규제와 조정'을 할 수 있다(119조 2항). 그러나 여기서 말하는 경제, 규제, 조정의 의미가 정확하게 무엇을 말하는지 명확하지 않다. 특히 그것이 경제적 인권과 어떻게 관련되는지도 명확하지 않다. 헌법상 분명한 것은 특허제도(120조 1항), 농지소작제도의 금지(121조 1항) 등이다.

결국 이러한 경제를 어떤 것으로 볼 것이냐는 매우 주관적이기 마련이다. 경제사상은 자본주의로부터 사회주의에 이르는 매우 복잡한 양상을 보이고 있다. 그 어느 것이 우리 헌법의 태도라고 보기도 어렵다. 대체로 수정자본주의니 사회국가니 하는 관념으로 설명되는 주장에 의하면 헌법상 경제는 자유시장경제를 전제로 하되 사회적 인권의 보장에 의해 그것을 상당 정도 수정하는 것이라고 하나, 그 내용도 보는 사람에 따라 매우 주관적일 수 있다.

재산권

국제인권규약에는 재산권 규정이 없다. 반면 헌법 23조 1항은 "모든 국민의 재산권은 보장된다. 그 내용과 한계는 법률로 정한다"고 규정한다. 여기서 법률로 그 내용과 한계는 자유롭게 결정할 수 있는가 하는 문제가 발생한다. 우리 헌법은 재산권의 내용과 한계 자체에 대해 어떤 일반적인 기준도 제시하지 않고 있기 때문이다.

단 그 "행사는 공공복리에 적합"해야 하고(23조 2항), "공공필요에 의한 재산권"에의 침해가 허용되며(23조 3항), 기타 9장 '경제'에서 재산권에 대한 제한이 가능한 경우를 들고 있다. 따라서 그러한 제한에 의한 경우 외에는 한계가 없다. 예컨대 "경제생활의 질서는 모든 사람에게 인간다운 생존을 보장할 목적을 갖는 정의의 원칙에 적합해야 한다"(바이마르 헌법 151조 1항)는 식의 규정이 없다.

그러나 재산권이 헌법 10조의 '인간으로서의 존엄과 가치'라는 기본적 인권에 의해 제약을 받고, 15조의 '직업선택의 자유'와 관련된다는 것을 부정할 수 없다. 또한 32-35조의 사회권과의 관련상 제약받는 것도 당연하다. 특히 15조와 관련되어 자유로운 경제활동은 보장되어야 한다는 점에서 재산권은 생산재를 포함한 자유주의 경제질서를 전제로 함은 명백하다. 이는 헌법 119조 1항에서 "대한민국의 경제질서는 개인과 기업의 경제상의 자유와 창의를 존중으로 기본으로 한다"고 규정됨에서도 명백하다.

그러나 그 내용이 119조 2항 이하 127조까지의 경제조항에 의해 규제됨은 물론, 특히 사회권 규정에 의해 규제됨은 헌법 전체의 해석상 당연한 이해이다. 특히 119조 2항의 "적정한 소득의 분배를 유지하고, 시장의 지배와 경제력의 남용을 방지하며"라고 하였으므로 소득분배 정책과 독과점 규제 정책('독점 규제 및 공정 거래에 관한 법률')은 헌법에서 요구되고 있다. 또한 '경제주체 간의 조화를 통한 경제의 민주화'라는 규정은 예컨대 노사 공동결정제도의 근거가 될 수 있다.

나아가 동 121조 1항은 "국가는 농지에 관하여 경자 유전의 원칙이 달성될 수 있도록 노력해야 하며, 농지의 소작제도는 금지된다"고 하였으므로 현재 광범하게 허용되고 있는 부재지주의 농지 소유나 소작제도는 헌법에 위배되는 것이다. 이는 동 2항이 규정하듯이 "농업생산성의 제고와 농지의 합리적인 이용을 위하거나 불가피한 사정으로 발생하는 농지의 임대차와 위탁경영은 법률이 정하는 바에 의하여 인정"하는 것과 반드시 합치한다고 볼 수 없다.

최근 토지공개념이 문제되고 있으나, 이는 헌법 122조의 "국가는 국민 모두의 생산 및 생활의 기반이 되는, 국토의 효율적이고 균형 있는 이용, 개발과 보전을 위하여, 법률이 정하는 바에 의하여 그에 관한 필요한 제한과 의무를 과할 수 있다"는 조항에 합치하는 한 문제될 것이 없다.

또한 헌법 124조는 "국가는 건전한 소비행위를 계도화하고, 생산품의 품질 향상을 촉구하기 위한 소비자보호운동을 법률이 정하는 바에 의하여 보장한다"고 규정하고 있다. 그 법률이 소비자보호법이다. 이 법에 따라 물품이나 서비스를 구입한 소비자가 그 품질, 가격, 거래 조건 또는 표시상의 불일치 등으로 인하여 정당한 불만을 제기하면, 제조업자, 판매업자, 수입업자 또는 서비스를 제공한 자는 보상해야 한다.

재산권의 제한

재산권을 어떻게 보장할 것이냐 하는 것은 입법부에 맡겨져 있다. 그것이 민법이나 상법 등의 재산법이다. 그러한 법률을 제정함에 있어 사유재산제도가 보장되어야 한다는 주장이 있으나 이는 헌법 자체로부터 나올 수 있는 논리는 아니다. 적어도 헌법상의 제한 규정에 따라 사유재산제도는 얼마든지 제한될 수 있다.

따라서 예컨대 국토이용관리법상의 토지거래허가제와 그 위반에 대한 벌칙규정을 합헌이라고 한 헌법재판소의 판단[124]은 옳다. 이를 사유재산에 대한 임의적인 이용·수익·처분권을 본질로 하는 사유재산권에 대한 중대한 침해로 보는 견해가 있으나, 그러한 사유재산권의 이해는 헌법상 명시되어 있지 않다는 점에서 의문이 있다. 도리어 우리 헌법 122조에 의해 국토이용에 대한 법률의 규제를 그 근거로 보아야 할 것이다.

이와 달리 헌법상 그 제한이 명시된 규정은 헌법 23조 3항의 보상의 경우이다. 헌법은 "공공필요에 의한 재산권의 수용·사용 또는 제한 및 그에 대한 보상은 법률로써 하되, 정당한 보상을 지급하여야 한다"고 규정하고 있다. 이를 손실보상청구권이라고도 한다.

여기서 보상이란 원칙적으로 완전보상을 의미한다고 함이 판례 및 통설이다.[125] 따라서 토지수용법, 국토이용관리법, '지가 공시 및 토지 등의 평가에 관한 법률', 도시계획법, 주택건설촉진법 등이 지가고시제를 규정함은 문제가 있다고 한다.

그러나 헌법에서 말하는 '정당한'이란 말이 반드시 완전보상을 의미하는지에 대해서는 의문이 있다. 똑같은 규정을 두고 있는 일본 헌법에서는 판례와 통설이 상당보상설을 취하고 있다. 무조건 상당보상 또는 완전보상을 주장하는 것은 옳지 못하다. 왜냐하면 경우에 따라 구분해야 할 필요가 있기 때문이다. 예컨대 직접적인 공공필요에 의한 공공사업, 가령 도로를 만드는 경우에는 당연히 완전보상이 요구되나, 그렇지 않은 경우, 가령 도시계획법에 의해 토지개발제한구역으로 설정된 구역의 토지소유자가 재산권행사의 제한을 받는데 이러한 경우에는 상당보상이 요구된다고 할 수 있다.

따라서 현행법상 토지개발제한구역의 경우 손실보상이 인정되지 않는 것은 공공복리에 합치된다고 보는 판례[126]에는 문제가 있다. 헌법상 보상 규정을 완전히 부정하기 때문이라고 한다. 그러나 이에 대해 재산권의 본질적 내용은 반드시 존중되어야 하므로 개별적인 사안에 따라 판단해야 한다고 보는 막연한 견해에는 찬성할 수 없다.

토지공개념과 법

땅값을 둘러싼 논쟁은 교육을 둘러싼 논쟁과 함께 우리 사회의 가장 심각한 화두이다. 그런 가운데 토지소유권은 더 이상 사적 소유권이 아니라 공적인 성격을 갖는 것이라는 토지공개념이라는 사고가 확산되었다. 이를 사회주의 체제로 접근하는 것이라고 보는 견해가 있으나,[127] 사회주의에서는 토지소유권 자체가 인정되지 않고, 우리의 토지공개념이란 어디까지나 헌법의 범위 내에서 그 공적 성격을 강조하는 것에 불과하다.

앞에서 본 국토이용관리법상의 토지거래허가제도 토지공개념에 근거한 것이나, 대표적인 관련 법률은 '택지 소유 상한에 관한 법률', 토지초과이득세법, '개발이익 환수에 관한 법률'이라는 세 가지 법률이다. '택지 소유 상한에 관한 법률'은 1가구의 구성원 전부가 소유할 수 있는 택지의 총면적을 서울특별시 및 직할시의 경우 약 200평으로 제한하고, 법인은 그 소유 자체를 금지하는 것이고, 토지초과이득세법은 부동산 투기의 목적으로 쓸데도 없는 땅을 구입한 경우 지가 상승에 비례해 강력한 세금을 부과하는 것이며, '개발이익 환수에 관한 법률'은 땅과 관련된 개발사업으로 이익이 생긴 경우 그 이익을 환수대상으로 하여 개발부담금을 물리는 것이다.

그러나 '택지 소유 상한에 관한 법률'은 1999년 위헌결정을 받았고, 토지초과이득세법도 1994년 헌법불합치결정을 받았으며, '개발이익 환수에 관한 법률'은 1998년 일부위헌결정을 받았지만 지금까지 존속하고 있으나 그 법에 의한 개발부담금은 부과가 중지된 상태에 있다. 즉 세 법 모두 성공하지 못하고 있다.

먼저 '택지 소유 상한에 관한 법률'에 대한 위헌결정은 약 200평이란 제한이 과도하다는 이유에서 내려졌으나, 그것을 과도하다 함은 참으로 주관적인 것이라고 하지 않을 수 없다. 다음 토지초과이득세법에 대한 위헌결정은 미실현 이득에 대한 과세라는 이유에서 내려졌으나, 이는 부동산 투기 대책이라는 법의 목적을 완전히 무시한 것이라고 하지 않을 수 없다. '개발이익 환수에 관한 법률'에 대한 일부 위헌결정은 시행령으로만 인정한 경우에만 대상 토지의 가액을 산정하게 했다는 이유에서 내려졌다.

민법의 재산법

민법은 개인 상호 간의 사적 관계인 재산관계와 신분관계를 규율하는 법으로서 후자에 대해서는 앞에서 설명했다. "재산권의 행사는 공공복리에 적합"해야 한다(23조 2항)는 것이 민법의 기본원리임은 앞에서도 설명했다.

재산권은 물권과 채권으로 나누어진다. 물권은 다시 소유권과 제한물권으로 나누어진다. 소유권이란 물건을 직접, 배타적으로 사용, 수익, 처분할 수 있는 권리이다. 반면 제한물권이란 물건의 한정된 면만을 지배할 수 있는 권리로서, 용익물권과 담보물권이 있다. 용익물권이란, 소유권은 없으나 타인의 물건(부동산)을 일정한 목적을 위해 사용·수익할 수 있는 권리로서, 지상권, 지역권, 전세권이 있다. 그리고 담보물권이란 자기의 채권을 담보하기 위해 다른 사람의 소유인 물건에 제한을 가하는 권리로서, 유치권, 질권, 저당권이 있다.

부동산을 공시하는 방법은 등기이다. 따라서 소유권을 취득하려면 등기해야 한다. 즉 부동산을 거래하는 경우, 등기부와 토지대장을 열람하고, 매매계약을 체결한 뒤 계약금·중도금·잔금을 지급하고, 등기서류 및 부동산을 인수하고, 등기한 뒤 등록세와 취득세를 납부하는 절차를 밟게 된다.

부동산 이용에 관련되어 1981년에 주택임대차 보호법이 제정되었다. 이는 세입자의 주거와 보증금의 회수를 보장하는 등 세입자를 보호하기 위한 특별법으로서 주민 등록 이전과 임대차 계약서에 확정일자를 받으면 전세권 설정과 동일한 효력을 인정한다.

물권과 함께 중요한 재산권인 채권은 계약을 위시하여 불법행위와 부당이득 등에 의해 발생한다. 그중에서 특히 중요한 것이 불법행위이다. 이는 고의나 과실에 의해 타인에게 손해를 주는 행위로서, 그 경우 손해배상의 책임을 져야 한다.

노동권

고용권과 고용법

중고등학교나 대학을 졸업하면 노동생활을 하게 되고, 대부분의 경우 그렇게 하지 않을 수 없게 된다. 적어도 15세까지 의무교육을 받아야 하므로 원칙적으로 중학교를 졸업하는 나이인 15세 이후에야 직장생활을 할 수 있다. 근로기준법에서는 15세를 최저 고용연령으로 규정하고 있으나(62조) 학생시절에 아르바이트를 하는 경우도 있다. 아르바이트를 하는 학생도 노동자임은 물론이다.

직장생활에서의 인권, 즉 노동자로서 갖는 인권으로서 헌법 32조와 33조가 있다. 헌법 규정에서는 노동이라는 말 대신 '근로'라는 말을 사용하나 '근로'란 '열심히 일한다'는 느낌을 주어 문제가 있고, 이를 구체화한 법을 노동법이라고 하므로 이 책에서는 노동이란 말을 사용하도록 한다.

헌법 32조 1항은 "모든 국민은 근로의 권리를 가진다"고 규정한다. 이를 노동권이라고 하자. 노동권은 모든 국민에게 고용을 요구하거나 고용에 갈음해서 생활비의 지급을 요구할 수 있는 권리가 아니라고 보는 견해가 있으나, 헌재 2002.11.28, 2001헌바50. A 규약 6조 1항에 말하는 노동권, 즉 "모든 사람이 자유로이 선택하거나 수락하는 노동에 의하여 생계를 영위할 권리를 포함하는 노동의 권리"에는 포함된다고 해석된다. 규약에서 말하는 "자유로이 선택하거나 수락하는 노동"이란 자신이 원하는 바에 따라 자유롭게 선택하고 수락할 수 있는 직업에 고용되는 권리를 말한다. 따라서 강제노동으로부터 보호되고, 노동자가 능력을 충분히 발휘할 수 있는 적절한 직업에 고용될 기회를 확보하는 것이어야 한다. 그리고 이를 위해 교육과 훈련을 받는 권리를 보장해 개인의 능력을 발휘할 수 있게 함과 동시에 공적인 무료 직업소개에 의해 적절한 직업을 선택하는 기회가 널리 보장돼야 한다. 또 노동기회를 얻지 못한 경우나 불충분한 경우에는 가족을 포함하여 그 생활의 기본적인 필요를 충족하면서 유리한 직업을 가질 수 있게 하는 조치를 요구할 수 있는 권리도 포함된다고 해석된다.

국가는 적극적으로 근로자가 요구하는 적정한 고용을 보장할 필요가 있으므로 적극적인 고용정책을 실시해야 한다. 그래서 헌법 32조 1항 후문은 "국가는 사회적·경제적 방법으로 근로자의 고용의 증진…에 노력해야" 한다고 규정하고 있다. 이에 대해 A규약은 더욱 상세하게 "노동권의 완전한 실현을 달성하기 위하여 취하는 제반조치에는 개인에게 기본적인 정치적, 경제적 자유를 보장하는 조건 하에서 착실한 경제적, 사회적, 문화적 발전과 생산적인 완전고용을 달성하기 위한 기술 및 직업의 지도, 훈련계획, 정책 및 기술이 포함돼야 한다"고 규정한다.

이를 위한 법률로 고용정책기본법, 직업안정법, 직업훈련기본법, 남녀고용평등법, '장애인 고용 촉진 및 직업재활법,' 고령자고용촉진법, 청년실업해소특별법 등이 있으나 반드시 충분하다고는 할 수 없다.

노동권에 있어 특히 중요한 것은 적어도 경제활동의 자유를 전제로 하는 자본주의 국가는 기업에 대하여 특정인을 고용하도록 강제할 수 없으므로 실업자는 여전히 생길 수밖에 없다는 점이다. 이러한 경우에 국가는 차선책으로서 실업자에게 상당한 생활비를 지급해야 그 생활이 가능해진다. 이는 32조의 노동권에 명시되어 있지는 않으나, 노동권의 본질에서 나오는 것으로 생각되며, 굳이 다른 헌법적 근거를 찾자면 헌법 10조의 '인간의 존엄과 가치' 및 헌법 35조의 '인간다운 생활'을 들 수 있다. 그러므로 노동권은 국가에 대해 노동기회의 제공을 요구하고, 그 제공이 불가능한 경우에는 상당한 생활비를 요구할 수 있다고 보아야 한다. 이를 규정한 법률이 고용보험법이다.

노동권에서 적정한 직업의 요구권은 중요한 내용이기는 하나, 반드시 적정한 직업이 주어진다고는 할 수 없는데, 이 경우 '근로의 의무'(헌법 제32조 2항)와 관련되어 취업을 거부하고 실업보험금을 요구할 수 있는 권리는 인정될 수 없다.

이상 32조 1항의 노동권을 '고용'이라고 하고, 이는 관련 법률의 이름들에서 보듯이 고용에 관한 법으로 구체화되어 있으므로 그것을 고용권과 고용법으로 부를 수 있다. 이는 32조 3항에서 규정하는 '근로조건'과 구별된다. 즉 32조 1항은 고용권, 32조 3항 이하는 노동조건권을 규정하고 있다. 즉 32조 3항 이하는 고용된 뒤에 인간의 존엄성을 보장하는 노동조건을 요구하는 권리'로 보아야 한다.

고용권은 재산권에 근거한 재산법의 중요한 원칙 중 하나인 계약의 자유와 관련된다. 그것은 헌법에 의해 비롯되는 것이 아니라 민법 등 사법에 의해 비로소 창설되는 것에 불과하다. 따라서 계약의 자유를 제한하여 민법상 고용계약에 해당되는 근로계약의 내용인 근로조건에 대한 기준을 헌법에서 규정함은 민법에 우월한 것으로서 인정된다.

한편 헌법 32조 4항은 여자의 고용에 대한 차별금지를 규정하고, 동 6항은 국가유공자 등에게 우선적인 고용기회를 부여한다고 규정하고 있다.

노동조건권과 노동조건법

고용된 노동자는 인간의 존엄성을 보장받는 근로조건을 요구할 수 있어야 한다. 이것이 노동조건에 대한 인권이다.

이를 헌법 32조 3항은 "근로조건의 기준은 인간의 존엄성을 보장하도록 법률로 정한다"고 규정하고 있다. 이에 관한 A규약 7조는 더욱 상세하게 1항에서 "공정하고 유리한 노동조건을 모든 사람이 향유할 권리"라고 하고, 이는 최소한 다음을 확보하는 것이야 한다고 규정한다.

첫째, 모든 노동자에게 최소한 "공정한 임금과 어떠한 종류의 차별도 없는 동등한 가치의 노동에 대한 동등한 보수, 특히 여성에 대해 동등한 노동에 대한 동등한 보수와 함께 남성이 향유하는 것보다 열등하지 아니한 노동조건의 보장"과 "이 규약의 규정에 따른 근로자 자신과 그 가족의 품위 있는 생활", 둘째 "안정하고 건강한 노동조건,", 셋째, "연공서열 및 능력 이외의 다른 고려에 의하지 아니하고, 모든 사람이 자기의 직장에서 적절한 상위직으로 승진할 수 있는 동등한 기회," 넷째, "휴식, 여가 및 노동시간의 합리적 제한, 공휴일에 대한 보수와 정기적인 유급휴일"이다.

노동조건의 범위를 구체적으로 어떻게 할 것인가는 입법에서 결정될 것이나, 헌법상 '인간의 존엄성'을 보장하는 것이어야 하고, 구체적으로 적정임금의 보장과 최저임금제의 시행이 명시되어 있다(32조 1항). 이에 따라 근로기준법, 최저임금법, 임금채권보장법, 산업안전보건법, 산업재해보상보험법, 선원법, '파견근로자 등에 관한 법률'이 제정되어 있으나, 헌법에 명시된 적정임금의 보장을 위한 법은 아직 없다.

노동조건권의 내용으로 노동조건을 노동자와 사용자가 공동결정하는 권리는 기업주의 재산권을 침해할 가능성이 크기 때문에 인정될 수 없다고 보는 견해가 있으나, 이는 독일의 경우 재산권의 침해가 아니라는 이유에서 공동결정이 인정되고 있는 점과 대조적이다. 노동자의 경영참가의 범위를 어떻게 정할 것이냐 하는 문제는 입법정책의 문제이나, 설령 공동결정제를 인정한다고 해서 위헌으로 볼 수는 없다는 것이 헌법의 해석상 옳다. '인간의 존엄성'을 보장하는 헌법 규정에 비추어보면 근로기준법 등에는 많은 문제점이 있다.

여성과 아동의 노동권 및 노동조건권

헌법 32조 4항은 여자의 노동에 대한 특별 보호와 임금 및 근로조건에 대한 차별금지를 규정하고, 동 5항은 연소자의 노동보호를 규정한다. A규약 10조에서는 더욱 상세한 규정을 두고 있다. 즉 여성에 대해서는 2항에서 "임산부에게는 분만 전후의 적당한 기간 특별한 보호가 부여된다. 동 기간 중의 노동임산부에게는 유급휴가 또는 적당한 사회보장의 혜택이 있는 휴가가 부여된다"고 규정하고, 이어 3항에서는 "가문 또는 기타 조건에 의한 어떠한 차별도 없이, 모든 어린이와 연소자를 위하여 특별한 보호와 원조의 조치가 취해진다. 어린이와 연소자는 경제적, 사회적 착취로부터 보호된다. 어린이와 연소자를 도덕 또는 건강에 유해하거나 또는 생명에 위험하거나 또는 정상적 발육을 저해할 우려가 있는 노동에 고영하는 것은 법률에 의하여 처벌할 수 있다. 당사국은 또한 연령제한을 정하여 그 연령에 달하지 않은 어린이에 대한 유급노동에의 고용이 법률로 금지되고 처벌될 수 있도록 한다."고 규정한다.

이에 대해서는 근로기준법, '남녀고용평등과 일·가정 양립 지원에 관한 법률' 등에 여러 가지 조항이 있다.

노동권의 현주소

우리나라 노동 인권의 가장 심각한 문제는 비정규직 문제다. 2008년 3월 기준으로 비정규직은 858만 명으로 전체 노동자의 53.6%이고 노동자 상하위 10%의 임금격차는 5.3배로서 OECD 국가 중 세 번째이다. 또 전체 노동자 평균임금의 3분의 2에 미달하는 저임금 노동자 비율은 OECD 국가 중 1위(25.4%)이고 정규직 대비 비정규직의 월평균 임금총액은 50.3%이며, 시간당 임금은 51.2%이다. 법정 최저임금 미달자는 193만 명(12.5%)으로 이는 2001년 8월의 59만 명(4.4%)에서 급격히 증가했으며 그중 비정규직이 94.5%를 차지한다.

그럼에도 이명박 정권의 노동정책은 과거 정권의 경우와 같이 비정규직 확대와 노동자 단결활동에 대한 노동통제를 기본으로 하여 왔으나, 종래 정권이 사회통합적 노사관계를 내세운 반면 아예 노동측의 참여를 배제한 점에 그 특색이 있다. 2008년 국정과제에서 노동부는 노사관계 선진화, 활력 있는 노동시장, 국민을 섬기는 따뜻한 노동행정을 3대 기본과제로 제시했으나 11개 실천과제와 23개 단위과제는 기본과제와는 동떨어져 있다.

특히 노동부는 경영계가 제출한 규제개혁과제를 지식경제부로부터 받아 노동규제개혁위원회를 구성하여 노동자 보호법규의 해체를 도모하면서, 다른 한편으로는 법치주의를 강조하며 노사자율에 맡겨야 할 복수노조나 노조전임자 문제를 적극 통제하려 하고 있다. 또한 노동자들의 집단행동을 대부분 불법으로 규정하여 그 지도자들을 구금하고 불법파업을 이유로 수억대의 보복적인 손해

배상청구와 재산압류를 서슴지 않고 있다. 이명박 정권 1년에 특이한 노동 인권 침해사례를 볼 수 없는 것은 과거 정권에서 이미 그 구조가 고착된 탓이다.

사회보장권

사회보장권

1994년 당시 생활보장대상자였던 어느 노부부가 생활보호급여 수준이 최저생계비의 반에도 못 미친다고 하며 헌법 34조 1항의 '인간다운 생활을 할 권리'와 헌법 10조의 '인간의 존엄' 및 행복추구권을 침해하여 위헌이라는 헌법소원을 제출했다. 그러나 헌법재판소는 1997년, 당시의 생계급여는 분명 최저생계비에 미달하지만, 인간다운 생활을 보장하기 위한 보호기준의 책정은 정부 재량에 의할 수밖에 없고, 생활보장대상자에게 주어지는 여타 급여들(노령수당, 공과금 감면 등)을 합하면 헌법규정을 현격히 위배했다고 볼 정도는 아니라고 판결했다.[128] 그 후 생활보호법이 개정돼 최저생계비를 공식적으로 계측해 발표해야 하는 국가의 의무가 규정됐고, 이후 생활보호법을 대체한 국민기초생활보장법이 모든 수급자들의 최저생계비 보장을 규정했다.

헌법 34조 1항은 "모든 국민은 인간다운 생활을 할 권리를 가진다"라고 규정한다. '인간다운 생활'이란 물질적 최저생활이 아니라 문화적 최저생활을 말한다고 하나, 그것을 최저생활이라고 보는 점에는 문제가 있다. 즉 헌법은 명백히 '인간다운 생활'이라고 규정하지 '인간의 최저 생활'이라고 규정하고 있지 않기 때문이다.

한편 A규약 11조는 이를 더욱 상세히 "모든 사람이 적당한 식량, 의복 및 주택을 포함하여 자기 자신과 가정을 위한 적당한 생활수준을 누릴 권리와 생활조건을 지속적으로 개선할 권리"라고 규정하고 "기아로부터의 해방"을 인권으로 인정한다. 여기서 '생활조건'이란 의식주 외에 규약에 규정된 적절한 노동조건, 건전한 가정의 형성과 모성의 건강 및 아동의 건전한 성장, 사회보장, 신체와 정신의 건강, 교육, 문화적 생활과 과학이용에 의한 이익의 향수 등을 포함하는 것이다.

또한 이 권리가 구체적 권리인가에 대해서도 논쟁이 있으나, 헌법은 34조 1항에서 그 기준, 그리고 34조 2항 이하에서 사회보장과 사회복지, 여자의 복지와 권익향상, 노인과 청소년의 복지향상, 생활무능력자의 보호, 피재해 국민의 보호 등을 시책으로 규정하고 있다.

따라서 사회보장권은 이를 추상적 프로그램으로 보는 헌법재판소의 견해[129]와 달리 구체적 권리라고 보아야 한다. 물론 헌법에서 말하는 '기준'과 '시책'이라고 하는 것도 추상적이기는 하다. 그러나 헌법의 인권규정은 추상성을 면치 못하는 경우가 상당히 많다. 따라서 그 내용은 법률과 재판에 의해 확정된다. 법률이 없는 경우에도 재판이 가능하다.

사회보장법

사회보장법의 기본인 사회보장기본법은 사회보장을 "질병·장애·노령·실업·사망 등의 사회적 위험으로부터 모든 국민을 보호하고 빈곤을 해소하며 국민생활의 질을 향상시키기 위하여 제공되는 사회보험·공공부조·사회복지서비스 및 관련복지제도"라고 정의하고 있다. 그 구체적인 내용은 국민건강보험법, 군인보험법, 국민연금법, 고용보험법, 국민기초생활보장법, 의료급여법 등에 의해 규정되고 있다.

다음 헌법 34조 3항이 규정하는 여자의 복지와 권익의 향상을 위한 법으로서는 모자복지법, 모자보건법, 영유아보육법 등이 있다. 또한 34조 4항이 규정하는 노인과 청소년의 복지향상을 위해서는 노인복지법, 청소년기본법, 청소년보호법, 청소년복지지원법, 청소년활동진흥법, '청소년의 성보호에 관한 법률', 아동복지법, '장애인·노인·임산부 등의 편의 증진 보장에 관한 법률'이 제정되어 있다.

또한 34조 5항이 규정하는 장애자 등 생활능력이 없는 국민의 보호를 위해서는 장애인복지법, '장애인 고용 촉진 및 직업재활법,' '국가 유공자 등 예우 및 지원에 관한 법률', '장애인·노인·임산부 등의 편의 증진 보장에 관한 법률'이 제정되어 있다.

마지막으로 34조 6항이 규정하는 재해예방과 위험으로부터의 보호를 위해 재난관리법과 재해구호법 등이 제정되어 있다.

사회보장법의 문제점

사회보장권에 근거해 제정된 우리나라 사회보장법에는 많은 문제점이 있다. 첫째, 포괄성의 부족이다. 사람이 생애에 겪을 수 있는 사회적 위험, 즉 인간다운 생활을 위협하는 위험은 매우 다양하므로 이를 포괄적으로 규정해야 한다. 그러나 그런 포괄성이 우리 사회보장법에는 아직도 매우 부족하다.

둘째, 적용범위가 좁다. 사회보장법은 필요한 모든 국민에게 적용돼야 한다. 그러나 우리 사회보장법은 그 적용범위가 좁다. 가령 국민기초생활보장법은 전 국민의 3% 정도에 적용되고 있는데, 이는 우리나라 빈곤인구의 절반에 불과하다. 또 국민연금법은 전체 가입자 중 납부 예외, 체불 등으로 보험료를 내지 않는 사각지대에 놓인 사람들이 반에 이른다. 특히 심각한 문제는 취약계층일수록 배제되는 경우가 많다는 점이다.

셋째, 급여수준이 적절하지 않고 평등지향적이지 않다. 유일하게 2000년에 국민기초생활보장법에 의해 최저생계비 보장이 규정됐으나 실제 급여는 이에 미달한다. 게다가 국민기초생활보장법은 불평등 완화에 필수적인 상대빈곤 개념이 아니라 절대빈곤 개념을 채택하여 수급자 가구와 일반 가구의 격차가 점차 확대되고 있다.

이는 국가가 사회보장비 예산 설정에 소극적이기 때문이다. 우리나라 사회보장비의 GDP 대비 비중은 10% 전후인데 이는 서유럽 국가들의 30% 전후에 비해 턱없이 낮은 비율이고 우리와 경제수준이 비슷한 국가들 중에서도 하위에 속한다.

그 결과 우리나라에는 여전히 대규모 절대빈곤이 지속되고 있다. 특히 1997년 말 발생한 IMF 외환위기 이후 대량실업과 함께 대량빈곤 문제가 발생하여 빈곤율은 7%에서 20%까지로, 즉 4백만 명에서 1천만 명으로 추산됐다. 노숙인으로부터 쪽방, 비닐하우

스, 옥탑방, 지하방에 사는 절대빈곤인구는 극단적인 일부에 불과하다. 비정상 주거지 외에도 주거수준이 열악한 가구는 정부가 발표한 기준에 의해서도 전체 가구의 20% 전후인 3백만 가구가 넘고 있다.

빈곤의 또 다른 문제는 빈부격차다. 흔히 5%의 상위계층과 95%의 하위계층이 존재한다고 하는 것은 노동시장의 임금격차와 함께 사회보장법에 의한 불평등 완화가 제대로 기능하지 못하기 때문이다. 앞에서 보았듯이 사회보장법의 적용범위와 급여수준이 낮고 그 내용이 상대빈곤의 해소를 목표로 하는 평등지향적인 것이 아니기 때문이다.

소수자에 대한 차별과 침해 및 그 극복을 위한 운동

사회보장법에는 소수자에 대한 차별과 침해가 존재한다. 우리나라의 사회보장법은 공무원과 군인을 최초의 보호대상으로 삼았다. 따라서 노동자 농민은 차별을 받았다. 지금은 노동자 농민에 대한 차별은 상당히 해소됐으나 비정규직이나 빈민에 대한 차별은 사회보장법의 미비로 인해 여전히 존재하고 있다. 비정규직의 임금을 비롯한 사회보장법상의 차별은 여전히 존재한다.

이러한 차별과 함께 인권의 침해도 존재한다. 특히 아동, 여성, 노인, 장애인 등의 인권침해다. 여성에 대한 폭력은 강간, 성학대, 성희롱, 위협, 인신매매, 강제적 성매매, 관습적 폭력 등으로 다양하게 나타난다. 여성을 포함한 가정폭력은 노인, 아동에 대한 가정 내의 학대와 방임 등으로도 발생한다. 특히 사회복지시설에서 발생하는 살인과 폭력, 감금과 암매장, 협박과 공갈, 성폭력과 강제 불임시술, 강제노역과 학대, 무보수 착취와 출입 제한, 급식 제한과 따돌림 등의 문제가 심각하다. 이러한 침해는 치안능력 등에도 원인이 있지만 사회복지시설의 부족 등을 비롯한 사회보장법의 수준 미비에도 그 원인이 있다.

이러한 현실에 대응하여 이를 극복하고자 하는 운동이 생겨남은 지극히 당연한 것이다. 2001년 안산 오이도역에서 70대 노부부가 장애인용 리프트를 사용하던 중 줄이 끊어져 할머니가 사망한 사건을 계기로 이동권 문제가 부상했다. 또한 2000년 투표소가 2층에 있어 투표권을 행사하지 못한 장애인들이 소송을 제기해 국가로부터 배상을 받았고, 대학에 입학한 장애인이 편의시설 부족을 이유로 학교를 상대로 소송을 제기해 승소했다.

이러한 투표의 권리보장, 편의시설의 이용 등의 인권과 함께 독립생활에 대한 요구, 정보접근권 등의 문제가 대두했다. 즉 무의탁 노인, 장애인, 아동을 대규모 시설에 수용하거나 최저생활 보장이 아닌 사회의 일원으로서 그 생활의 독립을 보장해야 한다는 요구가 생겨났다. 그러한 독립생활의 보장이 자유의 참다운 내용임을 재차 강조한다.

기본소득

우리나라 사회보장제도는 다른 선진국에 비해 매우 늦게 도입되어 여러 가지 문제가 있지만, 최근에는 연금제도의 급부수준 저하를 비롯해 사회보장기금의 고갈 등 그 제도 자체의 의의와 지속성에 대한 근본적인 의문이 제기되고 있다. 이러한 사회보장제도의 위기는 한국뿐만 아니라 범세계적인 차원에서 문제가 되어 왔다. 중요한 원인에는 예상을 인구 피라미드 구조의 급격한 변화, 특히 노령인구의 급증에 있지만, 양적 변화의 배후에는 질적인 변화도 존재한다. 즉 노동과 가족의 구조와 함께 사회의 재생산구조가 급격히 변하고 있다는 점이다. 가령 독신세대의 증가, 여성고용률의 증가, 청년실업의 만성화, 비정규고용의 일반화 등 여러 가지 새로운 문제들이 속속 나타나고 있다. 이는 세부적이고 기술적인 개선만으로는 해결할 수 없을 정도로 심각한데도, 근본적인 개혁의 논의는 아직 찾아볼 수 없다. 이러한 상황에서 하나의 근본적인 개혁론으로 대두된 것이 기본소득이라는 것이다.

'기본소득'이란 모든 사람에게 아무런 조건 없이 최저한의 소득을 보장하는 것을 뜻하므로 이는 현재의 사회보장제도와 근본적으로 다르다. 즉 현재의 사회보장제도는 스스로 노동하여 임금을 얻는 것을 전제로 하여 사회보험에 가입해 보험료를 납부해야 실업수당이나 연금을 받을 수 있고, 이에 더하여 빈곤한 자가 생활보호나 공적 부조를, 자산조사에 의해 수급자격이 있다는 전제에서만 부여받는 것임에 반해, 기본소득구상은 그런 전제 없이 무조건 기본소득을 지급하자는 것이다. 즉 모든 사람에게 노동, 결혼, 성별 등의 조건을 따지지 않고 부여하는 소득보장구상이다. 경우에 따라 직접 현금 급부를 받을 수도 있고, 지급해야 할 세금을 감면받는 세액공제로 받을 수도 있으며, 급여수준을 연령에 따라 달리 할 수도 있다. 가령 연금수급자는 높은 액수를, 아동에게는 낮은 액수를 지급할 수도 있다. 또한 이는 현재와 같이 사회보험이나 세금으로 사회보장급부금을 만들고 개인소득세제에서 생활보장을 위해 정책적으로 채용한 각종 소득공제도 없애고, 세제와 사회보장제도를 통합하여 소득세에 대한 비례과세만으로 재원을 조달하자는 구상이다.

이러한 기본소득이 구상된 이유는, 종래 사회보장제도의 전제였던 노동과 가족의 구조, 즉 완전고용 하에서 남성이 정규직으로 노동하여 임금을 받고, 전업주부인 여성이 가정에서 무상노동을 한다는 구조가 붕괴되고 있으며, 특히 기업중심사회에서 사회보장제도가 제대로 기능하지 못하고 있다는 점에 있다. 또한 이를 한국에서도 검토할 필요가 있다고 생각하는 이유는, 다른 어느 나라보다도 강고한 성별분업에 근거하여, 기업과 가족이 사회보장제도의 저수준을 보완하는 것을 통해 더욱더 강고한 기업중심의 사회경제 시스템이 최근 한국에서 형성되어 왔으나, 앞으로 개인의 자립과 공동에 근거한 복지사회를 만들기 위해서는 먼저 기업중심사회에서 벗어나야 한다고 생각한다.

기본소득구상은 누구에게나 최저소득을 보장하여 개개인의 경제적 기반을 형성해줌으로써, 개인이 사업을 할 수도 있고, 돈이 되지 않는 사회공헌에 나설 수도 있게 한다. 특히 지금까지 그 활동이 경제적으로 충분히 평가받지 못했던 사회봉사·문화·예술·학문 활동 등이 활발하게 이루어질 수 있으며, 또한 비정규직처럼 불안정한 노동임금에 의존한 사람들에게도 안정된 생활을 보장할 수 있다. 또 "임금취득자로서의 남성+전업주부로서의 여성"으로 형성된 기존의 노동과 가족의 구조를 해체할 수 있고, 나아가 종래 생활보호나 공적 부조를 사전의 자산조사에 의한 수급자격 부여에 관련시켜 생겨난 문제점도 해결할 수 있으며, 세제와 사회보장제도를 통합하여 그 재원을 더욱 충실하게 만들 수도 있게 된다.

그러나 누구든 이에 대해서는 당장 의문을 제시할 수 있다. 즉 이러한 제도가 실시되면 누구나 일하려고 하지 않을 것이 아닌가, 또는 노동능력이 있으면서도 노동하지 않는 자에게도 소득보장을 하는 것이 과연 옳은가 하는 점이다. 더욱 큰 의문은 방대한 재원의 조달 문제이다. 그러나 기본소득을 주장하는 학자들은 현재의 사회보장예산으로 충분히 감당할 수 있다고 본다. 물론 이는 사회보장예산이 우리와 비교할 수 없을 정도로 높은 선진국의 경우이지만 우리나라의 경우에도 반드시 무리라고만 볼 수 없다. 그러나 무엇보다도 큰 결점은 기본소득구상은 소득보장에 관한 것에 그치고 있고, 의료나 복지 사회서비스에 대해서는 한계가 있다는 점이다. 즉 이는 사회보장을 주로 소득보장으로 보는 영국 내지 유럽식 사회보장제도에서 나오는 발상이라는 한계이다.

우리 헌법 34조가 규정하는 "인간다운 생활을 할 권리"는 기본소득을 인정할 수 있는 근거라고 볼 수 있다. 기본소득의 기본이란 여러 가지 의미를 갖는데, 그 하나가 "인간다운 생활"을 가능하게 하는 "기본적 필요"를 충족하게 한다는 것이고, 그런 점에서 그것은 "기본적 인권"의 불가결한 요소이기도 하다. 또한 기본이란 그 보장금액이 어디까지나 기본 내지 기초이고, 그 위에 임금노동 등의 다른 방법을 통해 돈을 버는 것을 방해하지 않는다는 의미이기도 하다. 이처럼 기본소득이란 우리 헌법에서도 당연히 인정될 수 있는 것인데도 현실은 반드시 그렇지 않다는 점에 문제가 있다.

첫째, 현재의 생활보호제도 등에는 여러 가지 조건이 부과되어 "인간다운 생활을 할 권리"가 무조건 인정되지 않는다. 둘째, 헌법 34조를 인정한다고 해도 무조건 기본소득을 보장하는 기본소득에 대해서는 많은 사람들이 현실적으로는 물론 이념적으로도 저항한다. 특히 한국 헌법에서는 32조 2항에서 "근로의 의무"를 규정하는데, 이에 대해서 적극적인 의미부여가 없었지만, 기본소득에서 말하는 "무조건 지급"이라는 점에 대해 일정한 수정을 요구하는 근거로 볼 수도 있다.

헌법상의 "인간다운 생활을 할 권리"는 최근 두 가지 차원에서 특히 위협받고 있다. 그 하나는 격차와 빈곤의 심각화이다. 이는 신자유주의 하의 규제완화에 의한 복지국가의 기능파괴에 의해 초래된 부분과, 신자유주의가 주도하는 세계경제변화에 의한 복지국가의 기능불능에 의해 초래되는 부분으로 나누어 볼 수 있다. 후자의 기능불능은 먼저 국가가 완전고용을 보장할 수 없게 되어 복지국가의 전제가 불가능하게 되었다는 것이다.

이러한 상황에서 실업수당과 같은 수동적인 수단이 아니라, 노동력의 질을 높이고 노동력의 이동을 지원하며, 복지급부를 노동에 연동시키면서 노동의 인센티브를 높이기 위한 글로벌라이제이션이 진행되는 가운데 취로와 복지를 결합하는 정책이 적극적으로 모색되고 있다.

한국에서도 이러한 정책의 모색은 반드시 필요하고, 자연생태와의 조화를 비롯한 여러 가치와의 조화도 필요하다. 그러한 조화 속에서 노동과 복지를 결합하는 기본소득제도의 한국적 발전이 요망된다.

7

사법적 인권과 법

사법적 인권의 틀

헌법에서 사법司法이란 사법권의 재판을 말한다. 그러나 민사소송의 경우와는 달리, 형사소송의 경우에는 재판 이전에, 사법이 아닌 행정에 속하는 경찰과 검찰에 의한 수사가 재판 이전에 행해진다. 7장에서 말하는 사법적 인권과 법에는 그런 수사 단계의 것도 포함한다. 구체적인 법에는 절차법이라고 부르는 민사소송법, 형사소송법, 행정소송법, 군형법 있다.

특히 인권으로 문제되는 것은 형사소송이고, 그중에서도 수사단계의 것이다. 즉 헌법에서는 위에서 설명한 10조의 인간으로서의 존엄과 가치, 11조의 평등권에 이어 12조의 신체의 자유를 비롯한 사법적 인권을 규정하고 있다. 이는 인권 중에서도 가장 중요한 인권임을 뜻하는 것이다. 그러나 앞에서도 말했듯이 사법적 인권은 인권 중에서도 절차적인 것이고 예외적인 것이라는 이유에서 인권의 마지막으로 설명한다.

참고로 형사소송과 민사소송의 절차를 보자.

형사소송은 범죄의 발생 → 피의자에 대한 임의수사(필요시 구속) → 구속된 피의자의 구속적부심 신청 → 검사의 피의자 기소 → 피고인의 변호인 선임 → 심리 개시 → 보석 신청 → 피의자 신문, 증거 조사 → 검사의 의견 진술과 구형 → 변호인과 피고인의 최후 진술 → 판결 → 불복 시 항소와 상고로 이어진다.

그리고 민사소송은 피해자와 가해자의 발생 → 민사소송의 제기 → 피고에게 통지 → 재판(변론) 기일의 지정 및 소환 → 주장과 답변 및 항변 → 입증 → 판결 → 불복 시 항소와 상고로 이어진다. 헌법에서 인권의 차원으로 주로 문제되는 것은 형사소송이다.

그런데 우리 헌법에는 이러한 사법적 인권이 흩어져 있다. 즉 신체의 자유 및 자백의 증거능력은 헌법 12조에, 형벌불소급 등은 동 13조에, 그리고 재판을 받을 인권과 형사피고인의 무죄 추정 등은 헌법 27조에, 형사보상청구권은 28조에, 국가배상청구권은 29조에, 손실배상청구권은 30조에 규정돼 있다.

이러한 분리에 근거하여 종래 12, 13조는 신체의 자유, 27-30조는 수익권 또는 청구권으로 설명됐다. 그러나 수익권이나 청구권이란 모든 인권의 속성이므로 특별히 재판청구권 등에만 해당된다고 보기 어렵다. 따라서 이 모두를 사법적 인권이라고 하여 이 책에서는 재판을 받을 인권(헌법 27조)에 이어 형사적 인권을 설명하는 순서로 체계화한다. 이렇게 보는 것이 법 전체의 체계적 인식에 맞다고 생각하기 때문이다. 즉 법 중에서 실체법에 대응하여 절차법에 해당되는 부분의 원칙을 사법적 인권은 규정하고 있다. 절차법은 크게 민사소송법과 형사소송법으로 나누어지나 그중에서도 인권과 관련되는 부분은 형사소송법이고 형사소송법의 원리에 해당되는 것이 형사적 인권이다.

재판권

재판을 받을 인권

헌법 27조 1항은 "모든 국민은 헌법과 법률이 정한 법관에 의하여 법률에 의한 재판을 받을 권리를 가진다", 동 3항은 "모든 국민은 신속한 재판을 받을 권리를 가진다. 형사피고인은 상당한 이유가 없는 한 지체없이 공개재판을 받을 권리를 가진다."고 규정한다. 이어 동 109조는 "재판의 심리와 판결은 공개한다. 다만 심리는 국가의 안전보장 또는 안녕 질서를 방해하거나 선량한 풍속을 해할 염려가 있을 때에는 법원의 결정으로 공개하지 아니할 수 있다"고 규정한다. 이상이 재판권의 일반규정이고, 특별규정으로는 민간인의 군사재판을 규정하는 헌법 27조 2항이 있으며, 동 101조 이하에 법원에 대한 규정들이 있다.

재판은 입법, 행정과 아울러 국가권력의 하나인 사법에 속한다. 재판에 헌법재판이 포함되느냐 하는 문제가 법원과 헌법재판소를 따로 규정하는 헌법 체계상 제기될 수 있으나, 헌법재판도 '재판'인 이상 재판에 포함된다고 볼 수도 있다. 그러나 헌법 27조 1항은 '법관'에 의한 재판만을 규정하는데 헌법재판소의 경우 법관이 아니라 '재판관'으로 규정되어 있으므로 재판에는 헌법재판이 포함되지 않는다.

재판에 대한 헌법 규정은 첫째, 적법한 재판을 받을 인권, 둘째, 공개재판을 받을 인권, 셋째, 신속한 재판을 받을 인권, 넷째, 군사재판을 받지 않을 인권을 규정하는 것으로 나눌 수 있다.

네 가지 원칙 중에서 특히 중요한 것은 앞의 셋이므로 이는 아래에서 상세히 설명한다. 넷째의 군사재판은 민간인의 경우 중대한 군사상 비밀·초병·초소·유독 음식물 공급·포로·군용물에 관한 죄 중 법률이 정한 경우와 비상계엄이 선포된 경우에 한정된다.

적법한 재판을 받을 인권

적법한 재판을 받을 인권을 보장하는 헌법 27조 1항에서 '법률에 의한 재판'의 '법률'이란 당연히 위헌 법률이 아닌 법률을 의미한다. 따라서 국민에게는 헌법상 법률에 대한 위헌심사청구권(107조 1항)과 명령 및 규칙에 대한 위헌·위법심사청구권(107조 2항)이 인정된다.

재판의 심급제는 헌법상 최고법원인 대법원과 각급법원으로 규정된다(헌법 101조 2항, 102조, 104-110조). 심급제는 헌법제도이므로 폐지될 수 없다. 그러므로 소액사건심판법에서 상고권을 제한한 것(3조)에 대해 헌법재판소가 합헌결정을 내린 것[130]은 위헌이다. 마찬가지로 '상고심절차에 관한 특례법'에 의한 상고의 제한에 대해 헌법재판소가 합헌결정을 내린 것[131]도 위헌이다. 헌법재판소가 합헌이라고 하는 이유는 심급제도란 입법정책의 문제라는 것이다. 그러나 대법원의 재판을 받을 인권이 헌법에 명시된 바 이를 제한함을 단순한 입법정책문제라고 볼 수는 없다.

마찬가지로 형사소송법상 상소이유의 하나가 "판결에 영향을 미친 헌법위반"인데, 헌법위반이 있으면 당연히 상소이유가 되어야 하는 것이지, 그것이 판결에 영향을 미치는가를 문제 삼아서는 안 된다. 물론 그것이 영향을 미치지 못하는 경우를 예외적으로 인정할 수는 있으나, 헌법 하위의 법률이 법률에 상위하는 헌법의 규범력을 제한하는 식의 입법은 있을 수 없다.

적법한 재판을 인권과 관련하여 최근 도입이 시도되고 있는 국민참여재판은 단일한 재판에만 참여하는 배심원이 사실판단에만 관여하고 법률문제의 심리에 참여하지 않으므로 현행 헌법 구조에서도 허용된다. 헌법 27조에서 '법관'에 의한 재판을 명시하고 있으므로 유·무죄의 판단은 당연히 법관에게 있다고 해석해야 하고, 따라서 배심원은 사실인정 여하에 그칠 수밖에 없으며, 그것에 법관은 구속되지 않는다고 보아야 하기 때문이다. 만일 배심제를 법률문제의 심리까지로 인정하고자 하면 헌법은 개정돼야 한다.

반면 참심원이 사실문제는 물론 법률문제의 심리에까지 참여하는 독일식 참심제는 우리 헌법상 그대로 채용될 수 있다. 즉 배심제와는 달리 일정 기간에 걸쳐 법관으로서 재판에 참여하기 때문에 헌법상 법관으로 볼 수 있기 때문이다. 따라서 사실·법률문제의 어느 것에 한정될 필요가 없다. 참심원은 비상근 법관으로 재판에 참여하는 것인데 법관을 반드시 상근제로 해야 한다고 규정한 헌법규정은 없기 때문에 그 인정이 헌법과 충돌하지는 않는다.

공개재판을 받을 인권

공개재판을 받을 인권은 헌법 109조에 그 일반원칙이 규정되어 있으므로 헌법 27조 3항은 형사재판에 대한 특별규정으로 볼 수 있다. 따라서 공개재판을 받을 인권을 형사재판에 한하여 규정한 헌법 27조 3항의 규정은 마치 형사재판에서만 그 원칙이 필요하다고 인정한 점에서 잘못된 것이라고 보거나, 아니면 모든 재판에 해당되는 원칙이되 형사재판의 경우 특별히 강조한 것으로 볼 수밖에 없다.

그러나 헌법 109조에서 재판의 심리와 판결의 공개원칙에 대해 심리는 "국가의 안전보장 또는 안녕 질서를 방해하거나 선량한 풍속을 해할 염려가 있을 때에는 법원의 결정으로 공개하지 아니할 수 있다"고 규정함에 있어 그 기준이 매우 애매하여 문제가 있다. 특히 정치적 사건이나 인권침해사건이 그러한 이유로 비밀로 행해지는 경우에는 문제가 발생할 수 있다. 따라서 일본 헌법 82조 2항 단서와 같이 그런 경우의 공개제한은 허용될 수 없다고 해석하여야 한다. 또한 그러한 공익적 이유와는 반대로 당사자나 증인 등의 명예와 프라이버시를 보호하기 위한 공개의 제한이 필요하다. 위 헌법 조항에는 개인 보호를 인정할만한 여지가 없지만, 헌법 17조의 사생활권으로부터 그것을 인정할 필요가 있다.

한편 이와 관련되어 법정의 질서유지를 위해 재판장은 보도활동을 금지할 수 있는데(법원조직법 58-60조), 이는 재판의 공개 및 보도의 자유와 관련되어 문제가 된다. 따라서 이 경우에도 '명백하고 현존하는 위험'이 있어야 한다고 보는 표현의 자유의 일반적 원칙이 적용될 필요가 있다. 이는 법정질서의 유지를 위한 가장 강력한 강제수단인 감치처분의 경우(동 61조)도 마찬가지이다.

신속한 재판을 받을 인권

　신속한 재판을 받을 인권을 보장하는 헌법 규정에서 '신속'의 구체적 내용이 불명하다. 무조건 신속을 기한다는 이유로 피고인의 방어권을 제약하는 것은 있을 수 없으나 방어권을 보장하면서 신속해야 한다. 이에 대해 헌법재판소는 구체적 권리가 아닌 프로그램이라고 보고 있지만[132] 신속한 재판이 이루어지지 못하는 경우, 재판이 부당하게 장기화됨에 따라 피고인이라는 불안정한 지위에 장기간 방치되거나 장기간 신체를 구속당하며, 증거의 인멸 등 방어상의 불이익도 생길 수 있으므로 이를 구체적 권리로 인정할 필요가 있다.

사법권의 독립

　사법권 문제의 핵심은 사법권의 독립이다. 농담 같지만 '독립'은 '독선'이 아님을 먼저 분명히 밝히고자 한다. 사법부도 입법부나 행정부와 같이 국민의 비판과 감시를 받는 것은 당연하다. 그것을 '독립'이란 미명 하에 배척하는 것은 '독선'에 불과하다.

　사법권의 독립은 다음 세 가지이다. 첫째, 헌법은 103조에서 법관의 기능의 독립, 둘째, 106조에서 법관의 신분보장, 셋째, 101-102조에서 법원의 조직상의 독립을 통해 사법권의 독립을 보장한다.

　첫째, 헌법 103조는 "법관은 헌법과 법률에 의하여 그 양심에 따라 독립하여 심판한다"고 규정한다. 여기서 법률이라는 것은 모든 법규범을 뜻한다. 그러나 판례는 법규범이 아니므로 그것에 따를 필요는 없다. 흔히 판례에 '사실상의 구속력'이 있다고 하나 그것은 지극히 애매한 말이고 법적으로는 아무런 의미가 없다.

다음 문제는 '양심'인데 예컨대 어떤 법률이 자기의 양심과 어긋난다고 하여 법관은 그 법률을 배척할 수 없으므로 양심이란 어디까지나 법률을 전제로 하는 것이다. 따라서 법률의 해석에서 복수의 해석이 가능할 때 어느 것을 따르느냐 하는 경우, 또는 법률이 없는 경우에 양심이 문제된다. 구체적으로 문제가 되는 것은 법규범에 의한 판단이 불가능한 경우인데 그 경우 법관은 결국 자기의 양심에 따라 판단할 수밖에 없다.

재판은 적어도 계류 중인 한 국정조사권의 대상이 안 된다고 봄은 당연하다(국정감사 및 조사에 관한 법률 8조). 반면 판결 확정 후의 조사는 인정되어야 한다. 모든 재판이 국회에 의한 견제와 균형으로부터 제외된다고 볼 수는 없기 때문이다.

둘째, 법관의 신분보장은 관련법 규정이 있다. 일반 법관의 임기는 10년이고 연임할 수 있다(헌법 105조 3항, 법원조직법 45조 3항). 한편 대법원장과 대법관의 임기는 6년인데, 전자는 후자의 연임제와 달리 중임을 금지한다(헌법 105조 1, 2항).

셋째, 법원의 조직상 독립과 관련하여 대통령의 대법원장 및 대법관 임명권과 이들에 대한 국회의 임명동의권이 인정됨은 대통령과 국회의원을 국민이 직접 선출한다는 국민주권주의 원리에서이다. 따라서 그러한 임명방식은 정당화될 수 있다. 단 국민주권주의를 더욱 완전하게 발휘하도록 하기 위해 그들에 대한, 또는 최소한 대법원장만에라도 직선제를 검토할 필요가 있다.

형사적 인권의 원리

신체의 자유

헌법 12조 1항은 "모든 국민은 신체의 자유를 가진다. 누구든지 법률에 의하지 아니하고는 체포·구속·압수·수색 또는 심문을 받지 아니하며, 법률과 적법한 절차에 의하지 아니하고는 처벌·보안처분 또는 강제노역을 받지 아니한다"고 규정한다.

동 1항의 전문에서 '신체의 자유'란 부당하게 신체 구속을 당하지 않는 자유를 말한다. 이는 헌법 10조에서 말하는 '인간의 존엄과 가치'의 기본이고, 모든 인권의 기초이다. 그런 점에서 이는 단순히 형사적 인권의 원리에 그치는 것이 아니다. 즉 이는 '신체의 자유'가 노예제 등 봉건적 신분으로부터 개인의 해방을 목표로 한 거주·이전의 자유와 함께 모든 인권의 근원에 있는 것으로서, 개인의 인간성을 부정하는 신체 구속과 본인의 의사에 반하는 강제노역을 부정하는 것이다. 그러나 이러한 연혁적 사유는 현대헌법의 이해에 반드시 필요한 것은 아니고, 현대헌법에서는 주로 형사적 인권의 원리를 규정한 것이라고 봄이 옳다. 이는 12조 1항 전문 뒤에 적법절차 조항이 이어지는 점으로도 알 수 있다.

'신체의 자유'를 구체적으로 규정한 동 1항의 후문을 흔히 적법절차 조항이라고 한다. 여기서 체포·구속·압수·수색 또는 심문은 '법률'에, 처벌·보안처분 또는 강제노역은 '법률과 적법한 절차'에 의하도록 규정되어 있다. 모두 다 법률로 정해야 하는 점에 대해서는 의문이 없다. 문제는 '적법한 절차'라는 말인데 이것이 법률에 적합한 절차를 의미하는지, 그 법률의 내용까지 적정해야 하는 것인지에 대해서는 논쟁이 있다.

이를 '법률에 의한 것'을 뜻한다고 본다면 논리적으로도 '적법한 절차'란 앞의 '법률'에 이어 동어반복이 되므로 문제가 있다. 그러나 이러한 형식논리가 중요한 것이 아니다. '법률에 의한 것'이라고 본다면 법률로 정하는 한 다 좋다는 것이 되므로 인권으로 정한 의의가 없어진다는 점이 더욱 중요한 이유이다.

이를 이해하기 위해서는 약간의 외국법 지식이 필요하다. 나는 이 책에서 외국법에 대한 이야기는 거의 하지 않았는데 이 부분에 대해서는 이야기할 필요가 있다. 즉 적법절차라는 말이 'due process of law'라는 영국의 마그나카르타와 미국 헌법 조항에서 나왔는데, 특히 후자의 경우 그 법률의 내용이 적정해야 하는 것을 포함한다는 것이다. 따라서 이는 형사적 절차의 원리만을 말하는 것이 아니라, 행정절차를 포함한 모든 절차의 원리를 정한 헌법의 원리라고도 볼 수 있다.[133] 그런 점에서 이는 앞에서 말했듯이 '신체의 자유'가 형사절차의 원리나 모든 인권의 원리 이상으로 헌법 및 법체계 전체의 원리가 된다.

그런데 중요한 문제는 법률의 내용이 적정한지 아닌지를 누가 어떻게 결정하는가 하는 점이다. 헌법상으로는 헌법재판소나 법원이 결정하게 되어 있다. 그러한 제도적 결정이 없는 경우 문제이다. 예컨대 경찰관직무집행법 제4조에 의하면 임의 동행하여 경찰서의 유치장에 보호하는 제도는 합법적으로 인정되나, 강제수사에 해당되는 임의동행이나 교도소가 아닌 유치장은 적법한 보호가 아니라고 볼 수 있다.

그런데 지금 설명한 것은 12조 1항 앞부분에서 말한 '체포·구속'에 해당되는 것이다. 그러나 '체포·구속·압수·수색 또는 심문'은 '적법한 절차'에 의하도록 되어 있지 않다. 따라서 이 경우를 '적법한 절차'에 포함시키도록 하기 위해서는 헌법을 바꾸어야 한다. 물론 그 '법률'이란 것에도 '적법한 절차'가 반영되어야 한다고 해석할 수는 있으나[134] 명시적으로 규정되는 것이 바람직하다.

또한 경찰서장의 즉결심판을 인정하는 '즉결심판에 관한 절차법'은 '20만 원 이하의 벌금' 등 법정형이 아니라 선고형을 기준으로 하여 결정되어 그 사건의 범위가 불명하고, 특히 30일 미만의 구류형(형법 46조)을 선고할 수 있는 등, 적벌절차에 어긋난다. 그러한 제도를 과거에 두었던 독일이나 일본에서는 이미 폐지했다.

죄형법정주의

위의 적법절차로부터 죄형법정주의의 원칙이 나온다. 헌법 13조 1항 전단은 "모든 국민은 행위시의 법률에 의하여 범죄를 구성하지 아니하는 행위로 소추되지 아니하며", 동 2항은 "모든 국민은 소급입법에 의하여 참정권의 제한을 받거나 재산권을 박탈당하지 아니한다"고 규정한다.

이러한 13조 1항 전단 및 2항을 보통 죄형법정주의라고 한다. 즉 범죄와 형벌은 행위 시의 법률에 의해 정해야 한다는 것이다. 이는 두말할 필요도 없이 인권보장의 원칙이나, 이에는 국민주권주의에 근거한 국민대표기관인 국회가 제정한 '법률 = 국민의 의사에 의해 형벌권이 제한된다'는 의미와 함께, 국민에 대해 어떤 행위가 처벌 대상인지를 객관적으로 예측할 수 있게 하여 안심하고 살 수 있도록 한다는 의미를 지닌다고 할 수 있다. 특히 후자, 즉 객관적 예측가능성이라고 하는 점은, 국가보안법이나 노동법을 비롯하여 상당수의 법률이 그 불명확성으로 인해 문제되어 왔기 때문에 더욱 중시되어야 한다.

따라서 죄형법정주의의 내용 중 첫째는 명확성의 원칙이다. 이는 어떤 행위가 형법에 의하여 금지되는 행위인지, 또는 행위의 효과로서 부과되는 형벌의 종류와 형기刑期가 명확함으로써 누구나 알 수 있어야 한다는 것이다.

예컨대 국가보안법 7조 1항은 '국가의 존립·안전이나 자유민주적 기본질서를 위태롭게 한다는 점을 알면서 반국가단체나 그 구성원 또는 그 지령을 받은 자의 활동을 찬동·고무·선전 또는 이에 동조하거나 국가변란을 선전·선동한 자'를 처벌하는데, '국가의 존립·안전이나 자유민주적 기본질서를 위태롭게 한다는 점을 알면서'라는 것은 지극히 애매한 말이다. 헌법재판소는 이를 '국가의 존립·안전을 위태롭게 하거나 자유민주적 기본질서를 위해를 줄 명백한 위험이 있는 경우'로 축소적용하면 위헌이 아니라고 하나,[135] 그 말이 그 말이고 애매하기는 마찬가지이다. 위 결정에 대해 '명백한 위험이 있는 경우'란 말을 사용했다고 해서 그것을 지지하는 견해가 있으나, 문제는 그러한 말장난이 아니다.

보다 일반적인 경우를 보자. 예컨대 일상생활에 가장 밀접한 경범죄처벌법은 그야말로 불분명한 내용으로 가득하다. 예컨대 '빨리 … 신고하지 아니한 사람'(7호), '비슷한 것을 사용한 사람'(8호), '올바르지 않은 이익을 얻을 목적'(9, 23호), '떠들썩하게 손님을 부른 사람'(10호), '못된 장난'(12, 18호), '함부로 옮기거나 더럽히거나 해친 사람'(13호), '더러운 물건이나 못쓰게 된 물건을 함부로 아무 곳에나 버린 사람'(16호), '말리는데도 듣지 아니하고 이를 방해할 우려가 뚜렷한 물건'(18호), '몹시 거칠게 겁을 주는 말 또는 행동'(24, 25호), '다른 사람을 불안하게 하거나 귀찮고 불쾌하게 한 사람'(24호), '사람들의 마음을 홀리게 한 사람'(39호), '가려야 할 곳을 내어놓아 다른 사람에게 부끄러운 느낌이나 불쾌감을 준 사람'(41호), '다른 사람을 귀찮게 따라 다니는 사람'(43호), '끔찍한 벌레' '불쾌감을 준 사람'(52호) 등등이다. 이러한 애매한 표현은 명백하게 위헌이다.

죄형법정주의의 내용의 둘째는 소급형 금지의 원칙이다. 헌법상 '행위 시의 법률'에 의해야 하므로 당연히 소급 효력은 금지된다. 이는 먼저 사후입법의 금지를 말한다. 이와 관련하여 대법원은 보안처분이 형벌이 아니라고 하는 이유에서 형법상의 소급형이 제외된다고 했다.[136] 그러나 보안처분이 형벌이 아니라고 하는 것은 독단에 불과하고 당연히 형사제재의 하나이므로 이러한 대법원의 판결은 위헌이다. 그러나 공소시효에 관한 규정은 이에 해당되지 않으므로 '헌정 질서의 파괴 범죄의 공소시효 등에 관한 특례법'이나

'5.18민주화운동 등에 관한 특별법'은 위헌이 아니다.

죄형법정주의의 내용의 셋째는 위임 금지의 원칙이다. 헌법에서 '법률'이라고 했으므로 법률이 아닌 것으로 죄형을 정함도 당연히 금지된다. 따라서 다른 법형식에 이를 위임하는 예외적인 경우에는 일반적·포괄적 위임이어서는 안 되고, 반드시 구체적·개별적이어야 한다.

기타 죄형법정주의의 내용으로는 관습형법 금지의 원칙, 유추해석 금지의 원칙, 적정성의 원칙 등이 있으나, 모두 당연한 것으로서 헌법에 명시되어 있지는 않다. 관습형법 금지의 원칙은 1장에서도 설명했듯이, 법관이 적용할 형벌에 관한 법은 오직 성문의 법률이 적용될 뿐이고 그 내용과 범위가 명백하지 않은 관습법이나 불문법을 적용할 수 없다는 것이다. 또한 유추해석 금지의 원칙은, 형법을 해석할 때 법조문의 문장과 표현대로 엄격히 해석해야 하고, 해석자가 자의적으로 해석해서는 안 된다는 것이다. 마지막으로 적정성의 원칙은 법률 자체가 불합리하거나 부정한 것을 배제하여 적정해야 하고, 범죄와 형벌 사이에 적정한 균형이 이루어져야 한다는 것이다.

이상의 죄형법정주의는 형법의 원칙이기도 하다. 형법은 범죄와 형벌 및 보안처분에 관한 법률로서, 일정한 행위를 범죄로 인정하고 범죄자에게 일정한 형벌을 가하는 법이다. 범죄는 구성 요건 해당성, 위법성, 책임성이라는 세 가지 요소로 성립된다. 구성 요건 해당성이란, 가령 "사람의 신체에 대하여 폭행을 가한 자는 2년 이하의 징역에 처한다"(형법 260조)는 경우 "사람의 신체에 대하여 폭행을 가한 자"를 말한다. 그리고 위법성이란 전체 법질서로부터 부정적인 행위라는 판단을 말하고, 이는 정당행위, 정당방위, 긴급피난, 자구행위, 피해자의 승낙이 있는 경우 조각이 된다. 마지막 책임성이란 어떤 위법행위를 이유로 그 행위자가 사회적으로 비난받을 만한 책임이 있어야 하는 것으로, 14세 미만의 형사미성년자 등은 그런 책임성이 조각된다.

형법이 규정하는 형벌에는 생명형(사형), 자유형(30일 이상의 징역과 금고, 30일 미만의 구류), 명예형(자격상실과 자격정지), 재산형(5만 원 이상의 벌금, 5만 원 미만의 과료, 몰수)이 있다. 그리고 형벌 제도의 보완책으로 보호관찰제도, 사회봉사명령, 수강명령 등이 있다.

정보화시대에 와서 특히 사이버범죄가 문제되고 있으나, 그것이 지능적이고, 적발이 곤란하며, 증거확보가 어렵고, 범죄의식이 미약하며, 법규의 미비로 완전히 규제되지 못하고 있다. 또한 인터넷 도메인 분쟁이나 홈페이지 콘텐츠 도용문제를 비롯하여 과학기술이 범죄에 활용되고 있어서 현대 범죄의 새로운 양상이 나타나고 있다.

민사구금의 금지

B규약 11조는 민사구금을 금지하나, 이에 대한 조항이 우리 헌법에는 없다. 그런데 '노동조합 및 노동쟁의조정법' 92조에서 단체협약 등의 위반에 대해 형사처벌을 인정하는 것은 B규약에 위반된다.

수사상의 인권(피의자의 인권)

영장주의

　수사상의 인권에 대해 우리 헌법과 B규약의 내용은 크게 다르지 않다. 그러나 피구금자의 대우에 대한 B규약의 10조에 해당하는 내용이 우리 헌법에는 없어서 문제다. 이는 수사 단계의 피구금자만이 아니라 행형제도 일반에 관한 것이니 여기서 설명한다. 피구금자는 유죄판결을 받은 자와는 분리돼야 하고 소년도 성인과 분리돼야 한다. 이에 따라 정해진 '미구금자 최저기준규칙'은 기결수와의 분리 외에 자비 식사의 자유와 식사급여 보장, 착의의 자유, 취업기회의 보장, 서적과 신문 및 용지의 자비구입의 자유, 자비치료의 자유, 외부와의 통신 및 면회의 자유, 변호사의 편의제공의 보장 등을 규정하고 있다.

　수사상의 인권 또는 피의자의 인권이란 공소 제기 이전의 수사 단계에서 수사의 대상이 되는 자의 인권을 말한다. '피의자'란 공소제기 이후 재판의 대상이 되면 '피고인'으로 불리지만 어느 경우에나 무죄추정의 원칙을 적용받고, 신체의 자유를 제한당하는 점에서 다르지 않고, 인권 보장의 대상이 되는 점에서도 다르지 않다. 헌법 12조 4항에서 변호인의 조력을 받을 권리가 '피고인'에 한정되어 국선변호인제도가 피의자 단계에서는 인권성이 부정됐으나, 형사소송법이 개정돼 피의자 단계에서도 국선변호인제도가 인정되므로 인권 보장의 정도가 크지 않게 됐다. 수사단계의 피의자에게도 충분한 방어권이 보장돼야 하므로 피의자와 피고인을 구별할 의미는 없다.

수사상의 인권은 부당한 체포·구속·압수 또는 수색으로부터의 자유를 뜻한다. 이를 헌법 12조 3항은 "체포·구속·압수 또는 수색을 할 때에는 적법한 절차에 따라 검사의 신청에 의하여 법관이 발부한 영장을 제시하여야 한다"고 규정하고, 동 16조는 "주거에 대한 압수·수색을 할 때에는 검사의 신청에 의하여 법관이 발부한 영장을 제시하여야 한다"고 규정한다. 이는 체포·구속·압수·수색을 법률에 의하도록 한 12조 1항과 사실 중복되는 내용이다. 12조 3항에서 '적법한 절차'라고 함도 12조 1항에서와 같이 그 내용의 적법성을 뜻한다.

'체포'란 수사기관이 피의자의 도망이나 증거인멸을 방지하고 공판의 준비에 지장이 없도록 하기 위해 피의자의 신체를 강제적으로 구속하여 지정된 장소에 인치하는 행위를 말한다. 한편 '구속'이란 강제적으로 신체의 자유를 제한하여 비교적 장기간 장소적 이전을 금지하는 것을 말한다. 1987년 헌법 이전에는 '구금'이라고 한 것을 '구속'으로 바꾸었는데 이를 인쇄의 잘못이라고 보는 견해가 있는데 정말 그렇다면 이는 코미디겠지만 그렇게 볼 필요는 없다. 또 '압수'란 강제로 어떤 물건에 대한 점유를 취득하거나 그 점유를 계속 유지하는 것을 말하고 '수색'이란 물건이나 사람을 발견하기 위해 신체나 장소를 강제로 검색하는 것을 말한다.

이상의 경우는 신체의 자유에 대한 제약이므로 영장에 의할 것이 요구된다. '영장'이란 피의자에게 체포 등의 이유를 알려주는 것이므로 죄명뿐 아니라 범죄사실도 기입되어야 한다. 또한 영장은 체포 등의 경우에 반드시 제시되어야 한다.

영장주의에 대해서는 헌법상 예외가 인정된다. 즉 "현행범인인 경우와 장기 3년 이상의 형에 해당하는 죄를 범하고 도피 또는 증거인멸의 우려가 있는 자의 경우에는 사후에 영장을 청구할 수 있다"(헌법 12조 3항 단서). 또한 헌법 76조, 그리고 77조에 의해 비상계엄시 영장주의의 예외가 인정된다.

'현행범'이란 범죄를 실행 중이거나 실행의 즉후인 자를 말한다. 그런데 문제는 현행범으로 간주되는 준현행범인이라고 하는 경우에도 예외가 인정되는 점인데, '범인으로 호창呼唱되어 추적되고 있는 자', '누구임을 물음에 대하여 도망하려 한 자' 등의 애매한 규정(형사소송법 211조 2항)에 의해 영장주의의 예외를 인정함이 과연 타당한지에 의문이 있다. 특히 '누구임을 물음에 대하여 도망하려 한 자'는 아직 범죄혐의가 객관적으로 인정되지도 않은 상태에 있는 경우이므로 경찰관직무집행법에서 말하는 불심검문의 대상(동법 3조)이 될 수 있는 것에 불과한 것이다. 다음 헌법에서 '장기 3년 이상의 형에 해당하는 죄를 범하고 도피 또는 증거인멸의 우려가 있는 자의 경우'란 긴급체포를 말한다(형사소송법 200조의3).

그런데 이러한 현행범체포 및 긴급체포에 대해 헌법상 "사후 영장을 청구할 수 있다"라고 규정한 것이 형사소송법에서는 "사후 영장을 청구하지 않는다"는 것으로 바뀌었다고 하는 점이 문제다. 이는 1995년 이전에는 사후영장을 청구하도록 규정한 것을 개정한 것으로 명백히 위헌이다. 이는 판사가 발부한 영장을 피의자에게 제시하여 자의적인 체포를 피의자 자신에 의해 체크할 수 있는 기회를 박탈하는 것이므로 부당하다. 이러한 경우 48시간 내에 구속영장을 청구할 수 있게 한다(형사소송법 200조의4, 213조의2)고 해서 이는 영장주의의 완화일 뿐 영장주의를 배제하는 것이 아니라고 보는 견해가 있으나 이는 체포에 대한 것이 아니라 구속에 관한 영장이므로 부당하다.

게다가 형사소송법에는 체포적부심사청구권도 인정되지 않는다. 이는 헌법 12조 6항에서 "누구든지 체포 또는 구속을 당한 때에는 적부의 심사를 법원에 청구할 권리를 가진다"고 규정한 것의 예외를 인정한 것으로서 위헌이다.

또 수사는 임의적인 것이 원칙이고, 소위 임의동행과 같이 본인의 승낙을 얻어 취조하는 경우라고 해도 그것이 실질적으로 체포와 같은 것이라고 볼 수 있으면 영장 없이 강제처분을 하는 것이 되어 영장주의의 위배가 된다. 즉 본인의 동의가 있다고 해도 영장 없이 행하는 수사의 위법성이 부정되는 것은 아니다. 피의자의 인권보장이라는 측면에서, 적극적인 명시적 동의를 요건으로 하거나 객관적인 상당성이 없으면 위법성은 인정되어야 한다. 또 영장이 발부됐음에도 불구하고 이를 집행하지 않고, 임의동행을 요구하여 구속시간의 연장을 도모하는 것도 영장주의의 위배다.

수사기관이 원래 의도한 사건(본건)의 수사를 위하여 다른 사건(별건)을 이유로 피의자를 체포하거나 구속하는 소위 별건체포나 별건구속도 당연히 위헌이다.

변호인의 도움을 받을 인권

헌법 12조 4항은 "누구든지 체포 또는 구속을 당한 때에는 즉시 변호인의 조력을 받을 권리를 가진다. 다만 형사피고인이 스스로 변호인을 구할 수 없을 때에는 법률이 정하는 바에 의하여 국가가 변호인을 붙인다"고 규정한다.

변호인의 조력을 받을 권리에는 접견교통권이 당연히 포함되지만, 헌법재판소는 변호인이 구속된 피의자를 만나지 못하게 방해하는 행위를 접견교통권을 방해하는 것이 아니라고 판시했다.[137] 이는 매우 부당하다.

여기서 문제는 형사피의자의 경우 국선변호인제도가 인정되지 않는다는 점인데, 피의자에게도 방어권이 보장될 필요가 있음(도리어 피고인의 경우보다 더욱)은 두말할 필요가 없다. 따라서 형사소송법에서는 체포 또는 구속된 피의자(214의2조 1항)에 대해서도 국선변호인제도를 인정한다. 이는 헌법상의 인권이 아니라 형사소송법상의 권리임을 뜻하나, 헌법을 개정하여 형사피의자에게도 국선변호인제도를 인정해야 한다.

이어 헌법 12조 5항은 "누구든지 체포 또는 구속의 이유와 변호인의 조력을 받을 권리가 있음을 고지 받지 아니하고는 체포 또는 구속을 당하지 아니한다. 체포 또는 구속을 당한 자의 가족 등 법률이 정하는 자에게는 그 이유와 일시·장소가 지체없이 통지되어야 한다"고 규정한다. 전문은 소위 미란다원칙을 규정한 것이다.

형사재판상의 인권(피고인의 인권)

형사재판에 관한 인권

앞에서 설명한 재판을 받을 인권은 형사재판의 경우에도 그대로 적용된다. 즉 적법한 재판, 공정한 재판, 신속한 재판을 인권, 변호인의 도움을 받을 인권 등이다. 그 밖에 헌법상 형사재판에 관한 인권으로는 12조 2항의 고문의 금지와 진술거부권, 12조 7항의 자백의 증거능력 제한, 27조 4항의 무죄추정권, 13조의 이중처벌의 금지 등이 있다. 다른 나라 헌법에서는 증인심문권과 반대심문권을 인정하기도 하나, 우리나라 헌법에는 없다. 우리나라에서 이는 형사소송법에 의해 인정된다.

고문의 금지와 진술거부권

헌법 12조 2항은 "모든 국민은 고문을 받지 아니하며, 형사상 자기에게 불리한 진술을 강요당하지 아니한다"고 규정한다. 고문의 금지는 두말할 필요가 없이 당연한 것이나, 고문은 과거에 많은 사례가 있었고, 앞으로도 발생할 수 있는 문제다.

불리한 진술을 강요당하지 않을 인권을 진술거부권 또는 묵비권이라고 한다. 피의자는 물론 피고인의 진술거부권도 당연히 인정되고 증인에게도 인정된다. 이는 형사소송의 목적인 실체적 진실발견이나 사회정의의 실현이라는 국가사회적 이익보다도 개인의 인권을 보호하려는 취지에서 규정된다. 그러나 그 인정의 범위에는 문제가 있을 수 있다.

가령 헌법재판소는 교통사건을 일으킨 운전자에게 신고의무를 부담시키고 있는 도로교통법 50조 2항 및 111조 3호는 피해자의 구호 및 교통질서의 회복을 위한 조치가 필요한 사항에만 적용하고 형사책임과 관련되는 사항에는 적용되지 않는 것으로 한정해석해야 한다고 판시했다.[138] 그러나 신고란 범죄발각의 단서가 되는 것이 보통이므로 그러한 구별은 지극히 애매하다.

자백의 증거능력

헌법 12조 7항은 "피고인의 자백이 고문·폭행·협박·구속의 부당한 장기화 또는 기망 기타의 방법에 의하여 자의로 진술된 것이 아니라고 인정될 때 또는 정식재판에 있어서 피고인의 자백이 그에게 불리한 유일한 증거일 때에는 이를 유죄의 증거로 삼거나 이를 이유로 처벌할 수 없다"고 규정한다. 이를 실체적 진실주의라고 한다. 민사사건의 경우 당사자가 임의로(강제는 처음부터 있을 수 없다) 자백한 사실에 관해 증명 없이 재판관이 판단을 내려도 무방하나(민사소송법 139조: 형식적 진실주의) 형사사건의 경우 강제로 인한 자백을 증명하는 증거가 있어야 한다(형사소송법 310조).

무죄추정의 원칙

헌법 27조 4항은 "형사피고인은 유죄의 판결이 확정될 때까지는 무죄로 추정된다"고 규정한다. 이를 소극적 실체적 진실주의라고 한다. 즉 무고한 시민을 범죄 혐의에서 벗어나게 하여 불법적인 형벌의 부과가 없도록 하기 위한 것이다(형사소송법 275조의2).

당사자주의와 구두변론주의

재판에서 당사자주의와 구두변론주의와 같은 심리의 원칙이 인정되어야 한다. 형사절차를 당사자주의로 할 것이냐, 직권주의로 할 것이냐는 헌법 원리에서 당연히 나오는 것이 아니고, 양 제도는 모두 장·단점을 갖는다. 우리 형사소송법은 그 두 가지를 혼합하고 있다.

먼저 직권주의 규정으로는 피고인 신문訊問절차(형사소송법 287조), 법원의 직권증거조사(동법 295조), 법원의 증인신문(동법 161조의 2) 등이 있다. 그중에서 신문절차는 검사와 피고인이 신문을 하고 마지막으로 법관이 신문을 하는 것인데, 영미법과 일본법에는 이러한 규정이 없어서 피고인 신문 없이 바로 증거조사에 들어가는 것과 다르다. 그런데 피고인 심문절차를 인정하는 독일에서는 법관이 신문을 주도하고 검사 및 변호사는 필요한 경우에 보충적으로 하게 되어 있으나, 우리는 원래 그러했던 형사소송법 규정을 바꾸었다. 이는 법원의 업무 경감을 위한 파행적 조치였으므로 개정될 필요가 있다.

다음 당사자주의 규정으로는 여러 제도가 있다. 또한 구두변론주의도 우리 형사소송법의 원칙으로 규정되나(37조), 서면주의도 인정된다(형사소송규칙 176조).

이중처벌 및 연좌제 금지

헌법 13조 1항 후단은 "모든 국민은 … 동일한 범죄에 대하여 거듭 처벌받지 아니한다"고 규정한다. 이를 일사부재리 또는 이중처벌의 금지라고 한다.

여기서 처벌이라고 하는 것은 당연히 확정판결에 의한 것이다. 따라서 설령 제1심에서 무죄판결을 받은 피고인에 대한 검찰관의 상소는 당연히 인정된다. 그러나 그런 경우에 피고인이 제2, 제3심에도 결국 무죄가 된다면 인권보장이라고 하는 측면에서 무죄 피고인에 대한 검찰관의 상소를 무한정 인정하는 현행 제도에는 분명히 문제가 있다.

형사처벌과 함께 다른 제재, 특히 행정제재를 가하는 것은 이중처벌에 해당한다고 보기 어렵다고 해도, 그것이 형식적으로는 행정제재여도 실질적으로는 형벌과 같은 성질의 것인 경우, 또는 형사절차와 같은 정도의 부담을 강요하는 경우, 이중처벌이라고 보아야 한다. 따라서 형벌과 함께 보호감호처분에 처함은 이중처벌이다. 따라서 이를 인정하지 않는 헌법재판소[139]와 대법원의 견해에 대해서는 의문이 있다.

또한 헌법 13조 3항은 "모든 국민은 자기의 행위가 아닌 친족의 행위로 인하여 불이익한 처우를 받지 아니한다"고 규정한다. 이는 소위 연좌제를 금지하는 것인데, 이에는 '친족'만이 아니라 모든 타인이 당연히 포함된다. 이 규정은 지극히 당연한 것으로서 헌법상 특별한 의미가 있다고 보기는 어렵고 잘못된 관행을 시정하고자 규정된 것이라고 할 수 있으나, 그러한 관행도 없어졌다고 본다면 헌법상 인권으로 규정할 필요는 없다. 특히 1980년 헌법에서 신설된 '새로운 인권'으로서의 의미를 찾기 어렵다.

수사 · 재판 후의 인권

국가로부터 신체의 자유를 침해당한 경우에 그 구제를 요구할 인권이 보장돼야 한다. 이를 형사보상청구권이라고 한다. 헌법 28조는 "형사피의자 또는 형사피고인으로서 구금되었던 자가 법률이 정하는 불기소처분을 받거나 무죄판결을 받은 때에는 법률이 정하는 바에 의하여 국가에 정당한 보상을 청구할 수 있다"고 규정한다. 여기서 '정당한 보상'이란 완전한 보상을 뜻하는데, 실제로는 형사보상법에 의해 지극히 낮은 보상이 행해지고 있어서 문제가 된다.

또한 헌법 30조는 "타인의 범죄행위로 인하여 생명 · 신체에 대한 피해를 받은 국민은 법률이 정하는 바에 의하여 국가로부터 구조를 받을 수 있다"고 규정한다. 이를 범죄피해자구조청구권이라고 한다. 이에 따라 범죄피해자구조법이 제정되어 있다.

국가배상청구권

위법한 국가행위에 대한 손해배상을 인정한 것은 역사상 현대의 법이었다. 그 전에는 국가무책임 원칙이 지배했다. 우리나라에서는 1948년 헌법부터 국가배상청구권을 인정했으나 이를 규정한 지금 헌법 26조에는 규정상 문제가 있다. 또 해석상 종래 이를 프로그램으로 보는 견해가 있었지만 대법원도 구체적 권리라고 보고 있다.[140] 그러나 대법원이 이를 사권이라고 보는 점에는 의문이 있다. 헌법에서 인권이 그것을 사권으로 볼 수 없기 때문이다.

국가배상청구권에 대해 헌법 29조 1항은 "공무원의 직무상 불법 행위로 손해를 받은 국민은 법률이 정하는 바에 의하여 국가 또는 공공단체에 정당한 배상을 청구할 수 있다. 이 경우 공무원 자신의 책임은 면제되지 아니한다"고 규정한다.[141] 이에 대해서는 국가배상법이 제정되어 있다.

또한 29조 2항은 군인, 공무원, 경찰공무원 등이 직무집행과 관련된 손해에 대해서는 국가배상법에 의한 배상 외의 배상을 청구할 수 없다고 규정하는데, 헌법재판소에서는 이를 합헌이라고 보나[142] 위헌 시비가 있어 앞으로 삭제되어야 할 것이다. 이 조항은 1971년 대법원이 같은 내용의 국가배상법을 위헌으로 결정하자[143] 위헌 시비를 막기 위해 헌법에 포함시킨 것이기 때문이다. 그 실질적인 이유는 그러한 배상을 감당할 재정 형편이 어렵다는 것이었는데 반세기가 지난 지금까지도 이를 존치시키는 이유는 설득력이 없다.

에필로그

21세기 청소년들에게

　이 책을 읽는 21세기 청소년들은 개인적으로는 여러 가지 고민을 갖겠지만, 적어도 역사적으로 보면 매우 행복한 세대에 속한다고 할 수 있을지도 모른다.

　왜냐하면 20세기 후반에 청소년기를 보낸 나의 세대는 중고등학교 시절부터 '유신헌법 철폐' '반공법 철폐' '국가보안법 철폐' '사회보호법 철폐' '노동악법 철폐' '긴급조치 철폐' 등등의 '악법' 철폐 구호를 내걸고 데모를 벌여 경찰이 쏜 최루탄으로 하루 종일 울었고, 심지어 경찰에 끌려갔으며, 게다가 유신헌법, 반공법, 국가보안법, 사회보호법, 노동법, 긴급조치 등의 위반을 이유로 재판까지 받아 실형을 살기도 했으나, 지금은 그런 일이 거의 없기 때문이다. 물론 그중 국가보안법은 아직도 남아 있으나 그 개폐가 논의 중이고, 유신헌법과 반공법은 폐지됐으며, 노동법도 상당 부분 개정되었고, 사회보호법도 2005년 6월에 없어졌다.

그런데 2005년 6월, 국가인권위원회가 중고교의 두발 제한에 대해 인권 침해라고 했듯이 청소년의 고민은 여전히 많다. 나의 세대는 두발 제한이 아니라 스님처럼 아예 삭발을 강요당했으나 그것을 인권침해라고 주장하기는커녕 솔직히 의식조차 하지 못했다. 이는 최근 문제가 된 양심적 병역거부나 학교의 종교 자유문제에서도 마찬가지였다. 중·교교 시절만이 아니라 대학 시절에도 장발이나 미니스커트는 법적으로 금지되었다. 그 금지에 위반된다는 이유로 잡으러 오는 경찰을 피해 도망치면서 '왜 불러'라고 외친 것이 노래로 나올 정도였다. 젊은이들은 대부분 그런 금지에 대해 불만을 가졌지만, 당시의 군사정부를 비롯하여 많은 사람들이 그런 금지를 지지해서 달리 저항하지도 못했다. 만일 1960년대부터 컴퓨터가 있었고 인터넷이 있었다면 그러했을까? 아마 청소년 중에는 위에서 말한 당시의 악법이나 단속에 대해 엄청난 수의 네티즌들이 대들어 그런 것들이 뿌리내리지 못하게 했을 것이라고 생각하는 사람들이 있을지도 모른다. 그러나 지금도 그런 일이 많은 것이 사실이다.

여하튼 이런 이야기를 계속 늘어놓다가는 청소년들에게 부모 세대가 지금과 달리 너무나도 어렵게 또는 심각하게 살았다며 훈계하려고 한다는 비난을 받을 수도 있을 테니 그만두겠으나, 나는 지금의 청소년들을 훈계하기는커녕 그런 태도를 찬양한다는 점을 분명히 밝히고 싶다. 자신들의 삶 속에서 인간으로서의 존엄과 가치에 근거하여 개인의 인권을 지키려는 오늘날 청소년들의 태도는 너무나도 바람직한 것이므로 아무리 찬양해도 지나치지 않다. 사실 이 책은 그런 인권을 중심으로 하여 법 이야기를 하려는 것이다.

그러나 나는 오늘의 청소년들을 무조건 찬양하는 것은 아니라는 점도 솔직히 밝히고 싶다. 나의 세대에 비하면 오늘의 젊은 세대가 정치나 사회나 법에 무관심해진 것은 사실이다. 어쩌면 과거보다 살아가기가 더욱 어려워져 정치나 사회나 법에 크게 실망한 탓인지도 모른다는 점에서 자책의 염이 없는 것도 아니나, 위에서 말했듯이 청소년들의 인권의식이 높아지고 있다는 긍정적인 측면이 있는 반면, 사회 전반의 공공적인 문제에 대한 관심이 없이 개인적인 욕망의 충족에만 급급하는 부정적인 측면도 보이기 때문이다.

사회적 정당성을 갖지 못하는 개인주의는 이기주의에 불과하다. 보다 근본적인 사회정의에 근거하지 못하는 두발이나 복장의 자유화 요구는 사회적 공감을 얻어내기 어렵다. 나는 인권을 보장해야 한다는 이유에서 양심적 병역거부를 지지하고, 최근 국적법 개정에서 문제된 국적 포기의 자유도 지지하지만, 그것이 아직도 병역기피의 핑계로 이용당할 수 있는 현실에서는 역시 사회적 지지를 받기 어렵다는 점을 실감한다. 물론 그 사회적 지지라는 것의 정체에 대해서는 논의할 여지가 많은 것도 사실이지만 말이다.

여하튼 법이란 것이 정치와 사회의 반영으로서 과거에는 군사독재니 정보정치니 하는 나쁜 정치의 앞잡이처럼 기능했는데, 지금은 상당 부분 없어져 참으로 다행이나, 여전히 인권을 침해하는 법들이 존재한다는 사실을 강조하고자 한다. 그리고 그런 법은 과거에도 반대운동에 의해 조금씩 개폐되었듯이 지금도 여러분의 인권

운동에 의해 비로소 개폐될 수 있다는 점도 강조하고자 한다. 모든 법은 변한다. 영원한 법은 없다. 물론 살인이나 강간 또는 강도나 절도에 대한 처벌처럼 영원한 것도 있지만(그래서 이를 자연법이라고 부르기도 한다), 그 처벌을 어느 정도로, 어떻게 할 것인가 라는 점에서는 역시 변한다. 가령 형벌의 일종이었던 사형을 없애자는 주장이 있다. 물론 사형 제도에 대한 찬반 논의는 여전히 왕성하다.

이명박 정권은 김대중, 노무현 정권의 10년을 부정하여 성립됐지만 그 정책의 본질은 조금도 변하지 않았다. 이는 한국의 지배계급이라는 것에 큰 변화가 있을 수 없다는 것을 의미하는 것으로 조금도 놀랍지 않다. 가령 부자를 위한 경제정책이나 시위나 파업에 대한 강력한 법규제의 방법은 박정희 이래 변함이 없다. 그 방법이 박정희, 전두환 정권의 원시적인 억압적 법정책에 비해 노태우 정권 이후로는 민사적 방법을 동원하는 등의 교묘한 방법이 함께 행해져 왔다는 점에 차이가 있기는 하지만 궁극적으로는 본질적인 차이가 없고, 민사적 규제란 경제성장에 의해 어느 정도의 소유권이 확립되었음을 보여주는 것에 불과하다. 게다가 이러한 민형사적 방법에 의해 헌법의 인권 원리조차 유린하는 반인권적, 반헌법적 법현실이 노태우 정권 이래 성립된 헌법재판소나 김대중 정권 시에 성립된 국가인권위원회 등의 존재에도 불구하고 그대로 유지되고 있다. 따라서 헌법상의 시위나 파업이 인권으로 규정되어 있어도 실제의 시위나 파업의 참가자에게 엄청난 형사상 처벌과 민사상 손해배상 책임을 지게 하는 판결이 자주 내려졌다. 이러한 민형사상 책임의 부과에 의해 시위나 파업은 점차 위축되어 마침내

민주주의의 기본원리인 인권 보장은 죽어간다.

이런 상황에서 민주주의의 또 하나의 원리로 주장되는 3권분립, 특히 사법부가 인권의 보루로서 행정부와 입법부에 의한 국민의 인권침해를 방지한다는 이론은 그야말로 환상적인 것에 불과하다. 왜냐하면 사법부를 구성하는 판사들이 행정부나 입법부 이상으로 보수적인 계급의 사람들이고, 특히 한국 사법부의 경우 사법고시라는 특별한 시험의 사회적 가치와 그 합격자가 결혼 등을 통해 엮이는 특이한 과정을 통해 더욱더 보수적이기 때문이다.

이러한 문제를 개혁한답시고 노무현 정권 때 사법개혁의 일환으로 현재의 법과대학을 미국식 로스쿨로 바꾸는 방식이 채택돼 2009년부터 로스쿨이 시작되지만 그것은 사법부의 보수성을 개변시키기커녕 보수성을 더욱더 강화시킬 우려가 있다. 왜냐하면 사법판단의 기준을 제시하는 대법원과 헌법재판소의 판지가 전혀 변하지 않고, 그것을 정당화하는 전통 법학이 로스쿨 교수진의 대부분을 장악하고 있는 현실에서 로스쿨로 바뀐다고 해서 변할 것이 없기 때문이다. 도리어 종래의 4년제 졸업 위에 다시 엄청난 등록금을 들여 3년간 법학공부를 하게 되는 로스쿨 제도는 그 입학계층을 더욱더 좁게 만들어 그야말로 내놓고 일부 특권 부자 계층의 자녀들을 법률가로 양산하는 체제가 될 수도 있다. 검경찰과 법원이 보이는 판결 및 수사행태는 자신들이 특권층에 속해 있고 정권이 촛불시위가 보여준 대중들의 '공포스러운 힘'으로부터 특권층을 계속 보호해줄 것이라는 무의식적인 믿음에서 비롯된다.

정권과 인권

이명박 대통령을 CEO출신이라고 CEO정권이라고도 하지만 CEO라는 것은 그래도 최소한의 법에 의해 토의절차를 거쳐야 하는 기업의 우두머리인데, 그의 지난 1년간의 국정을 보면 전혀 그런 적이 없었으니 CEO경험과는 다른 경험에 근거한다고 볼 수밖에 없다. 바로 그의 오랜 장로 경험 때문이다. 장로란 교회의 정책을 결정하는 지위에 있는 사람인데 몇 명이 교회의 모든 것을 결정하는 권한을 가져 교회 일을 독재적으로 결정하므로 어떤 민주주의나 법치주의도 통하지 않는다. 아니 민주주의도 법치주의도 법으로 규정하는 바가 없으니 최소한의 법치주의도 없는 셈이다. 모든 것이 장로 몇 명, 아니 가장 유력한 장로 한 명에 의해 결정된다. 하기야 이런 반민주적, 반법치적 구조가 어디 교회뿐인가? 우리의 가정도, 학교도, 회사도, 나라도 마찬가지가 아닌가? 회사도 교회와 비슷하지 않은가? 그러니 이명박 정권이 성립하지 않았겠는가?

이명박 정권의 법치주의란 요컨대 제멋대로 하는 고무줄 법치주의, 또는 기회주의적이거나 편의주의적인 법치주의다. 가령 이 글을 쓰는 2009년 1월, 이명박 정권은 수십 개의 소위 MB법안을 국회에 무더기로 제출하면서 국회의 사전 토의과정은 커녕 당내 토의도 없이 무조건 밀어붙이다가 야당에게 폭력적으로 저지당했다. 그 과정에서 이명박 정권은 자신의 불법적이고 폭력적인 일방의 강행과 함께 야당에 대해서는 철저히 법적용을 주장했다. 지난 1년간 이명박 정부는 야당뿐 아니라 그 법안과 직결된 언론이나 노동은 물론 시민에 대해서도 마찬가지로 주장했다. 자기 정권을 제외한 다른 모든 사람은 정권의 적이다. 따라서 이명박 정권은 법치주의를 가장한 적대주의다. 이명박 정권에게 법치주의의 법이란 적대세력을 탄압하기 위해 사용하는 법일 뿐이다. 그러한 편의적 법치주의는 정치적 검찰의 행태에서도 드러난다. 이명박 정권의 성립 이후 재빠르게 구 정권에 대한 복수를 시작한 검찰은 이명박 정권측의 인사에 대해 편파적인 입장을 드러내다가 법원의 제지를 받았다. 가령 2009년 1월 정몽준 의원을 무혐의 처분했다가 법원에 의해 기소된 것이다.

법치주의는 법에 의한 통치를 뜻하지만, 문제는 그 법이 옳은 것이냐 하는 것이다. 가령 한나라당이 인터넷 여론을 통제하고자 내놓은 법안은 명백히 표현의 자유를 제한하는 것인데, 그것이 얼마나 심각한 것인가 하는 점은, 그 법안 이전에 지금 우리의 표현의 자유에도 문제가 많다는 점 그런 법안이 표현의 자유를 제한한 전통을 따르는 것임을 알아야만 제대로 이해할 수 있다. 즉 이명박 정권만의 문제가 아니라 그 전부터 그러했고, 이명박 정권에 와서 그것이 더욱 극단화되었다고 하는 점이다.

'미네르바' 구속에 격노해 전화를 걸었던 친구들에게 검찰이나 법원이란 본래 그런 게 아니냐고 내가 무덤덤해 하니까 법을 가르치는 교수 중에 그래도 진보라고 하는 소문이 가짜 아니냐고 화를 낸 친구들도 있었다. 이런 식으로 가다가는 올봄에 난리가 터질 것이라는 이야기에 대해서도 수십 년 들었던 이야기라고 시큰둥하게 대꾸하자 법을 공부한 자는 역시 어쩔 수 없는 보수라고 화를 낸 친구들이 많았다. 사실 그런 이야기는 수십 년 들어왔으나 세상은 전혀 변하지 않았다. 세상은 커녕 법도 변하지 않았다. 그렇게 말도 많던 국가보안법은 지금까지 60년간 여전히 강건하게 존재한다. 그런 국가보안법이 있는 나라에서 '미네르바'가 국가보안법이 아닌 인터넷 허위사실유포 혐의로 구속된 것이 다행이라고 할까? 아니면 농담이라고 할까? 그래서 농담 법치국가라고 할까?

이명박 정권은 대선 당시부터 기업친화정책에 의한 기업경영에 우호적인 분위기 창출을 강조하면서 감세와 규제완화를 주장해 왔다. 이는 신자유주의에 의해 초래된 세계적인 경제위기 속에서 다시 규제를 강화하는 범세계적인 정책방향과는 완전히 거꾸로 가는 정책이다. 이에 대한 대안은 특별한 것이 아니라 헌법을 위시한 법본래의 인권 보장으로 돌아가는 것뿐이다. 시민운동도 노동운동도 사회운동도 인권보장운동으로 돌아가는 길 뿐이다.

이 책은 그런 '정의로운 사회'의 기본인 우리 헌법에 나타난 인권을 중심으로 하여 대한민국의 새로운 인권헌장을 만들어보고자 하는 시도다. 그런데 헌법에 규정된 인권을 둘러싸고 여러 가지 다툼이 벌어지고 있다. 헌법을 공부하는 학자들 사이에서도 다툼이 있고 법원과 검찰 그리고 일반인 사이에서도 다툼이 있다. 특히 최근 시위나 집회, 언론의 보도 등을 둘러싸고 치열한 다툼이 벌어지고 있다. 그 밖에도 양심의 자유라든가 존엄사, 사형제 등을 둘러싼 다툼도 있다.

그러나 더욱 중요한 논쟁은 빈자의 사회권을 둘러싼 것이다. 2009년 11월 10-11일, 유엔권리위원회는 우리 정부의 유엔 경제·사회·문화적 권리규약(이하 사회권규약) 이행 여부에 대해 심의한 결과를 토대로 채택한 보고서에서 "강제철거는 마지막 수단이 돼야" 하고 "강제 이주 및 철거대상자들을 위한 효과적인 협의 및 법적 보상 절차가 부족하고, 충분한 보상 및 이주대책을 결여하고 있다는 점을 깊이 우려"하면서 용산사태와 같은 일이 재발되지 않도록 대규모 개발 계획이나 도심 재개발 사업 실행에 앞서 충분한 협의 및 보상 절차를 마련할 것을 우리 정부에 권고했다.

이처럼 당연한 권고도 사실 새롭지 않은 것이지만 극히 일부 공무원에 대해서만 노조 설립이 허용되고, 교수노조가 설립 인가를 받지 못하며, 파업 노동자에 대한 업무방해죄 남용 및 과도한 공권력 행사 등에 대해서도 위 위원회가 우려를 표시한 것은 과거에도 지적된 것이니 새롭다 할 수 없다.

위 위원회가 비정규직 문제에 대해 동일가치 노동에 대한 동일임금 지급, 적절한 사회보험 보장, 퇴직금과 휴가수당, 초과근로수당 등에 대한 법적 보호, 부당해고로부터의 보호 등의 조치를 촉구한 것도 마찬가지다. 외국인 이주노동자에 대해 착취와 차별, 임금 미지급 등의 문제점을 지적한 것도 마찬가지다. 새롭다면 이주노동자 노조의 적법성을 인정한 법원의 결정을 한국 정부가 존중할 것을 권고한 것 정도다. 또 "불필요한 경쟁을 유발하고 상급학교 선택권을 제한하는 일제고사 제도는 재고돼야 한다"고 지적한 정도다. 그 밖에도 많은 문제가 있으나 사회권에 대해서는 그것을 헌법에서 제외시켜야 한다는 등의 주장을 비롯해 여러 논쟁이 있다.

이 책은 그런 논쟁을 검토하고자 하는 책이다. 그러나 세부적인 논쟁의 당부를 따지기보다 원리의 문제를 중시한다. 그리고 법적인 차원의 논의 이전에 필요한 여러 학문의 논의를 통해 살펴보고자 한다. 궁극적으로 이 책의 목표는 '루저'가 없는 정의롭고 품위 있는 사회를 구축하기 위한 것이다.

이 책을 쓰기 시작한 2009년 11월, '루저'라는 말이 유행했다. 키가 180cm 이상이어야 루저가 아니라는 기가 막힌 에피소드에서 비롯된 말이지만 그 말이 사회적인 분노를 불러일으킨 것은 우리 사회에 루저, 즉 실패자가 많기 때문이다. 나 역시 키가 180cm가 아니기 때문에 분노하는 것인지 모르지만, 이는 용모지상주의가 낳은 폐해에 그치지 않고 경쟁사회의 실력주의가 초래한 병폐이기 때문에 문제다. 그래서 나는 이 책을 썼다.

누구도 우리 사회가 '정의로운 사회'여야 한다는 것을 부정하지 않는다. 그러나 키가 180cm 이상이어야 실패자가 아닌 성공자인 사회를 과연 '정의로운 사회'라고 할 수 있는가? 키는 우연한 운에 따른 것이지 '정의로운 사회'를 구성하는 '정의로운 인간'의 요건이라고 할 수 없다. 그러나 문제는 키나 용모만이 아니다. 실력이나 경쟁력이라는 것도 따지고 보면 대부분 운의 문제다. 실력이나 경쟁력을 상징하는 서울대 입학생이 상당수 서울 강남을 비롯한 부잣집 출신임을 누구나 안다. 그리고 그 부자들이 어떻게 부자가 됐는지도 우리는 알만큼 안다.

서울대를 다니지 못하고 부잣집 아들도 아니고 지금도 부자가 아니며 서울대를 다니는 자식이 없는 탓이어서 이런 소리를 하는지 모르지만 나는 극도의 빈부차이를 낳는 사회가 '정의로운 사회'라고 생각하지는 않는다. 부자의 부는 물론 실력 있는 자의 실력도 사회적 공통자본이라고까지 주장하지는 않는다 해도 부자가 빈자를 위해 그 부를 사회적으로 재분배하는 것이 '정의로운 사회'의 모습임을 부정할 사람은 아무도 없다.

여하튼 어두운 과거가 지나고 새로운 21세기를 맞았다. 이 새로운 시대에 우리는 공정하고 민주적인 사회에서 물질적 안정과 함께 마음의 부자로 살 수 있을까? 그렇게 살기 위해서는 무엇보다 먼저 우리의 세계와 국가와 사회에 대해 정확하게 알 필요가 있다. 20세기는 서양과 일본의 제국주의가 세계를 착취한 시대였고, 군사독재와 천박한 물질주의가 지배한 시대였다.

이와 달리 21세기에는 모든 인간이 자유롭고 평등하며, 자연과 인간이 공생하고, 억압과 폭력이 없는, 평화의 세상을 만들 수 있을 것인가? 이 책은 그러한 방향에서 21세기의 주인공인 청소년들에게 법을 이야기하고자 한 책이다. 구체적으로 청소년 자신들의 삶 속에서 법과 인권이라는 것을 어떻게 이해할 것인가, 나아가 현대 한국의 법과 인권문제를 둘러싼 모순을 직시하고 그것을 바르게 하기 위해 새로운 법과 인권의 전망을 어떻게 세울 것인가를 이야기하고자 한 것이다. 이제는 청소년 여러분들이 미래 사회의 법과 인권을 구축할 차례이다.

주

1　조소앙은 개인과 개인, 민족과 민족, 국가와 국가 간에 완전한 균등均等을 실현하기 위해서는 정치적·경제적·교육적 균등을 실현함으로써 가능하다고 보고, 이러한 대전제 위에서 개인 간의 균등은 정치·경제·교육의 균등을 통하여 이룰 수 있고, 민족 간의 균등은 민족자결을 통하여 이룰 수 있으며, 국가 간의 균등은 식민정책과 자본제국주의를 부정하고 침략전쟁 행위를 금지함으로써 이룰 수 있다고 하였다.
2　이러한 자유관은 아마르티아 센의 것과 같다. 아마르티아 센, 박우희 옮김, 〈자유로서의 발전〉, 세종연구원, 2001 참조.
3　이 책에서 A, B규약이라고 함은 각각 '시민적 및 정치적 권리에 관한 국제규약'과 '경제적, 사회적, 문화적 권리에 관한 국제규약'을 말한다.
4　이를 우리말 공식번역에서는 A규약의 경우 '모든 인민'으로, B규약의 경우 '모든 사람'으로 다르게 번역하지만 그 공통의 원어인 all people은 '모든 인민'으로 번역하는 것이 옳다. 왜냐하면 B규약에서는 똑같이 '모든 사람'으로 번역하는 all person(B규약 14조)이나 everyone(동 16, 18, 19, 22, 26조)을 '모든 개인'과 번역하는 경우와는 그 뜻이 명백히 다르기 때문이다.
5　이에 대한 더욱 상세한 논의는 조지 레이코프, 나익주 옮김, 〈자유전쟁〉, 프레시안북, 2009 참조.
6　나는 이 책에서 소위 '동아시아 인권'에 대한 논의는 무의미하다는 이유로 하지 않겠다. 가령 유교사상에서 인권이란 찾아보기 어렵기 때문이다. 이에 대해서는 박홍규, 유교와 인권, 영남대학교 인문과학연구소 〈인문연구〉, 제53호(2007. 12), 217-246쪽; 박홍규, 종교와 인권-시대적 한계와 현대적 해석, 영남대학교 인권교육센터, 〈인권이론과 실천〉, 제4호(2009.2), 55-68쪽 참조.
7　존 롤즈, 황경식 옮김, 〈정의론〉, 이학사, 2003에서는 이 부분을 "사회에 있어서 자기의 지위나 계층"이라고 번역한다.
8　John Rawls, A Theory of Justice, Harvard University Press, 1971, p. 137.
9　서울경제신문 2008. 1.25자 사설
10　아마티아 센, 박우희 역, 〈자유로서의 발전〉, 세종연구원, 2001, 193-209쪽.
11　위의 책, 35쪽.
12　위의 책, 241-242쪽.
13　1949년 서독기본법은 1조 2항에서 "불가침의, 양도할 수 없는 인권"이라는 말을 독일헌법사에서는 최초로 사용했으면서도 기본법 2조 이하에서 규정된 권리를 기본권이라고 불렀다(1조 3항).
14　이 말은 일본 헌법의 용어를 모방한 것으로 보인다. 일본 헌법의 그 말은 포츠담선언 10항에서 "언론, 종교 및 사상의 자유와 기본적 인권의 존중"이라고 한 것에서 나왔다. 일본에서 기본적 인권이란 말은 인권과 동의어다. 우리 헌법에서 기본적

인권이란 말은 1962년 헌법에서 최초로 사용됐다.
15 나는 이러한 문제점을 오래전부터 지적해왔으나 우리 법학계에서는 무시됐다. 이에 대한 나와 같은 주장은 샌드라 프리드먼, 조효제 옮김, 〈인권의 대전환〉, 교양인, 2009에서 볼 수 있다.
16 헌재 2004.10.21, 2004헌마554,556.
17 헌재 2003.10.30,
18 헌재 1990.9.10, 헌마82.
19 헌재 1997.1.16, 90헌마110.
20 헌재 2001.11.29, 99헌마494.
21 대판 1984.5.22, 84도39.
22 헌재 1991.6.3, 90헌마56.
23 헌재 1997.7.16, 95헌가6.
24 헌재 2001.10.25, 2000헌바60.
25 헌재 1998.10.15, 98헌마168.
26 헌재 1992.10.1, 91헌마31.
27 헌재 1990.9.10, 89헌마82.
28 헌재 1989.10.27, 89헌마56.
29 헌재 1991.6.3, 89헌마204; 헌재 1992.4.14, 90헌바23.
30 헌재 1991.6.3, 89헌마204.
31 헌재 1993.5.13, 92헌마80.
32 헌재 1998.10.15, 98헌마168.
33 헌재 1997.7.16, 95헌가6.13.
34 헌재 1998.10.15, 98헌마168.
35 헌재 2003.6.26, 2002헌마677.
36 헌재 2003.10.30, 2002헌마518.
37 헌재 2003.10.30, 2000헌마801.
38 대판 1988.1.29, 86모58.
39 헌재 1990.9.10, 89헌마82.
40 헌재 2008.11.26, 2008헌바58.
41 헌재 1990.9.10, 89헌마82; 헌재 1997.7.16, 95헌가6; 헌재 2001.1-.25, 2000헌바60; 헌재2002.10.31, 99헌바40.
42 헌재 1996.11.28, 95헌바1. 대판 1987.9.8, 87도1458. 대판 1990.4.24, 90도319.
43 감사원, 〈SOC 민간투자제도 운용실태〉, 2004. 10.
44 헌재 2005.5.26, 99헌마513 등
45 헌재 2003.6.26, 2002헌가14.

46 헌재 1995.12.27, 95헌마224,239,285,373.
47 헌재 2001.10.25, 2000헌마92.
48 헌재 1994.7.29, 92헌바49.
49 헌재 1990.10.8, 89헌마89.
50 헌재 2002.3.28, 2000헌바53.
51 헌재 1991.9.16, 89헌마231.
52 헌재 1990.1.15, 89헌가103.
53 헌재 1999.12.23, 98헌마363.
54 대판 2002.7.26, 2002다19292.
55 헌재 1997.7.16, 헌가6.
56 헌재 2000.8.31, 97헌가12.
57 헌재 1999.12.23, 98헌마363.
58 헌재 2001.2.22, 2000헌마20.
59 헌재 2002.8.29, 2001헌바82.
60 헌재 2002.1.31, 2001헌바43.
61 헌재 2002.4.25, 98헌마425.
62 헌재 1998.10.29, 98헌마4.
63 서울남부지법 2004.5.21, 2002고단3941.
64 헌재 2004.8.26, 2002헌가1.
65 대판 1992.9.14, 92도1534; 대판 1969.7.22, 69도934.
66 헌재 1991.4.1, 89헌마160.
67 헌재 1995.12.28, 91헌마80.
68 이는 '신문 등의 자유와 기능 보장에 관한 법률'에 의해 폐지됐다.
69 헌결1990.4.2, 89헌가11.
70 헌재 1992.11.12, 89헌마88.
71 헌재 1996.10.4, 93헌가13; 헌재 1996.10.31, 94헌가6; 헌재 1999.9.16, 99헌가1; 헌재 2001.8.30, 2000헌가9.
72 대판 1995.6.16, 94도2413.
73 번역은 여럿 있다. 홍준희 역, 대산출판사, 1997.
74 역시 번역이 여럿 있다. 무삭제 완역판은 김진욱 역, 문학세계사, 1991.
75 대판 2004.11.25, 2004도6408.
76 헌재 1994.4.28, 91헌바14.
77 헌결1991.7.22, 89헌가106.
78 헌결1992.4.28, 90헌바 27 등.
79 헌재 2004.8.26, 2003헌바58; 2004.8.26, 2003헌바28.

80 헌재 1990.1.15, 89헌가103.
81 헌재 1996.12.26, 90헌바19; 2003.5.15, 2001헌가31.
82 헌재 1998.7.16, 97헌바23.
83 대판 1976.4.27, 75누249.
84 대판 1983.3.8, 82도3248.
85 헌재 2001.9.27, 2000헌마159.
86 대판 2003.10.9, 2003도4148.
87 대판 1998.11.10, 96다7268.
88 대판 1993.2.9, 92도1711.
89 헌재 1992.11.12, 89헌마88; 헌재 2003.9.25, 헌마814.
90 헌재 2000.4.27, 98헌가16.
91 헌재 2004.4.27, 98헌가16
92 헌재 1991.2.11, 90헌가27.
93 헌재 1995.2.23, 91헌마204.
94 헌재 1966.4.25, 94헌마119.
95 헌재 1997.7.16, 97헌마38.
96 헌재 1992.11.12, 89헌마88.
97 대판 1976.4.27, 75누249.
98 헌재 2000.4.27, 98헌가16.
99 헌재 2003.6.26, 2002헌가14.
100 헌재 2004.1.29, 2001헌마894.
101 헌재 2001.7.19, 2000헌마91.
102 헌재 2007.6.28, 2004헌마644.
103 헌재 1995.12.27, 95헌마224,239,285,373.
104 헌재 2001.10.25, 2000헌마92.
105 헌재 2001.7.19, 2000헌마91.
106 헌재 1997.6.26, 96헌마89; 헌재 2001.6.28, 2000헌마111; 헌재 2003.11.27, 2002헌마787.
107 헌재 1994.7.29, 93헌가4.
108 헌재 1998.1.28, 98헌바64.
109 헌재 1998.12.26, 96헌가18.
110 헌재 1993.5.13, 92헌마80.
111 대판 1963.8.22, 63누97.
112 일본최판 평성원.1. 20, 형집43권1호1항.
113 헌재 2003.10.30, 2000헌마563.

114 헌재 2003.10.30, 2000헌마563.
115 헌재 1989.11.20, 89헌가102.
116 헌재 1991.9.16, 89헌마231.
117 헌재 2001.1.18, 99헌마555.
118 헌재 1993.5.13, 92헌마80.
119 헌재 1997.3.27, 94헌마196.
120 헌재 2004.5.27, 2003헌가1.
121 헌재 1996.10.31, 93헌바13.
122 헌재 2003.6.26, 2002헌가16.
123 헌재 2008.10.30, 2006헌마1098.
124 헌결1989.1.22, 89헌가13.
125 헌결1989.12.22, 88헌가13.
126 대판1990.5.8, 80부2.
127 헌재 2002.11.28, 2001헌바50.
128 헌재 1997.5.29, 94헌마33.
129 헌재 1995.7.21, 93헌가13.
130 헌재 1992.6.26, 90헌바25.
131 헌재 1997.10.30, 97헌바37.
132 헌재 1999.9.16, 98헌마75.
133 헌재 1989.9.8, 88헌가6.
134 헌재 1992.12.24, 92헌가8.
135 헌결 1990.4.2, 89헌가113.
136 대판 1997.6.13, 97도703.
137 헌재 1991.7.8, 89헌마181.
138 헌재 1990.8.27, 헌가118.
139 헌재 1989.7.14, 88헌가5.
140 대판 1971.6.22, 70다1010.
141 대판 1972.10.10, 79다701.
142 헌재 2001.2.22, 2000헌바38.
143 대판 1972.7.25, 72다986.

KI신서 2696
대한민국 신 권리장전

1판 1쇄 인쇄 2010년 9월 20일
1판 1쇄 발행 2010년 9월 27일

지은이 박홍규 **펴낸이** 김영곤 **펴낸곳** (주)북이십일 21세기북스
기획·편집 김정규 **본부장** 이승현
마케팅영업 도건홍, 김남연 **디자인** 씨디자인
출판등록 2000년 5월 6일 제10-1965호
주소 (우413-756) 경기도 파주시 교하읍 문발리 파주출판단지 518-3
대표전화 031-955-2100 **내용문의** 031-955-2707 **팩스** 031-955-2122
이메일 book21@book21.com **홈페이지** www.book21.com

ⓒ 2010 박홍규

값 15,000원
ISBN 978-89-509-2649-6 03360

이 책 내용의 일부 또는 전부를 재사용하려면 반드시 (주)북이십일의 동의를 얻어야 합니다.
잘못 만들어진 책은 구입하신 서점에서 교환해 드립니다.